ビジネスリーダーの会計史

戦前日本の会計イノベーション

北浦貴士

年 月 日	摘　要	借　方	貸　方	借又貸
	渋沢 栄一			
	各務 鎌吉			
	神戸 挙一			
	松永 安左ヱ門			
	池田 成彬			
	平生 釟三郎			
	結城 豊太郎			
	小林 一三			

A History of Accounting Innovations Developed by Business Leaders in Pre-war Japan

有斐閣

目　次

第 *1* 部　会計イノベーションへの視座

第 *1* 章　ビジネスリーダーによる会計イノベーション ——— 003

Ⅰ　会計イノベーションとは ——————————— 003

Ⅱ　会計システムの発展に貢献した
　　8人のビジネスリーダー ————————— 006

Ⅲ　企業家史研究と会計史研究の架け橋 ————— 009

Ⅳ　本書の構成 ——————————————— 012

Ⅴ　本書で取り上げる会計システムの基本概念 ——— 014

　　(1)　複式簿記　014

　　(2)　減価償却　020

　　(3)　会計プロフェッション　023

第 *2* 章　両大戦間期における資金調達の多様化と減価償却 ——— 029

Ⅰ　戦前日本の産業化 ———————————— 029

Ⅱ　資金調達構造と株主構成 ————————— 032

Ⅲ　配当政策 ——————————————— 035

Ⅳ　減価償却 ——————————————— 038

　　(1)　会計規制の欠如　038

　　(2)　会計処理に影響を与えなかった税制　039

　　(3)　減価償却の実態　041

第2部　会計システムのイノベーターたち

第3章　渋沢 栄一 ——————————————— 047
複式簿記の借方・貸方に苦労した日本近代経済の父

Ⅰ　は じ め に ———————————————————— 047

Ⅱ　ビジネス上の貢献 —————————————————— 051

　　(1)　第一国立銀行の設立　052
　　　　渋沢が直面した課題①　三井組・小野組による銀行設立の動き （052）
　　　　渋沢の秘策①　日本初の銀行設立 （053）

　　(2)　日本初の機械制綿紡績業の成功　055
　　　　渋沢が直面した課題②　二千錘紡績の失敗 （055）
　　　　渋沢の秘策②-1　株式会社制度の採用 （056）
　　　　渋沢の秘策②-2　高配当の実施とそれを可能にする経営施策 （058）

　　(3)　資産家ネットワークの形成　061
　　　　渋沢が直面した課題③　信用のない株式会社組織 （061）
　　　　渋沢の秘策③　資産家ネットワークに基づいた役員兼任 （062）

Ⅲ　会計実務上の貢献 —————————————————— 063

　　西洋式複式簿記の導入　063
　　　　渋沢が直面した課題④　明治初期における西洋式簿記の伝播 （063）
　　　　渋沢の秘策④　第一国立銀行における西洋式簿記の導入 （065）

Ⅳ　ま　と　め ———————————————————— 069

　　(1)　渋沢栄一とは　069
　　(2)　渋沢栄一にとって複式簿記とは　070

第4章　各務 鎌吉 ——————————————— 073
イギリス駐在経験を活かした会計プロフェッションの生みの親

Ⅰ　は じ め に ———————————————————— 073

Ⅱ　ビジネス上の貢献 —————————————————— 074

　　(1)　東京海上保険の経営再建　074

各務が直面した課題① 東京海上保険の経営危機（074）

各務の秘策① 会計制度と営業方針の変更（075）

(2) 関東大震災での対応　077

各務が直面した課題② 火災保険金の支払問題（077）

各務の秘策② 「見舞金」の支払い（078）

III 会計実務上の貢献 ———————————— 080

会計プロフェッション制度の整備　080

各務が直面した課題③ なかなか導入されない会計プロフェッション制度（080）

各務の秘策③-1 会計プロフェッション事務所の開設（081）

各務の秘策③-2 融資先への会計プロフェッション監査の導入（084）

IV ま　と　め ———————————————— 086

(1) 各務鎌吉とは　086

(2) 各務鎌吉にとって会計プロフェッションとは　087

第5章 神戸 挙一 ———————————————— 091

配当重視の会計処理を実施した甲州財閥の番頭

I は じ め に ——————————————————— 091

II ビジネス上の貢献 ———————————————— 094

相次ぐ中小電力会社との合併　096

神戸が直面した課題① 中小電力会社との競争の開始（096）

神戸の秘策① 合併による競争の終結（097）

III 会計実務上の貢献 ———————————————— 099

(1) 減価償却の停止　099

神戸が直面した課題② 水力発電所に対する減価償却の実施（099）

神戸の秘策② 水路および電線路に対する減価償却の取り止め（109）

(2) 関東大震災の損失処理　112

神戸が直面した課題③ 関東大震災による損失の発生（112）

神戸の秘策③ 資産評価益の計上（113）

(3) 合併利益の計上　119

神戸が直面した課題④ 合併に伴う会計処理の必要性（119）

神戸の秘策④ 合併利益による配当の増額（122）

Ⅳ　ま　と　め —————————————————— 125

(1)　神戸挙一とは　125
(2)　神戸挙一にとって会計処理とは　126

第6章　松永 安左エ門 ————————————— 129
減価償却専用の子会社まで設立した当代随一のアイデアマン

Ⅰ　は じ め に —————————————————— 129

Ⅱ　ビジネス上の貢献 —————————————— 131

(1)　東邦電力における革新的な経営　132
松永が直面した課題①　電力戦国時代と呼ばれた 1920 年代の激しい電力戦 （132）
松永の秘策①-1　独特の資金調達方法 （133）
松永の秘策①-2　東京電灯への挑戦 （134）
松永の秘策①-3　火力発電所の有効活用 （135）

(2)　現在の電力システムの構築　136
松永が直面した課題②　1930 年代と 1950 前後における電力国営化への圧力 （136）
松永の秘策②　『電力統制私見』に基づく「松永案」の提示 （137）

Ⅲ　会計実務上の貢献 —————————————— 138

(1)　子会社を用いた減価償却　138
松永が直面した課題③　1920 年代の高配当と少なすぎる減価償却 （138）
松永の秘策③　減価償却専用子会社による複利償却法の実施 （139）

(2)　鬼の角を折った強い世論の反発　144
松永が直面した課題④　1951 年における低すぎる電気料金 （144）
松永の秘策④　100 ％の資産再評価と定率法による総括原価の算定 （145）

Ⅳ　ま　と　め —————————————————— 146

(1)　松永安左エ門とは　146
(2)　松永安左エ門にとって減価償却とは　147

第7章　池田 成彬 ——————————————— 149
減価償却会計を駆使した財閥銀行家

Ⅰ　はじめに ──────────────────────────────── 149

Ⅱ　ビジネス上の貢献 ──────────────────────── 150

(1)　東京電灯への最初の経営介入　151

池田が直面した課題①　1927 年における東京電灯の経営危機（151）

池田の秘策①　役員派遣と大規模外債の発行（152）

(2)　三井銀行によるドル買いと財閥転向　155

池田が直面した課題②　三井銀行によるドル買いと強まる三井財閥批判（155）

池田の秘策②　財閥転向（157）

Ⅲ　会計実務上の貢献 ──────────────────────── 159

(1)　東京電灯への 2 度目の経営介入　159

池田が直面した課題③　東京電灯による契約条項の違反（159）

池田の秘策③-1　経営介入による契約条項の遵守（162）

池田の秘策③-2　海外の会計プロフェッションの活躍（165）

(2)　連盟融資における会計プロフェッションの活用　170

池田が直面した課題④　昭和恐慌による融資先企業の経営悪化（170）

池田の秘策④　産業調査協会の設立と計理士の利用（171）

Ⅳ　ま　と　め ──────────────────────────── 174

(1)　池田成彬とは　174

(2)　池田成彬にとって減価償却とは　175

第8章　平生 釟三郎 ──────────────────────── 179
会計プロフェッションに期待した筆まめな企業再生のエキスパート

Ⅰ　はじめに ──────────────────────────────── 179

Ⅱ　ビジネス上の貢献 ──────────────────────── 181

(1)　三井物産と東京海上火災保険の橋渡し　182

平生が直面した課題①　三井物産による損害保険会社の設立（182）

平生の秘策①　東京海上火災保険と大正海上火災保険の役員兼任（183）

(2)　川崎造船所の再建　184

平生が直面した課題②　川崎造船所による和議申請（184）

平生の秘策②-1　債権者との粘り強い交渉（186）

平生の秘策②-2　「平生イズム」の実践（187）

Ⅲ 会計実務上の貢献 ———————————— 189

  (1) 監査役監査のための会計プロフェッションの利用　189

    平生が直面した課題③　伊藤忠兵衛による呉羽紡績の監査役就任依頼（189）

    平生の秘策③　監査役監査における計理士の活用（190）

  (2) 川崎造船所の資産査定時における会計プロフェッションの利用　192

    平生が直面した課題④　厳密な資産査定の必要性（192）

    平生の秘策④　計理士による財産調査（192）

Ⅳ ま と め ———————————————— 195

  (1) 平生釟三郎とは　195

  (2) 平生釟三郎にとって会計プロフェッションとは　196

第 **9** 章　結城 豊太郎 ———————————— 199
継続的な減価償却を推進した社債市場の改革者

Ⅰ は じ め に ———————————————— 199

Ⅱ ビジネス上の貢献 ———————————— 200

  (1) 昭和恐慌での緊急融資　201

    結城が直面した課題①　昭和恐慌における事業会社の資金難（201）

    結城の秘策①　資金難に陥った事業会社への緊急融資（201）

  (2) 社債市場の再建　202

    結城が直面した課題②　社債市場の混乱（202）

    結城の秘策②　担保付社債発行の推進（203）

Ⅲ 会計実務上の貢献 ———————————— 205

  役員派遣に伴う継続的な減価償却の開始　205

    結城が直面した課題③　融資先企業の高配当と低償却に伴う経営難（207）

    結城の秘策③　融資先企業への役員派遣と継続的な減価償却の実施（209）

Ⅳ ま と め ———————————————— 211

  (1) 結城豊太郎とは　211

  (2) 結城豊太郎にとって減価償却とは　212

第 10 章 小林 一三 ——————————— 213

配当と減価償却のバランス重視で古巣を見返したプロ経営者

I はじめに ——————————————— 213

II ビジネス上の貢献 ————————————— 215

(1) 「電力外債問題」の解決 219

小林が直面した課題① 電力外債問題の発生 (219)

小林の秘策① 電力外債の買入償還 (222)

(2) 1930 年代の個人株主対策 228

小林が直面した課題② 「物言う」個人株主の存在 (228)

小林の秘策② 東電証券による東京電灯株式の取得 (229)

III 会計実務上の貢献 ———————————— 232

(1) 最大の資金調達手段としての減価償却費 232

小林が直面した課題③ 1930 年代の東京電灯における資金調達構造の変化 (232)

小林の秘策③ 減価償却による「徹底的な内部留保」(235)

(2) 「減価償却問題」の発生 236

小林が直面した課題④ 池田成彬による東京電灯への 3 度目の経営介入 (236)

小林の秘策④ 減価償却会計条項の破棄 (238)

IV まとめ ——————————————— 240

(1) 小林一三とは 240

(2) 小林一三にとって減価償却とは 243

終 章 会計イノベーションが果たした役割 ——————— 245

I 会計イノベーションの意義 ——————————— 245

(1) 会計イノベーションにおけるネットワークの重要性 245

(2) 会計イノベーションが生み出された要因 248

(3) 会計イノベーションの到達点と戦後への影響 250

II 会計イノベーションは現在
どのように役立っているのか ———————————— 252

あとがき　257

参考文献　261

索引（事項索引，組織名索引，人名索引）　270

第 **1** 部

会計イノベーションへの視座

第 **1** 章　ビジネスリーダーによる
　　　　　会計イノベーション

第 **2** 章　両大戦間期における
　　　　　資金調達の多様化と
　　　　　減価償却

第 **1** 章

ビジネスリーダーによる
会計イノベーション

I
会計イノベーションとは

　2024年7月に新たな紙幣（日本銀行券）が発行され，デザインが一新されました。紙幣のデザイン変更は，2004年以来20年ぶりの出来事です。その中で1万円札の肖像には，「近代日本経済の父」や「日本資本主義の父」と呼ばれる渋沢栄一が描かれます。本書でも取り上げる渋沢栄一は，生涯で約500社にのぼる企業の設立にかかわりました。渋沢が関与して，現在まで続く代表的な企業には，みずほフィナンシャルグループ，東洋紡，東京ガス，王子製紙，帝国ホテルなどがあげられます。渋沢栄一のことを知らない人も，新しい1万円が流通すると肖像を認識するようになるでしょうし，新紙幣発行をきっかけに，その業績を知る人も出てくるでしょう。

　東京や大阪などの都市部には，数多くの私鉄が走っています。東京では，東急，小田急，西武，東武などが，大阪では，阪急，阪神，近鉄などが，代表的な私鉄としてあげられます。これらの私鉄企業は，単に鉄道事業を運営するだけでなく，新宿・渋谷・池袋・梅田・難波などでデパートを営業したり，沿線で一戸建てやマンショ

ンの開発を行ったりしています。西武鉄道を中核とする西武グループは，プリンスホテルや，埼玉西武ライオンズというプロ野球の球団も保有しています。このように，都市近郊の私鉄企業（グループ）は種々の異なる事業を手がけていることが珍しくありません。企業が複数の異なる事業を展開することを「多角化」といいます。日本の私鉄企業が多角化を進めるきっかけをつくったのが，阪急電鉄の創業者である小林一三です。小林は，鉄道事業のみならず，宅地開発を進めました。また，娯楽施設の運営には，とくに熱心でした。現在でも根強い人気を集める宝塚歌劇団や，日本を代表する映画会社である東宝は，小林によって創設されたものです。

　渋沢栄一や小林一三は，歴史上有名なビジネスリーダーであり，上述のような彼らの偉業を知っている読者も少なくないと思われます。一方で，彼らが日本の会計システムの発展に大きく貢献したことを知っている人は，それほど多くないでしょう。優れた経営能力を持つビジネスリーダーは，新たに生み出した企業戦略や営業施策を高く評価されます。また，技術者系のビジネスリーダーに関しては，革新的な製品を次々と生み出し，ヒットさせていく高い発明力が注目されがちです。企業の業績を評価し，経営上の効率化に役立つ「会計」は，ビジネスリーダーたちとは関係性が薄いように感じられてしまっています。簿記や，さまざまな会計処理などの会計システムは，イノベーションとは縁がないように思われています。

　それは，企業の会計業務に携わる中心的な存在である財務担当役員（CFO）や，管理職である財務部長・経理部長が，企業を倒産させないようにする守り（ゴールキーパー）の役目を果たしている印象を持たれがちだからかもしれません。ドラマでも，銀行出身の財務担当者が，夢に向かって一生懸命にひた走る技術者出身社長の巨大プロジェクトを，研究開発費予算や資金繰りといった財務面から反対するシーンをよく見ます。ただし，ドラマのクライマックスでは，それまで反対していた財務担当者が，社運を賭けたプロジェクトに

松下幸之助
(国立国会図書館「近代日本人の肖像」より)

本田宗一郎 (右)
(本田技研工業株式会社提供)

対し，予想に反して，むしろ応援することもありますが。

ドラマだけなく，歴史的に見ても，松下電器産業（現，パナソニック）を創業した松下幸之助や本田技研工業の創業者である本田宗一郎は，大きな設備投資を行うことによって，会社を成長させました。松下電器産業は1951年以降相次いで洗濯機・テレビ・冷蔵庫を発売しますが，松下幸之助は1952年に，製品の品質向上を目的として，資本金の半額に近い頭金を支払って，オランダの大手家電メーカーのフィリップス社と提携しました（宮本ほか 2023, 245頁）。本田宗一郎も，本田技研工業の資本金額が600万円であった1952年に，4億5000万円の工作機械への設備投資を決断しました（伊丹 2010, 85頁）。このように，スタートアップ企業を日本を代表する大企業へと成長させたビジネスリーダーには，社運を賭けたプロジェクトを遂行する決断力が必要なのかもしれません。

しかし，本書で取り上げる8人のビジネスリーダーたちは，経済や産業の発展に対する貢献に加え，戦前日本における会計システムの発展にも大きく寄与しました。本書では，ビジネスリーダーたちが会計システムを大きく変革させた点を，「会計イノベーション」と呼びます。そのような会計イノベーションは，ビジネスリーダーがかかわるビジネスと密接な関係性を持っていました。「守り」と

イメージされやすい「会計」ですが，会計システムが整備されている現代日本とは大きく異なっていた戦前日本の経営環境の中で，ビジネスリーダーたちは，ビジネスを成功させるためには自社の会計システムを変革する必要がありました。そして，ビジネスリーダーたちが実現させた会計イノベーションは，個別企業の域を超えて，日本の会計システムの発展へとつながっていったのです。

II

会計システムの発展に貢献した8人のビジネスリーダー

本書では，戦前日本で活躍した8人のビジネスリーダーが実現した会計イノベーションにスポットライトを当てています。8人のビジネスリーダーは，章立て順に渋沢栄一（第一国立銀行〔みずほフィナンシャルグループ〕，大阪紡績〔東洋紡〕），**各務鎌吉**（東京海上火災保険〔東京海上日動火災保険〕），**神戸挙一**（東京電灯〔東京電力ホールディングス〕），**松永安左エ門**（東邦電力〔中部電力〕），**池田成彬**（三井銀行〔三井住友フィナンシャルグループ〕），**平生釟三郎**（東京海上火災保険〔東京海上日動火災保険〕，川崎造船所〔川崎重工業〕），**結城豊太郎**（日本興業銀行〔みずほフィナンシャルグループ〕），**小林一三**（阪急電鉄，東京電灯〔東京電力ホールディングス〕）です。（　）内には，8人がそれぞれ関与した主な企業をあげ，続く〔　〕に現存する後継企業を示しました。[1]

8人の中には，渋沢栄一や小林一三のように，比較的多くの人たちに知られているビジネスリーダーもいれば，各務鎌吉や松永安左エ門のように，業界関係者には知られているというビジネスリーダーもいます。一方で，神戸挙一のように，伝記もあまりなく，それ

---

1) 東京電灯と東邦電力の後継企業は，厳密には東京電力ホールディングスと中部電力ではありませんが，供給エリアが最も重なる企業名をあげました。

岩崎弥太郎
（国立国会図書館「近代
日本人の肖像」より）

安田善次郎（初代）
（国立国会図書館「近代
日本人の肖像」より）

ほど知られていないであろうビジネスリーダーも含まれています。もし，単純に戦前日本における代表的なビジネスリーダーを取り上げたら，この8人にはならなかったでしょう。たとえば，三菱財閥の創業者である岩崎弥太郎や安田財閥の総帥である安田善次郎などがあがると思われます。それにもかかわらず，本書がこの8人のビジネスリーダーに注目する理由は，彼らが会計システムの発展に大きく貢献したからです。

この8人は，互いにつながりを持っていました。そのつながりは直接的なつながりである場合もあれば，別の人物を介した間接的なつながりであることもありました。会計システムが，8人のつながりの中で変化するケースもありました。8人のビジネスリーダーの関係性は，基本的に良好なものが多かったのですが，必ずしもそうではないように思われる事例もあります。

たとえば小林一三は，多くの人から日本史上最も有能なビジネスリーダーの1人にあげられる人物ですが，三井銀行においてキャリアをスタートしたことはそれほど知られていません。しかも，小林の同行でのキャリアは，本人にとってあまり幸せなものではありませんでした。彼は自伝の中で，三井銀行東京本店でのサラリーマン時代を「一生のうち，私の一番不遇時代であった」と評価しています（小林 1990, 111頁）。小林が三井銀行のサラリーマン時代に幸せ

でなかった理由は，端的にいえば，出世できなかったためでした。そして，小林が出世できなかったのは，本書で取り上げるもう1人のビジネスリーダーの池田成彬がいたためでした。池田は，当時の三井銀行における事実上の最高経営者であった中上川彦次郎の長女と結婚します。池田は自分の部下たちを出世させ，ライバル部署にいた小林は出世できませんでした。しかし，活躍できずにいた小林は，すぐに退職する決断ができず，しばらく暗澹たる気持ちのまま三井銀行に勤務し続けます。

このように，若き日のサラリーマン時代の小林一三が，その後の経営者としての小林一三とは大きく異なっているのは，興味深い点です。また，重役と親戚関係にある従業員が出世し，優秀でも関係性が薄い従業員は昇進できないことや，出世の望みがないにもかかわらず，なかなか大企業を退職する決断ができないことに共感できる人は少なくないのではないでしょうか。小林一三は1930年代に，このような因縁めいた関係を持つ池田成彬と古巣の三井銀行との間で，東京電灯の会計処理をめぐって対立します。詳細は第10章をお読みいただきたいのですが，小林と池田の関係性を踏まえて，この東京電灯の会計処理をめぐる対立を見ると，よりいっそう面白さが増すと思います。

この8人が会計イノベーションを起こした会計システムは以下の通りです。各会計システムについては，第V節で詳しく解説します。

・渋 沢 栄 一（第3章）：複式簿記
・各 務 鎌 吉（第4章）：会計プロフェッション
・神 戸 挙 一（第5章）：減価償却会計，合併会計
・松 永 安 左エ門（第6章）：減価償却会計，連結会計
・池 田 成 彬（第7章）：減価償却会計，会計プロフェッション
・平 生 釟 三 郎（第8章）：会計プロフェッション
・結 城 豊 太 郎（第9章）：減価償却会計
・小 林 一 三（第10章）：減価償却会計

上の一覧でビジネスリーダーと会計システムとの関係性を見ると，5人のビジネスリーダーが減価償却会計の発展に貢献していました。戦前日本においては，減価償却会計が会計実務上最大の問題になっており，多くのビジネスリーダーがこの問題に対応していました。その理由は大きく2つあります。1つは，日本には経済の発展に伴って新たな産業が誕生し，その産業に属する代表的な企業が積極的な設備投資を実施した結果，当該企業が大規模化したためです。そのとき生じた経営課題は，設備投資のための，あるいは，設備更新の際の資金を，どのように確保するのかという点でした。このような戦前日本企業の経営課題に，減価償却会計は重要な役割を果たしていきます。

　もう1つは，戦前日本では，減価償却会計が配当政策と密接に関係していたためです。現在の日本において減価償却会計と配当政策はほぼ無関係ですが，戦前日本では，両者は相反する動きを見せることがありました。すなわち，減価償却費を増加（減少）させると，配当金が減少（増加）しました。このことは本書における最大の論点であるため，繰り返し取り上げられます。

Ⅲ

企業家史研究と会計史研究の架け橋

　本書では，戦前日本の8人のビジネスリーダーが会計イノベーションに果たした役割を明らかにしていきますが，これまで日本経済史・経営史・会計史という研究分野では，①ビジネスリーダーが経済・産業の発展に果たした役割と，②戦前日本の会計システムの発展が，別個に論じられてきました。

　まず，①ビジネスリーダーが経済・産業の発展に果たした役割は，渋沢栄一を取り上げたNHKの大河ドラマ「青天を衝け」や，小林一三・松永安左エ門を取り上げたNHK放送90年ドラマ「経世済

民の男」などからもわかる通り，社会的にも注目されてきたテーマです。日本経営史では，ビジネスリーダーに関する研究が数多く蓄積され，日本経営史における企業家研究として一分野をなしています。以下では，このような研究を「企業家史研究」と呼び，その流れを整理した粕谷（2023）を参考に，戦前日本のビジネスリーダーとイノベーションの関係を整理しておきましょう。

粕谷（2023）によれば，日本経営史において企業家史研究が盛んになった1つの要因が，1998年にヨーゼフ・シュンペーターの著作『企業家とは何か』の邦訳が出版されたことでした。その後，企業家史研究を牽引したのは，1986年に設立され，2004年に改称された，法政大学イノベーション・マネジメント研究センター（以下，研究センター）でした。研究センターによる一連の企業家史研究では，「計量しにくい企業家の『特異性』が着目されており，他人とは異なる革新行動をおこした企業家の特性が注目されてい」ました（粕谷2023, 55頁）。同論文は，日本の企業家史研究が，「革新に注目する研究が多い」という特徴を有していることを指摘しています（同57頁）。革新をイノベーションと読み換えれば，戦前日本のビジネスリーダーが会計イノベーションに果たした役割を明らかにしようとする本書は，企業家史研究の中に位置づけられます。

ここで問題となるのは，企業家史研究が革新（イノベーション）をどのように捉えていたのかという点です。粕谷（2023）は，企業家史研究における革新を次のように考察しています。

　　明治維新ののち，西洋的制度・技術を導入することが旧来の事業運営に対する革新ととらえられることが多い。しかし当時導入されたものは，西洋ではごく当たり前のもので，日本にそれを根付かせるのが大変だったものがほとんどである。これは西洋から日本への長い時間と距離を経た革新の普及と考えることができるだろう（粕谷2023, 57頁）

本書が取り上げる会計に関するイノベーションは，西洋から導入されてきたものであり，粕谷（2023）が言及した企業家史研究における革新の定義と合致するといえます。

　他方で，②会計学の分野においても歴史研究が進められてきました。いわゆる会計史研究です。現時点の日本における会計史研究の到達点を整理した書籍に，筆者も編者の1人として参画し，2020年に出版された，『会計のヒストリー80』があります。同書巻頭の「刊行にあたって」を執筆した小栗崇資氏は，日本における会計史の現状について，「日本の大学の会計教育において，会計史の講義科目は必ずしも多くは開設されておらず，また，会計科目の中で会計史情報が語られる度合いも少ないように思われます。隣接する経済学や経営学に比べて，残念ながら会計学における歴史研究・教育の取組みは弱いと言わざるをえません」と述べています（小栗 2020, 1頁）。

　会計教育で，会計の歴史，さらには会計が形成される歴史的経緯が着目されてこなかった理由に関して，同書の編者の1人である中村恒彦氏は，簿記検定の学習法を例にあげ，会計に関するルールや条文を丸暗記するほうが短期間で簿記検定に合格しやすくなる場合があり，その結果，「簿記に素朴な疑問をもつような人たちが簿記嫌いになってしま」う可能性があることを指摘しています（中村 2020, 2頁）。

　一方で同氏は，磯田（2003）や山本（2012）に代表される，歴史学者が広義の「会計」を取り上げた新書が人気を博しており，「歴史好きな人たちは『会計』に強い関心を寄せています」とも述べています（中村 2020, 2頁）。中村氏が列挙した新書以外にも，グリーソン-ホワイト（2014）・ソール（2018）・田中（2018）のような書籍が，欧米諸国における複式簿記・減価償却・会計プロフェッションの成り立ちといった本書と共通するテーマについて，わかりやすく説明しています。そこでは，たとえば，発見されている世界最古の

ルカ・パチョーリ（左）
（Wikimedia Commons より）

レオナルド・ダ・ヴィンチ
（Wikimedia Commons より）

複式簿記解説書である『算術，幾何，比および比例全書』（スムマ）を1494年に発表し，「複式簿記の父」と呼ばれるルカ・パチョーリと，イタリア・ルネサンス期を代表する芸術家であるレオナルド・ダ・ヴィンチの間に交流があったことなどが面白く語られています。

以上を踏まえると，本書の特徴は，ビジネスリーダーによる会計イノベーションに注目することにより，別個に議論されてきた企業家史研究と会計史研究を結びつけるとともに，対象についても，欧米諸国に比べて相対的に研究蓄積が少ない戦前日本の会計実務に焦点を当てるところにあるといえます。

IV
本書の構成

本書の構成は，以下の通りです。次の第2章では，戦前日本における経済・産業・資本市場を概観した上で，当時の会計システムについて解説します。詳細な説明は次章に委ねますが，ここで読者に覚えていただきたいのは，戦前には，現代において政府や証券市場が株式会社に対して定めているような会計ルールが基本的に存在せず，ビジネスリーダーは自分たちの思う通りに会計処理を実施する

ことができたという点です。その結果，戦前日本企業の会計処理は，会社によっても，時期によっても，大きく異なっており，各社の会計処理には，ビジネスリーダーの意図が直接反映されていました。だからこそ私たちは，戦前日本企業の会計処理状況からビジネスリーダーの意図を読み解くことができるのです。

　第3章からは部を改め，第10章までに，8人のビジネスリーダーを取り上げます。8人には，それぞれが果たした会計実務上のイノベーションにちなんだキャッチフレーズがつけられています。たとえば第3章の渋沢栄一は，「複式簿記の借方・貸方に苦労した日本近代経済の父」です。

　本文では，冒頭の導入部（「Ⅰ　はじめに」）に続いて，ビジネスリーダーがビジネス上で果たした貢献（「Ⅱ　ビジネス上の貢献」）を説明した上で，会計実務上における貢献（「Ⅲ　会計実務上の貢献」）を解説していきます。

　「Ⅱ　ビジネス上の貢献」と「Ⅲ　会計実務上の貢献」においては，ビジネスリーダーが直面した課題 と ビジネスリーダーの秘策 を明らかにしていきます。ビジネスリーダーが直面した課題 とは，ビジネスリーダーたちが直面したビジネス上や会計実務上の課題や問題をいいます。ビジネスリーダーの秘策 では，ビジネスリーダーたちが自身の直面したビジネス上および会計実務上の課題・問題をどのように解決していったのか，ビジネスリーダーたちが生み出したイノベーションとはどのようなものなのかを示します。

　最終節の「Ⅳ　まとめ」では，ビジネスリーダーたちのビジネス上の貢献と会計実務上の貢献を総括しています。「(1) ビジネスリーダーとは」では，各章で取り上げたビジネスリーダーがどのような人物であったのかを整理します。「(2) ビジネスリーダーにとって各会計技術とは」（第3章の場合には，「渋沢栄一にとって複式簿記とは」）では，ビジネスリーダーが会計技術をどのようにしてビジネスに役立てたのかを考察します。

終章は，まとめの章となります。まず，①戦前のビジネスリーダー同士のネットワークの重要性，②会計イノベーションの発生要因，③戦前における会計イノベーションの到達点と戦後への影響を総括します。その上で，戦前日本のビジネスリーダーたちが生み出した会計イノベーションが，現在にどのように役立っているのかを考察したいと思います。

V

本書で取り上げる会計システムの基本概念

　本書には，ビジネスリーダーが利用した，さまざまな会計システムが登場します。代表的なものとして複式簿記・減価償却・会計プロフェッションがあげられますが，この3つの会計技術は，会計の発展史を考える上でのメルクマールであると考えられます。欧米諸国における会計システム発展の歴史を論じ，会計史研究のバイブルといわれる『リトルトン会計発達史』の構成を見ると，前編が「複式簿記の生成と発展」，後編が「簿記より会計学への発展」になっており，前半部全体が複式簿記に費やされていることがわかります（リトルトン 1978, 1-3 頁）。また，後編には第14章「減価償却」と第17章「会計士制度の発達」があり，減価償却と会計プロフェッションに，とくに章が割り当てられています。

　3つの会計システムは現在でも利用されていますが，戦前日本と現在とでは，異なっている部分があります。本節では，これら3つの会計システムが現在どのように解説されているのかを確認した上で，戦前日本とどのような点が異なるのかについても，以降の各章における議論を少し先取りする形で見ていきましょう。

(1)　複式簿記

　これは有名な話ですが，1795 年から 1796 年にかけてヨハン・ヴ

オルフガング・フォン・ゲーテによって発表された『ヴィルヘルム・マイスターの修業時代』の中に，登場人物のヴェルナーが主人公のヴィルヘルムに対して複式簿記を説明する，以下のセリフが出てきます。

ゲーテ
(Wikimedia Commons より)

　　商売をやっていくのに，広い視野をあたえてくれるのは，複式簿記による整理だ。整理されていればいつでも全体が見渡される。細かしいことでまごまごする必要がなくなる。複式簿記が商人にあたえてくれる利益は計り知れないほどだ。人間の精神が産んだ最高の発明の一つだね。立派な経営者は誰でも，経営に複式簿記を取り入れるべきなんだ（ゲーテ 2000, 54 頁）

　このように，18世紀から高く評価されていた複式簿記ですが，現在，複式簿記は「企業が営む経済活動を，貨幣額で認識し，測定し，帳簿に記録し，その結果を定期的に整理して，財務諸表とよばれる報告書を作成するための技術である」と定義されています（関西学院大学会計学研究室 2017, 2 頁）。これは，企業だけでなく個人事業主にも関係する会計技術ですが，ここでは株式会社を前提に説明していきます。上の定義からすると，複式簿記は，企業の活動を記録し，「財務諸表」を作成することを最終目的とするものであるといえます。財務諸表を構成する主な書類として，大きく，資産や負債などの状態を表す「貸借対照表」と，損益（どれだけ儲かったのか）の状況を示す「損益計算書」があります。

　複式簿記では，取引の内容を示す勘定科目を用いて，取引を記録していきます。取引を会計帳簿に記録する行為を「記帳」といいます。わかりやすく代表的な勘定科目としては，現金や売上高があげ

表 1-1 資産・負債・純資産・収益・費用項目と借方・貸方の関係

	借　方	貸　方
資　産	増　加	減　少
負　債	減　少	増　加
純資産	減　少	増　加
収　益	減　少	発　生
費　用	発　生	減　少

（出所）　筆者作成。

られます。商品を販売して現金を受け取ったという取引を記帳する際に用いられる勘定科目が，現金と売上高です。

　勘定科目には，その性質に応じたグループがあり，大きく貸借対照表項目と損益計算書項目に分けられます。貸借対照表項目をより小さなグループに分類すると，資産，負債，純資産となります。資産が現金や土地などの保有財産を表すのに対し，負債は借入金など，純資産は資本金などを指します。損益計算書項目のより小さなグループには，収益，費用があります。収益には売上など会社の収入が含まれ，費用とは人件費や仕入といったコストを意味しています。収益から費用を控除した残りを，利益といいます。複式簿記では取引を1つずつ記帳していきますが，会計帳簿に記帳された取引のことを「仕訳」といいます。

　複式簿記が「複式」と呼ばれる理由は，1つの仕訳で複数（2つ以上）の勘定科目を記録するためです。複式簿記の仕訳では，左側と右側にそれぞれ1つ以上の勘定科目が記録されます。仕訳の左側を「借方」と呼び，右側を「貸方」といいます。借方・貸方と，資産・負債・純資産・収益・費用には，表 1-1 のような関係性があります。たとえば，2024 年 4 月 1 日に商品を 1000 円で売り上げ，現金を受け取った取引（以下，取引事例①）の仕訳は，以下の通りになります（単位は円）。

　　　　（借方）現金 1,000　　　（貸方）売上高 1,000

表 1-2　仕訳帳の記入例

仕訳帳

2024 年		摘要		元丁	借方	貸方
4	1	（現金）		1	1,000	
			（売上高）	2		1,000

（出所）　関西学院大学会計学研究室（2017）30 頁を参照して作成。

表 1-3　総勘定元帳への転記例

総勘定元帳

現金　　　　　　　　　　　　　　　　　　　　　　　　　　1

2024 年		摘要	仕丁	借方	2024 年		摘要	仕丁	貸方
4	1	売上高	1	1,000					

売上高　　　　　　　　　　　　　　　　　　　　　　　　　2

2024 年		摘要	仕丁	借方	2024 年		摘要	仕丁	貸方
					4	1	現金	1	1,000

（出所）　関西学院大学会計学研究室（2017）30 頁を参照して作成。

　仕訳においては借方と貸方で同額が記載されるため，複式簿記には常に貸借の金額が一致するという特徴があります。日々の取引は「仕訳帳」と呼ばれる帳簿に記載されていきます。取引事例①を仕訳帳に記帳したものが表 1-2 です。

　すべての勘定科目が設定されている帳簿は，総勘定元帳，もしくは元帳と呼ばれます。仕訳帳に記入された取引は，すべて，勘定科目ごとに，総勘定元帳に記録されます。1 つの帳簿をベースにして別の帳簿に記録することを，「転記」といいます。取引事例①について仕訳帳に記帳された仕訳は，総勘定元帳の現金口座および売上高口座に転記されます。仕訳帳と総勘定元帳は「主要簿」と呼ばれ，通常使用される帳簿という位置づけです。表 1-3 は，取引事例①を総勘定元帳に転記したものです。

日々の取引は通常，継続的に行われて仕訳が作成されますが，ある一定の期間にどの程度の利益が獲得されたのかや，ある時点での資産・負債・純資産の金額はどの程度なのかを把握する必要もあります。そこで，ある特定の日を決算日に設定して，その決算日時点の資産・負債・純資産の金額を集計することで，貸借対照表が作成されます。また，前回の決算日の翌日から今回の決算日まで（これを決算期間といいます）の収益・費用をもとに利益の金額が計算され，損益計算書が作成されます。

現在，日本の多くの株式会社は3月31日を決算日にしています。また，通常，決算期間は1年とされ，3月31日を決算日にする株式会社では，4月1日から3月31日までが1つの決算期間となります。たとえば，2024年4月1日から2025年3月31日までの決算期間を指して，2025年3月期と呼ぶことがあります。一方，戦前の日本では，決算期間や決算日は企業により大きく異なっていました。決算期間は6カ月という会社が多く，1年の会社は少数派でした。そのように6カ月決算が多かったこともあって，決算日は多岐にわたっていました。

帳簿は，決算日を基準に締め切られ，次の決算期に引き継がれます。締め切られた帳簿をもとに，貸借対照表や損益計算書が作成されます。株式会社が行うこれらの作業は，「決算」や「決算手続」と呼ばれます（関西学院大学会計学研究室 2017, 54 頁）。「決算手続」の具体的な内容に関する説明は省略しますが，本書の内容において重要なのが決算整理仕訳です。決算整理仕訳とは，日々の取引では仕訳が作成されず，決算の際に仕訳が作成されるものです。そして，代表的な決算整理仕訳に，減価償却費の計上があげられるのです。減価償却費については，次項で説明することとしましょう。

さて，決算を通じて「試算表」や「精算表」が作成され，最終的に貸借対照表や損益計算書が作成されます。取引から，貸借対照表および損益計算書までの「諸帳簿の連係的な記入・転記・開始記入

表 1-4　Ｔ字での貸借対照表および損益計算書の記載例

貸借対照表

2025 年 3 月 31 日

（単位：円）

資産	金額	負債および純資産	金額
現金	10,500	資本金	10,000
		繰越利益剰余金	500
	10,500		10,500

損益計算書

自 2024 年 4 月 1 日　至 2025 年 3 月 31 日

（単位：円）

費用	金額	収益	金額
売上原価	500	売上高	1,000
当期純利益	500		
	1,000		1,000

（出所）　関西学院大学会計学研究室（2017）11 頁を参照して作成。

の流れ」は，「簿記一巡の手続」と呼ばれます（関西学院大学会計学研究室 2017, 66 頁）。表 1-4 に，貸借対照表や損益計算書の記載例を示しました。ただし簡素化しているため，有価証券報告書などで示される開示用の貸借対照表や損益計算書とは形式が異なります。

　第 3 章（渋沢栄一）で取り上げる複式簿記に関するテーマは，「伝票」です。取引が多くなってくると，仕訳帳 1 冊だけではすべての取引を記録するのが難しくなってきます。そこで，伝票で仕訳帳の機能を果たす仕組みが生み出されました。これが「伝票会計制度」です。伝票会計制度では，伝票に取引を記入し（起票），伝票に基づいて，総勘定元帳などへの転記が行われます（関西学院大学会計学研究室 2017, 219 頁）。一般的に，伝票会計制度では，入金伝票・出金伝票・振替伝票の 3 伝票制が採用されます。入金を伴う取引の仕訳では入金伝票が使用され，入金伝票においては自動的に，借方の勘定科目が現金になります。出金を伴う取引の仕訳には出金伝票が

使用され，出金伝票では自動的に，貸方の勘定科目が現金になります。入出金を伴わない取引の仕訳には，振替伝票が使用されます。振替伝票では，入金伝票や出金伝票における現金勘定とは異なり，借方・貸方とも常に特定の勘定科目が用いられることはありません。

　本書の内容との関係で複式簿記の特徴を整理しておきましょう。まず，借方と貸方のそれぞれに，少なくとも1つ以上の勘定科目が記載され，借方と貸方の金額が常に一致します。借方と貸方の金額が常に一致するという複式簿記の特徴によって，金額を誤って記載した場合に，その誤りを発見しやすいというメリットがあります。次に，仕訳帳に代わって（もしくは，併用して），入金伝票・出金伝票・振替伝票の3伝票が使用されることがあります。

(2)　減価償却

　前項で，代表的な決算整理仕訳の1つに減価償却費の計上があると言及しました。ここでは，有形固定資産の減価償却について解説します。有形固定資産とは，機械・建物・土地のような，複数年にわたって利用される資産をいいます。ただ，同じ有形固定資産でも，土地は原則として永久的に利用できると思われますが，機械は永久に利用することはできません。利用できなくなった機械の価値は，ほとんどないと考えられます。そのため，機械が使用できなくなるまでの期間（＝機械を使用できる期間，耐用年数）にわたって，機械の支出金額を費用として認識する必要があります。減価償却とは，固定資産の購入金額（これを「取得原価」といいます）から，耐用年数が到来したときの有形固定資産の価値（これを「残存価額」といいます）を差し引いた金額を，耐用年数にわたって費用化する会計処理方法をいいます。

　企業は，機械を，いつ・どの程度，減価償却として費用化すべきでしょうか。新しく機械を購入したときでしょうか。それとも，機械を廃棄したときでしょうか。通常，機械は使用されることによっ

て製品を生産し，企業はその製品を販売することによって利益を獲得します。つまり機械は企業収益の獲得に貢献しているため，収益の獲得に合わせ，費用として認識すべきであると考えられます。これを「費用収益対応の原則」といいます。また，機械の価値は，時の経過や新製品の登場によって下がっていきます。そのため，価値の低下に合わせて費用化していくべきであるとも考えられます。これらの点を踏まえると，企業は，機械の取得原価から残存価額を差し引いた金額を，減価償却費として適正に配分し，費用化することによって，機械を使用する耐用年数にわたって，適正な期間損益を計算できるようになります。そのため，現代における減価償却の目的は，適正な期間損益計算であるといえます。

　ところが，問題は，有形固定資産の価値が各決算期においてどの程度低下しているのかが，正確にはわからないという点です。そこで減価償却会計では，一定のルールに従って規則的に減価償却費を認識し，有形固定資産の価値を引き下げるという会計処理が行われます。これを「正規の減価償却」といいます。

　現在，主に用いられている減価償却の計算方法（一定のルール）は，定額法と定率法です。定額法とは，耐用年数にわたって毎期，同額の減価償却費を計上する方法です。たとえば，取得価額1000万円，残存価額100万円，耐用年数10年の場合，毎期90万円（=（1000−100）／10）の減価償却費が計上されます。一方，定率法は，有形固定資産の未償却金額に一定の償却率を乗じて減価償却費を計上する方法です。定率法では，取得直後の減価償却金額が大きくなり，時が経過するのに従って減価償却の金額が小さくなります。先ほどの事例を用いると，適用される償却率は0.206ですので，定率法を採用した場合，1年目の減価償却の金額は1000万円×0.206 = 206万円となります。2年目は（1000万円−206万円（= 1年目の減価償却費の金額））×0.206 = 164万円で，1年目の減価償却金額である206万円より小さくなります。10年目の減価償却金額は25万円に

なります。この事例で定額法と定率法を比較すると、1年目の減価償却費の金額は定率法（206万円）が定額法（90万円）を上回っているのに対し、10年目の金額は定額法（90万円）が定率法（25万円）を上回っています。

　減価償却の効果として、「減価償却の自己金融効果（ファイナンス効果）」があげられます（伊藤 2022, 375 頁）。固定資産を取得し、耐用年数にわたって使用する場合、現金が支出されるのは取得時に限定されます。その次の決算期以降は、減価償却費は費用として計上されますが、キャッシュフローは生じません。減価償却費のように、現金の支出を伴わない費用を、「非現金支出費用」といいます。減価償却費として計上された資金は企業内部に留保され、耐用年数を経過した時点で、減価償却費に相当する資金が内部に蓄積されていることになります（同 375 頁）。これは、株式や負債による外部資金を用いた資金調達と同じ意味を持ち、伊藤（2022）はこの点を「まさに減価償却は、企業内部で資金を創り出す作用をするのである」と表現しています。

　また、戦前日本における減価償却を勘案したときに、伊藤（2022）などの財務会計のテキストに記載されていないもう1つの効果として、強制的な配当抑制効果があげられます。企業が獲得した利益の中から自主的に積み立てる任意積立金もまた、減価償却費と同様、社内に資金を留保する効果があります。その意味から、戦前日本では、自己金融効果を持つ減価償却と任意積立金は、類似した性質を持つ勘定科目であると認識されていました。しかし、減価償却費と任意積立金は、配当抑制効果という点で大きく異なる性質を持っていました。任意積立金は、いつでもそれを取り崩して配当に回すことができるのに対し、減価償却費は費用として計上されることで、その分会社の利益を減少させるため、配当可能利益を減少させることになります。また、一度減価償却費を費用計上すると、任意積立金とは異なり、原則として次期以降、過去に計上した減価

償却費を減少させて，その分を配当として支払うことはできません。これは，戦前日本の会計実務を検討する上で，非常に重要な論点です。戦前日本においてビジネスリーダーは，自由に減価償却の金額を決定することができ，極端な事例では配当をより多く実施するために減価償却を実施しないという選択肢も持っていたのです。

現在と戦前日本の会計実務において，減価償却の特徴は大きく異なっていました。2つの時期を比較したとき，現在では，適正な損益計算のための減価償却の費用配分方法が，相対的に重視されます。そのためには，一定のルールに基づいた規則的な「正規の減価償却」が重要な意味を持ちます。それに対して，第2章で詳細に言及しますが，戦前日本では，そもそも減価償却が費用計上されず，利益処分項目で実施されることもありました。戦前日本では，減価償却の自己金融効果や配当抑制効果が相対的に重視されていたのです。

(3) 会計プロフェッション

日本の会計プロフェッションである公認会計士という国家資格は，医師や弁護士と並ぶ3大国家資格の1つであるといわれることがあります。医師は反復して医療行為を行うことができますし，弁護士は刑事裁判での弁護人になることができます。それと同じように，公認会計士は，企業が作成した財務諸表が企業会計の基準に従って適正に作成されているかどうかに関する意見を表明することができます。ここでいう財務諸表とは，貸借対照表や損益計算書をはじめとするいくつかの財務書類を指します。金融商品取引法や会社法は，特定の株式会社に公認会計士による監査を受けることを義務づけています。たとえば，証券取引所で株式の売買が行われる上場企業は，公認会計士による監査を受けなければなりません。

上場企業に対する公認会計士監査の意義は，次のように説明できます。投資家は，上場企業が開示した財務諸表を見て，その企業に投資をするかどうか判断します。そのときに，もし財務諸表が誤っ

ていたら，投資家は適切な判断ができません。単純なミスによって財務諸表の数字が誤っているのであればまだマシです。むしろ問題は，会社が自社の経営状況をよく見せようと利益の金額を意図的に操作しようとする場合です。会社によるこのような行為は，粉飾決算や会計不正と呼ばれます。粉飾決算や会計不正を知らずに投資した投資家は，それらによる財務諸表上の重要な誤りが何らかの形で明らかになり，株価が暴落すると，大きな損害を被ることになります。このように，財務諸表に重要な誤りがあるような状態が発生すると，投資家たちは財務諸表を投資の判断に利用することはできないと考えてしまうでしょう。そうなると，証券市場が大きく発展することはできなくなります。

　そこで，金融商品取引法や会社法では，会計の専門家（会計プロフェッション）である公認会計士に，企業が作成した財務諸表を調べさせ，財務諸表が一般に公正妥当と認められる企業会計の基準（GAAP）に準拠して適正に作成されているかどうかという適正性に関する意見（監査意見）を表明させています。ここでいう「一般に公正妥当と認められる企業会計の基準」には，日本における会計基準の設定主体である企業会計基準委員会（ASBJ）が作成した会計基準のみならず，社会的に受け入れられている会計処理の慣行も含まれます。会計のプロである公認会計士が，会社から独立した立場から財務諸表を監査し，財務諸表の適正性に関する監査意見を表明することによって，投資家は，安心して財務諸表を投資の判断材料として利用できるようになります。財務諸表を作成する経営者・投資家・公認会計士の関係性は，図1-1のように示すことができます。

　現在では，金融商品取引法や会社法で公認会計士による監査は義務づけられているため，公認会計士監査の対象となっている企業は，否応なく公認会計士監査を受けなければなりません。法律が公認会計士監査を義務づけているのは，公認会計士監査制度が，投資家や債権者といった会社と関係する人々に有益であり，ひいては社会的

図 1-1　公認会計士監査の概念図

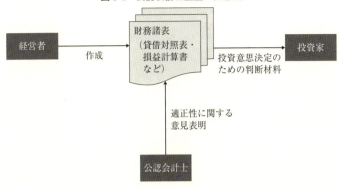

（出所）筆者作成。

に有益だからです。それでは、もし公認会計士監査が法律上義務づけられていなければ、公認会計士監査を受ける企業はいなくなるのでしょうか。この点を、理論的な側面と歴史的な側面から考えてみましょう。

理論的な側面からは以下のようなことがいえます。そもそも企業の経営状態については、投資家より経営者のほうがよくわかっています。経営者と投資家の間で、企業の経営状態に関する情報量に差があることを、「情報の非対称性」が発生しているといいます。そして、情報を相対的に多く知っている経営者のような状態のことを「情報優位」、情報を相対的に知らない投資家のような状態のことを「情報劣位」といいます。投資家は、どの財務諸表が会計基準に準拠して作成されているのかわからず、実際にも一部に会計基準へ準拠せず利益を操作する経営者のいる可能性があるような状況では、基本的には財務諸表が適正に作成されておらず、財務諸表の情報は信用できないと見なすでしょう。そうなると、財務諸表によって得られる情報が正しく会社の状態を示していれば、その情報に基づいて投資しようと考えていた投資家は、財務諸表が適正に作成されているかどうかわからない（利益が操作されているかもしれない）ので、

企業に投資しなくなります。このような状態を「逆選択」（アドバース・セレクション）といいます。したがって，多くの投資家から投資をしてもらいたいと考える経営者は，会計基準に準拠した財務諸表を作成し，投資家に開示しようとするでしょう。こうした経営者は，投資家たちに，自分の作成した財務諸表が適正であると信じてもらうため，会社とは関係のない独立の立場にいる会計のプロに依頼して，財務諸表が適正であると証明してもらうようになると考えられます。

　歴史的にも会計プロフェッション監査は，アメリカにおいては1920年代までに，企業によって自主的に導入されました。千代田（1984）は，アメリカで会計プロフェッション監査が義務づけられる1930年代以前の時期にあたる1920年12月末時点において，ニューヨーク証券取引所（NYSE）で株式を上場している企業128社の監査の導入状況を検討しています。その結果，96社（75％）が「株主宛年次報告書の財務諸表」に会計プロフェッション監査を導入していました（千代田1984, 71頁）。同書は，1920年のアメリカで自主的に展開された会計プロフェッション監査の目的は，「株主保護」にあったと考察しています（61頁）。

　日本においては，1948年に公認会計士法が制定され，1951年に上場企業に対する公認会計士監査がスタートしました。すなわち，戦前には制度化された会計プロフェッション監査が実施されることはありませんでした。1927年に計理士法が制定され，試験に合格した者などに「計理士」という資格が付与されましたが，公認会計士とは異なり，計理士には独占業務が与えられませんでした。その結果，計理士と名乗らなくとも，誰でも会計に関する業務を行うことができました。

　実は，日本において，ある種の「公的な資格」を有して活動していた最初の会計プロフェッションは，公認会計士でもなければ，計理士でもありませんでした。第7章（池田成彬）で詳細に述べ

ますが，イギリスの会計プロフェッションである英国勅許会計士（Chartered Accountant）が，1910年代頃から日本で開業していたことが，ロンドンの英国勅許会計士協会（ICAEW）の図書館が所蔵する会員名簿からわかります。日本で活動していた英国勅許会計士は何をしていたのでしょうか。彼らの主な活動は，日本の電力会社の財務諸表に対して監査を行うことでした。アメリカの証券引受金融機関が，『ニューヨーク・タイムズ』の社債募集広告に，日本の電力会社が日本で開業していた英国勅許会計士による監査を受けた財務情報を掲載し，投資家に日本の電力外債を購入してもらおうとしました。また，証券引受金融機関・三井銀行と日本の電力会社の間で，減価償却などの会計に関する契約条項が設定されましたが，会計プロフェッションは，電力会社が会計に関する契約に沿った会計処理を実施しているかどうかをチェックしていました。

　また，第4章（各務鎌吉）と第8章（平生釟三郎）で詳細に言及しますが，英国勅許会計士以外にも，1910年代から日本人による会計プロフェッション事務所を設立しようとする動きが見られました。このような会計プロフェッションは，計理士になっていきます。彼らは，主として経営者のために，会社内の経理体制の構築や企業再生における資産評価業務を担っていました。その点では，戦前日本の会計プロフェッションは，業務内容の面でも，資格という面でも，現在の公認会計士とは大きく異なるものであったといえます。

第 2 章

両大戦間期における
資金調達の多様化と
減価償却

I

戦前日本の産業化

　日本において本格的に産業化（工業化）が始まったのは，1886年から1889年にかけての企業勃興期と呼ばれる時期です。この時期の産業化を指して，「日本の産業革命の始まり」といわれることもあります。図2-1は，1881年から1892年の会社数の変遷を示しています。1884年から1885年にかけて約1000社に過ぎなかった会社数が，1889年には4000社を超える水準に達します。このとき主に設立されたのは，綿紡績会社と鉄道会社でした。

　1886年から1889年にかけて多くの企業が設立されるようになった理由は，さまざまな経済制度が整備されたためでした。貨幣制度では，1871年の新貨条例によって円・銭・厘が採用されました。1882年に中央銀行として日本銀行が設立され，1885年には銀貨と紙幣が交換（兌換）される銀本位制が確立したことによって，貨幣の信用力が高まりました。銀行制度では，1872年に制定された国立銀行条例に基づいて設置される銀行である国立銀行が，1876年の条例改正をきっかけに各地で設立されるようになりました（第3

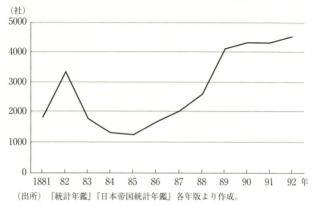

図 2-1　1881〜1892 年の全国会社数の推移

(出所)　『統計年鑑』『日本帝国統計年鑑』各年版より作成。

章参照)。株式会社組織を採用した国立銀行は，銀行制度だけでなく，株式会社制度に関する知識を全国に広げることにも貢献しました。企業勃興の中心となった鉄道業や綿紡績業では，1881 年に設立された日本鉄道や 1882 年に設立された大阪紡績の成功が，企業勃興期における鉄道ブームや紡績ブームにつながっていきます。本書で取り上げるビジネスリーダーがかかわった企業である，東京海上保険や東京電灯も，企業勃興期の直前に設立されています (東京海上保険は 1879 年創設，東京電灯は 1883 年創設)。

日清戦争と日露戦争という 2 度の戦争を経て，企業活動は引き続き活発でしたが，この時期の中心的な産業は，綿紡績業などの繊維産業でした。また，1907 年の大規模水力発電所の運転開始をきっかけに，電力業が大きく成長し始めます。一方，重化学工業部門では 1901 年に官営八幡製鉄所が設立されましたが，国際的に見て日本の重化学工業の生産能力や技術水準は，まだ低いものでした。

官営八幡製鉄所
(国立国会図書館「錦絵と写真でめぐる日本の名所」より)

日本において重化学工業が大きく発展するきっかけになったのは，
1914年に始まった第一次世界大戦でした。大戦により欧米諸国の
工業製品が日本およびアジア諸国に流入しなくなったため，技術水
準が低い日本の重化学工業部門でも，生産量を大きく伸ばすことが
できたのです。中でも，世界的な船舶不足に影響を受けて，船舶を
建造する造船業と，造船の原料を提供する鉄鋼業が，第一次世界大
戦期に発展しました。本書との関係では，当時有力な造船メーカー
の1つであった川崎造船所が，同一船型の船舶の見込み生産（ストッ
クボート）を開始し，急成長を遂げます（第8章参照）。しかし，
1919年に第一次世界大戦が終わり，再び欧米の製品が日本に流入
するようになると，造船業は苦境に陥ります。とりわけ川崎造船所
は，第一次世界大戦期に急拡大したためその反動が大きかった上に，
1922年に締結されたワシントン海軍軍縮条約による軍艦建設の中
止も経営に悪影響を与えました。

　対照的に，1920年代に大きく成長したのが，電力業でした。水
力発電所の開発が進んで電気料金が低下するとともに，送配電施設
が整備されたことで，工場の動力源に電気を使用する工場電化が促
されました（橘川 2004, 62頁）。製造業部門において，電気を利用す
る電動機の馬力数が蒸気機関の馬力数を上回ったのは，1917年の
ことです（南 1965, 223頁）。こうした1920年代における電力業の発
展と都市化の進展によって，都市近郊の電鉄業では電車の導入が進
み，路線が拡張されていきました。また，電力業の成長は，電動機
生産に代表される電気機械業や，電気を大量に消費する肥料・ソー
ダなどの産業の発展を促しました（三和 2002, 103頁）。

　1920年代には，相次ぐ不況もあって，合併による企業規模拡大
や大企業のシェア上昇が見られました。本書で取り上げる東京電灯
は，1920年代に中小電力会社を合併し，電気の供給エリアを拡大
しました（第5章参照）。1927年に金融恐慌が発生すると，三井・
三菱・住友・安田・第一という5大銀行へ預金の集中が進み，1930

年には5大銀行の預金額が全体の36.5%を占めました（三和 2002,116頁）。

そして，1929年に発生した世界大恐慌の影響を受け，日本でも1930年に昭和恐慌が発生しました。昭和恐慌から脱するために1931年12月から実施された，高橋是清大蔵大臣による財政政策（高橋財政）の影響で円安ドル高が進み，政府が輸入品に対する関税政策を実施すると，重化学工業部門は国内市場において輸入品に対する競争力を高めていきます（三和 2002,134-135頁）。金属・機械・化学の生産額が製造工業生産額に占める割合は，1925年の23.7%から，1935年の43.5%にまで上昇しました（同102頁）。この1920年代から1930年代にかけて大きく成長したのが，重化学工業の比重が高かった4大財閥（三井，三菱，住友，安田）です。1937年時点で4大財閥企業の資本金額は，全国会社払込資本金額の10.4%を占めました（同137頁）。

II
資金調達構造と株主構成

次に，戦前日本において，企業がどのように資金調達をしていたのか（資金需要）と，誰が企業に資金提供していたのか（資金供給）を見ていきましょう。資金需要に関しては，まず，前述の通り国立銀行が各地に設立されると，それを模倣する形で各地に種々の会社が設立されていきました。そして1893年に商法会社部分が施行され，株式会社が法的に制度化されると，各地で次々と株式会社が設立されました（高村 1996,186頁）。こうした株式会社は，第一次世界大戦が始まる1914年までは，主に株式を発行して資金を集めていました（藤野・寺西 2000,408頁）。

その後1920年代から1930年代に，株式会社の資金調達手段は多様化していきます（表2-1）。1920年代を通じて，株式の割合が

表 2-1　資金調達構造の変化（1914〜1937 年）

（単位：上段＝千円，下段＝％〔構成比〕）

年	払込資本金	積立金その他	利益金・繰越金	償却	長期負債	流動負債
1914〜1919	251,278 27.3	141,430 15.4	161,152 16.7	179,272 19.5	63,841 6.9	130,672 14.2
1920〜1924	1,046,000 48.1	161,152 7.4	33,323 1.5	263,305 12.1	341,281 15.7	328,902 15.1
1925〜1929	836,320 31.5	139,996 5.3	26,098 1.0	286,474 10.8	1,005,739 37.8	364,119 13.7
1928〜1930	355,517 24.4	−9,832 −0.7		352,822 24.2	645,299 44.3	100,962 7.0
1931〜1933	139,333 25.8	133,206 24.7		466,264 86.4	−57,922 −10.7	−92,616 −17.2
1934〜1937	1,170,959 29.0	782,004 19.4		866,056 21.5	−145,411 −3.6	1,359,741 33.7

（注）　1）　上半分の 1914〜1929 年は武田（2012）120 頁の表 4 より，下半分の 1928〜1937 年は武田（2012）135 頁の表 8 より作成。各表の作成方法および対象社数は武田（2012）を参照のこと。
2）　上記出所において，下半分（1928〜1937 年）に関しては，資本金払込，利益留保金，減価償却，社債，借入金・割引手形，支払手形・未払金，その他の金額を示す。これらを上半分の表記に合わせるため，資本金払込は払込資本金，利益留保金は積立金その他および利益金・繰越金，減価償却は償却，社債は長期負債，借入金・割引手形および支払手形・未払金とその他の合計金額を流動負債の欄に記載した。

（出所）　武田（2012）120, 135 頁より作成。

徐々に低下していきました。1920 年から 1924 年にかけて 48.1 ％を占めていた株式発行は 1925〜1929 年に低下し，1930 年代には資金調達に占める払込資本金の割合は 20 ％台を推移しました。一方で，1920 年代には多額の社債（長期負債）が発行されました。当該時期に社債が頻繁に発行された理由には，①社債の支払利息が株式の配当率を下回ったため，会社経営者が，株式より社債を資本コスト上有利な資金調達方法だと認識したこと，②日本興業銀行や三井銀行といった金融機関が社債を引き受けるシステムがつくられた結果，

会社が社債を発行しやすくなったこと，があげられます（橘川 1995，58 頁）。

しかし，1930 年に昭和恐慌が発生すると，社債を発行した会社の中には，経営悪化によって社債の利払いや償還が難しくなるところも現れました。そうした状況で，多くの会社が，社債を整理し，償還する必要に迫られました。その結果，1931 年から 1937 年にかけて，社債の償還金額は発行金額を上回りました。

そして，この時期の社債償還に際し，最も重要な資金源となったのが，減価償却と積立金などの内部留保でした。表 2-1 からも，減価償却金額は，他の資金源泉とは異なり，1914 年から 1937 年にかけ一貫して増加していることがわかります。構成比で見ると，減価償却は 1930 年以前と以後で対照的な動きを示しています。1930 年以前においては，第一次世界大戦の好景気の時期（1914〜1919 年）に減価償却の構成比が高く（19.5 ％），大戦反動恐慌・関東大震災・金融恐慌が発生した不況の時期（1920〜1929 年）には，その構成比は低下しました（12.1 ％，10.8 ％）。これに対し，1930 年以降においては，昭和恐慌の時期（1931〜1933 年）に減価償却の構成比が高くなり（86.4 ％），恐慌からの回復期（1934〜1937 年）には低下しました（21.5 ％）。すなわち，1930 年以前には，不況時（好況時）に減価償却の構成比が低下（上昇）しました。ところが 1930 年以降は，景気と減価償却の構成比との間の関係性が逆転したのです。

一方，資金供給に関しては，株式会社の株主構成を分析することで，誰が会社に出資していたのかを見ていきましょう。志村（1969）は，ダイヤモンド社編『全国株主要覧』（1919 年版）を用いて，379 社で 1000 株以上を保有する株主 8507 名を分析しています。それによると，73.5 ％の株式を一般個人（財閥家族，華族，外国人以外の個人）が保有していました（志村 1969，390 頁）。同書はさらに，1936 年における 491 社の大株主（数名から 20 名，平均で 12 名程度）の特徴を，1919 年と比較して検討します[1]。その結果，個人大株主

の持株割合は，1919年の74.4％から1936年の16.2％へと大きく減少しました（同408-409頁）。それに対して，法人会社の持株割合は1919年の15.0％から1936年の56.4％へ上昇し，保険会社の持株割合も1919年の0.9％から1936年の10.2％へと上昇しました。こうして1936年には法人大株主の持株割合が50％を超えましたが，産業によって法人の属性は大きく異なっています。銀行業では4大財閥の持株会社が，電力業では証券保有会社が，最大株主となりました（同411-412頁）。たとえば，1930年代の東京電灯では，同社の有価証券を管理する子会社である東電証券が筆頭株主になっていました（第10章参照）。このように日本企業では，1920年代から1930年代にかけて株式所有の法人化が進みました。

III

配 当 政 策

　本節では，戦前日本に企業が実施した配当政策について見ていきます。戦前の日本において，配当政策は，減価償却金額の水準を決定づける重要な要因でした。企業が獲得した利益を配当金として支払う割合を配当性向と呼びますが，戦前の配当性向は戦後に比べて高いという特徴があります。1920年代，財閥系企業を除いた日本企業の配当性向は66.1％であったのに対し，1960年代には35.4％でした（青地2002, 51頁）。1925年から1941年までの株式会社における配当性向が61.6％であったことを併せると，戦前の株式会社の配当性向は60％台であったと考えられます（宮本2010, 189頁）。

　戦前の日本企業が配当性向を高くしようとした理由は，配当率と株価に正の相関が見られたためでした。配当率が高ければ高いほど

---

　1)　寺西（2011）が指摘している通り，志村（1969）が用いた1919年と1936年のデータでは，そのカバレッジが大きく異なっているという限界があります（寺西2011, 784頁）。

株価が高いという関係が，1900 年前後の株式市場で確認されてい
ます（片岡 2006, 52-58 頁）。また，1900 年代から 1910 年代にかけて
の紡績会社において，株主たちは，配当収入を我慢して内部留保に
あてたほうが将来的に株価の値上がりが期待できる場合には，内部
留保を厚くする経営者の意思決定を支持したのに対し，株価の値上
がりにつながらないと判断した場合には，利益を配当として支払う
経営者の戦略を支持していました（結城 2012, 71 頁）。同時期の紡績
会社における配当政策は，収益性の悪化局面（株価の値上がりが期待
できない場合）に配当性向を高め，配当率を維持しようとした（でき
るだけ利益を配当として支払うようにした）といえます。

　こうした高い配当率の結果，株式投資にとって，配当収入（イン
カムゲイン）が，株式売買益（キャピタルゲイン）より重要な意味を
持つこととなりました。以下で，1914 年から 1929 年における東京
電灯株式を事例に，当時の株式投資家にとってのキャピタルゲイン
とインカムゲインの価値を考察してみましょう。東京電灯は，当時
日本最大の電力会社であり，その株式は 1930 年まで，「一般に公債
に準ずるべき確実株と観られ，財産株に取り扱われて居るもの」お
よび「公社債に次ぐ優良株」と評価されました（『東洋経済新報』
1930 年 5 月 3 日）。東京電灯の配当率は，1914 年上期の 10 ％から
1915 上期の 8 ％へ低下した後，1921 年上期には 17 ％まで上昇しま
したが，その後は低下し，1927 年下期には 8 ％にまで下落しまし
た（図 2-2）。ただ，1914 年から 1929 年までは一貫して配当率 8 ％
以上を維持していました。一方で株価は，1914 年上期の 58.8 円か
ら 1918 年下期の 86.6 円まで上昇した後，下落傾向を示し，1929 年
下期には 47 円となりました。1914 年から 1929 年にかけての株価
と配当率の相関係数は 0.690 であり，片岡（2006）の主張の通り，
配当率が上昇すると株価も上昇するという関係性が見られました
（北浦 2015, 39 頁）。

　図 2-3 は，1914 年上期に 58.8 円で東京電灯株式を購入したと仮

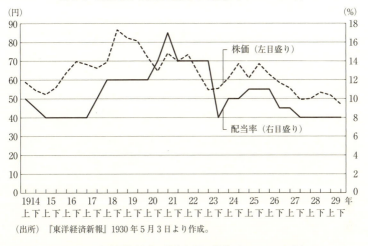

図 2-2 東京電灯の株価と配当率の推移 (1914〜1929 年)

(出所) 『東洋経済新報』1930 年 5 月 3 日より作成。

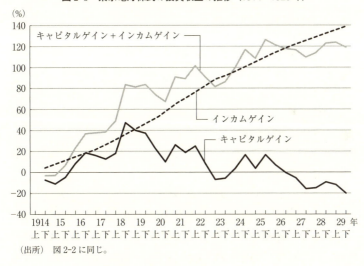

図 2-3 東京電灯株式の投資収益の推移 (1914〜1929 年)

(出所) 図 2-2 に同じ。

定し，各期に東京電灯株式を売却したときの，キャピタルゲインとインカムゲインを示しています。なお，キャピタルゲインは，各期の株価から1914年上期の株価 (58.8円) を差し引いた金額を，58.8

円で割ることによって計算しています。また，インカムゲインは，1914年上期から各期までの配当金額の合計を，58.8円で割ることによって計算されています。1919年以降の東京電灯株式の株価下落に伴うキャピタルゲインの低下以上に，インカムゲインが増加し続けた結果，キャピタルゲインとインカムゲインの合計は1924年下期から当該期間の最高水準を安定的に推移しました。1914年から1929年の東京電灯の株主にとって，事後的に見た場合の最も合理的な投資戦略は，長期的に株式を保有し，配当金を受け取り続けるというものだったのです。

IV

減価償却

(1) 会計規制の欠如

戦前の会計規制は，現在と比較すると，非常に緩やかなものでした。第1章でも述べた通り，現在は，さまざまな会計規則を含め一般に公正妥当と認められる企業会計の基準（GAAP）が存在します。上場企業はGAAPに基づいて，連結財務諸表や財務諸表などを作成しなければなりません。金融商品取引法や会社法などに基づいた公認会計士の監査が実施されることにより，上場企業などでは，適正な会計処理が行われることが予想されます。

しかし，戦前には，上場企業に対する強制的な会計ルールは存在しませんでした。ただし，株式会社全体に適用される商法は，株式会社に対して強制的な開示ルールを設けていました。日本の最初の商法は，1890年に制定され，1893年に会社部分などが先行して施行されました。その後1899年に，現行の商法が制定されました。その商法によって，株式会社は，株主のために，財産目録・貸借対照表・事業報告書・損益計算書・準備金及び利益又は利息の配当に

関する議案（以下，利益処分案と呼びます）を作成することが義務づけられていました。

　また，商法上のルールとして，戦前の株式会社が配当を実施するための条件に，①累積された損失がないこと，②準備金の金額が資本の4分の1に達するまでは毎年利益の20分の1以上を積み立てなければならないこと，がありました。戦前の株式会社は，このルールに基づいて利益を計算し，貸借対照表などの書類を作成し，利益に基づいて配当を実施する必要がありました。

　配当実施の前提となる利益を計算するためには，その計算方法が必要になります。しかし商法には，肝心の株式会社の利益計算方法を定めた条文がありませんでした。商法上，それに関係する唯一の条文は，商業帳簿における資産評価基準でした。1899年商法では，資産は時価で評価するということになりました。それが1911年に改正され，資産は時価以下で評価するというふうに変わりました。この1911年の商法改正の結果，経営者は，時価以下なら資産価格を自由に決定できるようになったのです。法律上は，資産が時価さえ下回っていれば，減価償却を実施していてもしていなくても問題ありませんでした。加えて，現在でも資産の適切な時価の算定が難しいことを踏まえると，この規定はほとんど意味をなさないものでした。

　以上から，戦前日本において経営者は，自由に会計処理を実施することが，事実上法的に認められていました。たとえばそれは，経営者はいつでも自分が望ましい水準の減価償却を実施できたことを意味していました。

(2)　会計処理に影響を与えなかった税制

　税制は，納税者に対し，支払うべき税金の金額をできるだけ小さくしようとするインセンティブを与えます。多くの人は，可能なら余分な税金を支払いたくないと考えるものです。合法の範囲で税金

を少なくすることが節税です。戦前においても，現在においても，法人が支払う法人所得税（法人税）は基本的に，益金と呼ばれる法人が上げた収益から，損金と呼ばれる法人が益金を上げるのに用いた経費を差し引いて所得を計算し，それに税率を掛けることによって計算されます。そのため，法人が支払う税金を少なくするためには，所得の金額を小さくする（益金を小さくするか，損金を大きくする）必要があります。

　対照的に，税金を徴収する税務当局は，法人から適切な税金額を集めようとします。そのため税務当局は，法人が益金を過度に少なくしていないか，もしくは，損金を過度に多く計上していないかに注目しています。一方で税務当局は，法人が認められた金額よりも少なくしか損金を計上していなくとも，それほど気にしないと思われます。過少な損金計上は，その分，企業が支払うべき税金の金額を大きくするので，税務当局にとって過大な損金計上ほどは問題にならないためです。

　ここからは減価償却に限定して，税制が企業の減価償却会計に与えた影響について見ていきましょう。戦前（正確には 1918 年以降）でも，現在でも，減価償却費の税制上の取り扱いは，細かい点では異なる部分もありますが，基本的には同じです。以下に，現在の仕組みを説明します。減価償却費は，会計上は費用項目に該当し，税務上は損金項目に該当します。法人の減価償却費の取り扱いは，会計と税務で一致していません。減価償却費を損金として算入し，税金を少なくするには，確定した決算において，減価償却費を会計上，費用処理しなければなりません。この仕組みを「損金経理」といいます。また，損金に算入できる減価償却の金額は，会計処理によって計上された減価償却費の金額か，税制上定められた最大限損金に算入できる減価償却の金額（償却限度額）の，どちらか小さいほうです。戦前も現在も，会計上，減価償却費を計上し，固定資産の帳簿価額からその金額分を引き下げないと，税務上の損金に算入でき

ない（税金を安くできない）ため，減価償却税制は法人に会計上減価償却費を計上させる誘因となります。

北浦（2014）は，1918年から1924年の5大電力を事例に，減価償却税制が企業の会計上の減価償却にどのような影響を与えたのかを分析しています。結論としては，節税効果は会計上における減価償却の計上の誘因とはならなかったことが判明しました。その理由は，戦前日本では法人に対する税率が低かったためでした。節税金額は，損金に税率を乗じることによって計算されるので，税率が低いと，損金算入金額が大きくても節税金額は小さくなってしまいます。大手電力会社5社に対し，適用された推定税率は4〜5％でした（北浦2014, 116頁）。2023年時点の東京都における法人税の実効税率（資本金の額が1億円以上の普通法人の場合）が30.62％であることと比べると，当時の税率がとても低かったことがわかります。

(3) 減価償却の実態

明治期における減価償却の実態は，高寺（1974）において詳細に分析されています。同書によれば，明治期に減価償却会計を実施した企業は「減価償却を実施してもなお必要な配当を支払うことが十分な利益を上げている企業」であり，それらの企業は，減価償却を実施する前の利益（以下，償却前利益）から安定配当額を控除した金額を上限として減価償却を実施していました（17-18頁）。現在，減価償却は，利益の多寡にかかわらず，固定資産の金額と償却方法によって自動的に計算されます。しかし明治期には，償却前利益と安定配当額が先に決定され，後に，その残りの範囲内で減価償却が決定されていました。

また，1920年代から1930年代にかけては，減価償却を損益計算書に費用として計上する企業と，利益処分案に配当金などと同様に利益処分項目として計上する企業がありました。小野（2021）によれば，1904〜1940年の決算期において減価償却のデータが得られ

図 2-4　1928〜1939 年の日本企業における配当率・ROA・減価償却率

(%)

配当率

ROA

減価償却率

1928　29　30　31　32　33　34　35　36　37　38　39 年
上下　上下　上下　上下　上下　上下　上下　上下　上下　上下　上下　上下

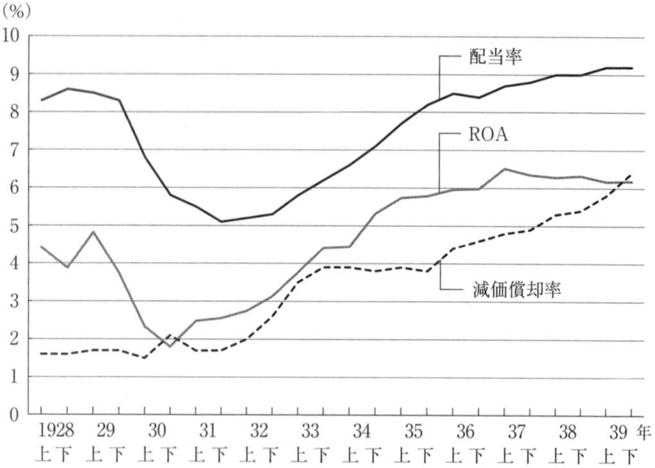

（出所）　Kitaura（2016）p. 45（原史料は『本邦事業成績分析』）。

た 255 社 7574 決算期について，67.1 ％の決算期では減価償却が費用項目として計上され，32.9 ％の決算期では利益処分項目として計上されていました（55 頁）。1920 年代と 1930 年代を比較すると，固定資産および償却前利益に対する減価償却費の割合はともに，1930 年代のほうが 1920 年代よりも高くなっていました（宮島 2004, 255 頁；齊藤 2011, 143 頁；青地 2014, 182, 197 頁）。配当政策との関係では，配当と減価償却の両方とも，1920 年代よりも 1930 年代のほうが利益の増減の影響が大きいという特徴がありました。1920 年代には，利益が低下しつつも配当率が引き下げられず，その分減価償却が過少になる傾向にありました。それに対して，高橋財政の効果によって景気が回復する 1930 年代中盤以降には，利益の増加に合わせて配当と減価償却が増加しました。

　Kitaura（2016）を用いて，1920 年代後半から 1930 年代にかけての配当および減価償却の変化を詳細に見てみましょう。図 2-4 は，1928〜1939 年の日本企業における配当率・ROA・減価償却率の変

遷を示しています。同図において配当率とは，配当金額を期末の払込資本金額で除した年ベースの値をいいます。ROA は，減価償却費控除後の利益金額を，前半期の総資産金額と当半期の総資産金額の平均値で除することによって計算しています。減価償却率は，半期の減価償却費を期末の固定資産金額で除しています。ROA と減価償却率は，2 倍にすることによって，年ベースに修正しています。

　平均配当率は，1928 年上期から 1929 年下期にかけて 8 ％台であったものが，昭和恐慌の影響で，1930 年上期以降に低下しています。1930 年下期から 1933 年上期にかけては 5 ％台にまで落ち込みました。1933 年下期以降は回復し，1938 年上期には 9 ％を超えました。ROA は，配当率と同様の動きをしています。日本企業の ROA の平均値は，1929 年上期の 4.8 ％から 1930 年下期の 1.8 ％へ低下した後，回復し，1936 年上期以降は 6 ％を超えています。1928 年から 1939 年において日本企業は，基本的には収益性に合わせて配当を実施していました。

　一方，固定資産に対する減価償却率は，1928 年から 1930 年には 1930 年下期の 2.1 ％を除いて 1 ％台後半でしたが，1932 年上期より一貫して上昇し，1938 年には 5 ％を超えました。この変化は，同時期における配当率とは異なっています。まず，配当率は 1928 年下期から 1931 年下期にかけて低下しましたが，減価償却率は 1928 年上期から 1931 年下期にかけて大きな変動がありませんでした。配当率と減価償却率は，ともに 1931 年下期より上昇に転じますが，1931 年下期から 1933 年下期にかけて，減価償却率は 129 ％上昇したのに対して，配当率は 22 ％しか上昇していませんでした。1933 年下期から 1935 年下期にかけては，減価償却率はほとんど変化しませんでしたが，配当率は 32 ％上昇しています。1935 年下期から 1939 年下期にかけては，減価償却率は 68 ％，配当率は 12 ％上昇しています。すなわち，1931 年下期以降における配当率と減価償却率それぞれの増減率は，1931 年下期から 1933 年下期まで，

1933 年下期から 1935 年下期まで，1935 年下期から 1939 年下期までという 3 つの時期で，大きく異なっていました。

　ここで注目すべき点は，1928 年上期から 1933 年下期という日本経済が不況にあえいでいた時期に，固定資産に対する減価償却率は低下しないか，時期によっては上昇していたという点です。この時期における減価償却率の上昇は，表 2-1 に示した通り，同時期の資金調達において減価償却の重要性を著しく高めることになりました。1928 年上期から 1933 年下期にかけ，日本企業の減価償却率が上昇した理由の 1 つとして，本書では，池田成彬（第 7 章）や結城豊太郎（第 9 章）といった銀行家たちから事業会社に対して継続的な減価償却の実施を求める要求があったことに言及します。

　このように，戦前日本において減価償却は，資金調達や配当政策と深くかかわっていました。現在，主に用いられている，定額法や定率法といった減価償却方法自体は，すでに明治期に導入され，たとえば日本郵船では定額法が採用されていました（高寺 1974, 181頁）。しかし，図 2-4 に基づいて日本企業全体を見ると，減価償却は固定資産金額に対して規則的に実施されていなかったといえるのです。

第 **2** 部

会計システムのイノベーターたち

第 **3** 章　渋沢 栄一
第 **4** 章　各務 鎌吉
第 **5** 章　神戸 挙一
第 **6** 章　松永 安左エ門
第 **7** 章　池田 成彬
第 **8** 章　平生 釟三郎
第 **9** 章　結城 豊太郎
第 **10** 章　小林 一三

第3章

渋沢 栄一

複式簿記の借方・貸方に苦労した
日本近代経済の父

(国立国会図書館「近代日本人の肖像」より)

I
はじめに

　2024年から1万円札にその肖像が描かれる渋沢栄一は，「日本資本主義の父」や「近代日本経済の父」と呼ばれています。渋沢は明治初期に，銀行制度，紙幣制度，郵便制度，株式会社制度などの政策に，明治政府の役人として関与しました。また，大蔵省を退職した後には，日本最初の銀行であり，かつ日本最初の株式会社でもあった第一国立銀行の設立にかかわって総監役を務め，後には頭取に就任します。ここでいう国立銀行とは，国営の銀行という意味ではなく，「国立銀行条例」という条例に従って設立された銀行という意味です。さらに，日本で最初に民間資本による機械制紡績業で成功した大阪紡績の設立にもかかわります。渋沢は，生涯で約500の企業と約600もの教育機関・社会公共事業に関与するとともに，民間外交にも力を入れていました（渋沢栄一記念財団ウェブサイト）。

　2021年の大河ドラマ「青天を衝け」でも詳細に描かれていましたが，渋沢はその時々で大きく立場を変えていきました。農家に生まれましたが，「尊王攘夷」思想に影響され，京に向かいます。そ

こで一橋家に仕え，フランスに留学しました。明治維新後には，大蔵省勤務を経て，実業界の代表となりました。これは，渋沢が時代の変化を巧みに捉え，状況に応じた柔軟な判断を行っていったことを意味しています。

渋沢が実践した代表的な思想に，「合本主義」と「道徳経済合一説」があります。「合本主義」に明確な定義はありませんが，木村（2020）によれば，「公益を追求するという使命や目的を達成するのに最も適した人材と資本を集め，事業を推進させるという考え方」だといいます（167頁）。渋沢が「合本主義」という理想を推し進めるにあたっては，多くの人たちから資金を集める株式会社という組織が最もふさわしい仕組みだったのです。

株式会社とは，現在の一般的な定義によると，株式と株主有限責任を基本的な特徴とする会社のことをいいます。また，株式会社も含まれる会社とは，営利社団法人と定義され，その特質は「営利性」「社団性」「法人性」の3つであるといえます。

「営利性」とは，会社の目的が利益を獲得する（儲ける）ことにあり，獲得した利益を出資者（社員とも呼ばれます）に分配することを指します。ここでいう社員とは，会社の従業員である会社員のことを指して用いる日常語とは異なり，会社に資金を提供した出資者のことをいいます。株式会社の社員が株主です。「社団性」とは集団のことをいいます。会社とは複数の出資者で構成された組織です。「法人性」とは，会社が，私たちのような人間（これを法律用語で自然人といいます）以外で，法律によって権利義務の主体となることが認められた存在であるという性質を指します。権利義務の主体になるとは，会社自体が，土地などを購入したり，商品を販売したりできることを意味します。こうした会社の特質を踏まえると，複数の出資者で構成される「社団性」は，「合本主義」において，とくに重要だったと評価できます。

以上を踏まえると，株式会社の基本的な特徴である株式制度と株

主有限責任は，より多くの出資者を集めやすくする仕組みであるといえます。まず，株式とは，均等に細分化された株式会社の出資者としての地位をいいます。たとえば，ある株式会社において1万株が発行され，そのうち1株を取得した場合，その出資者である株主は，株式会社の1万分の1を所有しており，株式会社の運営に関して1万分の1の権利を持っていることになります。会社が10万円の配当を実施する場合，1株を所有する株主は，10万円の1万分の1である10円の配当を受け取ることができます。それに対して10株を所有する株主は，1株を所有する株主の10倍である100円を受け取ることができます。このように，株式制度によって，株式会社と株主の関係は非常にわかりやすくなります。

　また，多くの株式を発行することによって，出資者は，少額でも株式会社に出資しやすくなります。株主が会社に出資する金額を額面金額といいますが，戦前期の日本では，出資者が会社に対して1株当たり50円を出資するケースが大多数でした。加えて，出資は通常4回に分けて実施されることが多く，すなわち株主は1回に1株当たり12.5円を出資していました。こうした仕組みを分割払込制度といいます。戦前日本の株式会社においては，この分割払込制度によって，株主がより出資しやすくする方法が採用されていました。

　株主有限責任は，株主が安心して株式会社に出資できるように，株主の債権者に対する責任を小さくする（限定する）仕組みです。私たちが誰かからお金を借りた場合，基本的には，借りたお金を貸してくれた人に返さなければなりません。同様に，有限責任制を採用していない企業においては，もしその企業が所有する財産によって借りたお金を返すことができなくなれば，企業の所有者である出資者が代わって全額を返さなければならなくなります。すなわち，そのような企業の借金は，出資者の借金と同じなのです。一方，株式会社においても企業の負債を株主が経済的に負担するケースが生

じますが，その負担の最大額は，株主が株式会社に出資した金額に限定されます。出資した株式が無価値にはなりますが，株主は株式会社の負債をそれ以上負担しなくてもよいことになります。これが株主有限責任です。

この仕組みの意義は，株式会社の経営に直接関与していない投資家たちに，株式会社へ出資させやすくすることです。通常であれば企業所有者は，金額の多寡を問わず企業の負債を全額返済しなければならないところ，株式会社であれば出資額分だけの負担で済みます。渋沢は，株式会社の社団性および株式制度・株主有限責任という仕組みを利用して，「合本主義」を実現していきました。

また渋沢は，1916年に『論語と算盤』という書籍を刊行し，その中で「道徳経済合一説」を主張しました。「道徳」とは「等しくこれすべて人類が則るべき道理」であり，自己利益の追求は，道徳を犯さない限りにおいて行われるべきだと渋沢は考えていました。渋沢は，「公益」が「私利」より優先されるとも指摘しています（宮本 2016, 308, 310-311 頁）。渋沢のいう「道徳」は，現在では経営者倫理や職業倫理のような「倫理観」とも通じるものであると評価できるかもしれません。このように公益を重視した渋沢が，銀行業・鉄道業・電力業・ガス業といった公益事業や，教育機関・社会公共事業へ積極的に関与していったのは，当然であったともいえます。

ところで，会計実務への貢献という側面から見た渋沢の功績は，第一国立銀行において，日本ではじめて西洋式複式簿記を導入したことです。後述する通り，西洋式複式簿記は，明治初期に簿記書の翻訳によって導入されていきました。銀行簿記に関しては，大蔵省が，顧問であったアラン・シャンドの指導のもと，国立銀行向けの簿記書『銀行簿記精法』を制作しました。渋沢が経営する第一国立銀行は，『銀行簿記精法』の影響を受けながら，民間資本として，日本ではじめての西洋式複式簿記の帳簿を作成しました。渋沢は第

一国立銀行へ欧米のさまざまな仕組みを導入し，第一国立銀行の経験が他の国立銀行や事業会社へと広がっていきました。その意味で第一国立銀行は，渋沢にとって，株式会社制度や複式簿記などのさまざまな制度を試す実験場であったと評価できます。

II

ビジネス上の貢献

渋沢栄一は，1840年に武蔵国榛沢郡血洗島村（現．埼玉県深谷市血洗島）の農家に生まれます。父・市郎右衛門は藍玉製造を熱心に営み，各地で販売していました。渋沢は，幼い頃より従兄弟の尾高惇忠から『論語』などを学びます。幕末になると，尊王攘夷運動の高まりを受けて，江戸へ遊学します。1863年には，尾高惇忠らと高崎城の乗っ取りや横浜外国人居留地の焼き討ちを計画しますが，従兄弟の尾高長七郎の説得で断念します（渋沢 1997, 31-38頁）。その後，なおも尊王攘夷運動のために京へ向かいますが，そこで一橋家の家臣である平岡円四郎に出会い，1864年に一橋家に仕えることを決心しました（同51頁）。

一橋慶喜
（国立国会図書館「近代日本人の肖像」より）

渋沢は，一橋家の家臣として，関東で農兵を募集し，一橋家の領地から収穫される米などの販売方法を見直しました（渋沢 1997, 81頁）。一橋家の主君であった一橋慶喜が1866年8月に徳川宗家を相続したこと（第15代将軍には1867年1月に就任）に伴い，渋沢も幕臣となります。慶喜の弟である徳川昭武がフランス万国博覧会への派遣とその後のフラン

徳川昭武
（国立国会図書館「近代日本人の肖像」より）

ス留学のために渡仏するのに合わせて、渋沢も随行者としてフランスへ赴くことになります。渋沢はフランスで公債証書と鉄道債券を購入しており、投資を身をもって体験しました（同 108 頁）。しかし、フランス滞在中に徳川慶喜が大政奉還を行い、徳川幕府が終わりを迎えたため、渋沢たちは帰国しました。

渋沢は帰国後、徳川慶喜が謹慎する静岡へ向かいます。渋沢は、明治新政府が静岡藩に貸し付けた新紙幣を用いて「商法会所」と呼ばれる組織の設立を計画し、実際 1869 年 1 月にこれを設立しました（渋沢 1997, 126 頁）。渋沢は、商法会所の実質的な経営者として、貸付などの銀行に類似した業務と、物品販売などの商社に類似した業務を司りました。ところが、1869 年 10 月に明治新政府が渋沢に新政府への奉職を命じます。渋沢は、引き続き商法会所で働きたいと考えていたようですが、藩に迷惑がかかることを恐れ、東京へ向かいます（宮本 2016, 47 頁）。そうして民部省租税正に任命されると、省を超えて必要な政策を実現するための組織である改正掛を設置することを提案し、新政府から認められます。渋沢はその改正掛で、度量衡基準や貨幣制度の整備、郵便制度の導入などに携わりました（渋沢 1997, 133-136, 159-161 頁）。

(1) 第一国立銀行の設立

伊藤博文
（国立国会図書館「近代日本人の肖像」より）

渋沢が直面した課題① 三井組・小野組による銀行設立の動き

銀行制度に関しては、伊藤博文がアメリカ式のナショナル・バンク制度を採用すべきであると主張し、1871 年 8 月に大蔵大丞となった渋沢も伊藤の意見を支持しました。渋沢は同年 12 月に大蔵省紙幣寮紙幣頭を兼任すると、「銀行条例」の編纂実務にかかわるようになります。翌 1872 年にはナショナル・

バンクを「国立銀行」と日本語訳することを決定し,「国立銀行条例」の起草を進めました。(宮本 2016, 52-53 頁)。

　国立銀行条例の起草に合わせて,当時の代表的な商家であった三井組と小野組は,単独での銀行設立へ向けて準備を始めました。政府は当初,三井組と小野組それぞれの銀行設立を認めようとしていましたが,その方針を転換し,合同の銀行を設立することを両組に勧告します（宮本 2016, 55 頁)。渋沢は,三井組と小野組の合同銀行を国立銀行条例に基づく最初の銀行とすることを考えます。ところが 1873 年に,予算をめぐる政府内の対立から親交のあった井上馨が大蔵大輔を辞職すると,渋沢は一緒に退職してしまいます（渋沢 1997, 174-175 頁)。

渋沢の秘策① 日本初の銀行設立

　渋沢は,大蔵省を退職した後も,三井組・小野組からの依頼によって第一国立銀行の設立に関与し続けました。そして 1873 年 6 月に開催された第一国立銀行の創立総会に基づいて,渋沢は三井組および小野組から選ばれた取締役を監督する立場である「総監役」に就任しました（宮本 2016, 69 頁)。設立当初の第一国立銀行では,三井組および小野組から選ばれた経営者たちは,それぞれの組の利益になるように経営を誘導し,貸出先も三井組・小野組が中心でした（武田 2021, 39-40 頁)。

　このような経営構造の中で,1874 年 11 月に小野組が破綻します。小野組や三井組は明治政府の資金を取り扱う業務を営んでいましたが,その一部を自分たちの事業に使っていました。政府は,1874 年 10 月に政府が預けている資金と同額の抵当を差し出すことを命令しました。三井組はオリエンタル銀行から 100 万ドルの緊急融資

第一国立銀行
(清水建設株式会社提供)

古河市兵衛
(国立国会図書館「近代日本人の肖像」より)

を受けてこれを乗り切りましたが，小野組は破綻してしまいました。第一国立銀行は多額の資金を小野組に貸し付けていましたが，その資金に抵当を設定していたため，破綻の影響を最小限に抑えることができました。これが可能になった理由は，小野組の番頭で，後に足尾銅山などを経営することとなる古河市兵衛が，積極的に第一国立銀行へ担保を提供したためでした。この一件を通じて，古河と渋沢は深い関係になっていきます（渋沢1997, 226-228頁；武田2021, 42-44頁）。

　渋沢は，小野組破綻後，第一国立銀行の経営改革を進めます。大蔵省に申請して減資を実施するとともに，小野組向けの貸付金を処理しました。また，第一国立銀行は，1875年8月に臨時株主総会を開催し，三井組に対する特例を廃止するとともに，渋沢を頭取にすることを決定しました（武田2021, 46頁）。

　頭取となった渋沢は，国立銀行条例の改正に向けて，大蔵省へ働きかけを強めます。1872年に制定された国立銀行条例では，国立銀行は「国立銀行券」を発行することになっていました。国立銀行券は金貨と交換できることになっており，国立銀行は，国立銀行券と金貨の兌換のために，資本金の40％に相当する金貨を準備しておかなければなりませんでした。このことによって，当初，国立銀行はわずか4行しか設立されませんでした。第一国立銀行においても金貨が流出する危険性があり，同行は，国立銀行改正の必要性を政府に訴えました（武田2021, 47-48頁）。

　結果，国立銀行条例は1876年に改正され，兌換は廃止となり，政府紙幣や公債による準備が認められるようになりました。これによって各地で国立銀行が設立されるようになり，最終的には153の国立銀行が設立され，第一国立銀行の経営も安定化していきます。

1882 年に中央銀行である日本銀行が設立され，日本銀行が日本銀行券を発行する発券銀行となると，国立銀行は普通銀行に転換していき，第一国立銀行も 1896 年に第一銀行となりました。

(2)　日本初の機械制綿紡績業の成功

渋沢が直面した課題②　二千錘紡績の失敗

　前述の通り，渋沢のビジネス上の貢献の 1 つとしてあげられるのが，大阪紡績を設立し，機械を用いて綿糸を生産する機械制綿紡績業を日本で最初に成功させた点です。ここでは，渋沢が関与した大阪紡績の成功について，日本の綿紡績産業史研究の代表的な著作である高村 (1971) を用いて見ていきましょう。綿紡績業は，綿糸という糸をつくる産業です。綿紡績とは，綿花を原料として，その繊維を伸ばして糸にする工程を指します。

　日本における機械制綿紡績業は明治時代に本格的にスタートしますが，綿糸の生産はすでに江戸時代以前から行われていました。江戸時代には，「紡車」などの道具を用い，人の手によって綿糸が生産されていました（鈴木 2009, 178 頁）。その後，幕末開港により海外から高品質な機械制輸入綿糸が流入するようになりました。国内でそれまで生産されていた手作業による綿糸は，紡績機械によって生産された綿糸に比べると，品質が均一ではありませんでした。また，紡績機械による綿糸生産は，機械の設置に多額の購入資金を必要としましたが，綿糸を大量に生産できるようになり，単位当たりのコストを引き下げる規模の経済性を発揮しました。加えて，軽工業である機械制綿紡績業は，鉄鋼業などの重化学工業に比べると，海外にキャッチアップしやすい産業でした。明治政府は機械制綿紡績業の育成に努めます。

　明治政府は西欧諸国の軍事力や生産能力に追いつくことを目指しましたが，これを「富国強兵政策」といいます。その中で，江戸時代までは日本になかった産業を，政府自らが関与して日本に導入し

ようとしました。この政策を「殖産興業政策」といいます。明治政府は，殖産興業政策の1つとして機械制の綿紡績業を育成しようとし，2000錘という小規模な紡績工場を各綿花栽培地の近くに設立しました。1878年にイギリスから二千錘紡績機2基を輸入して愛知と広島に官営紡績所を設立するとともに，翌1879年には再びイギリスより同10基を購入し，10カ所の紡績所（いわゆる「十基紡」）へ無利息10カ年賦で払い下げました。この結果，1882年から1885年にかけて9紡績所が開業しました。明治政府はさらに，紡績工場に対する資金の貸付や官員技術者の派遣を行いました（高村1971，39-41頁）。

　しかし，二千錘紡績の多くは失敗に終わったとされています。その理由として，①2000錘という生産規模が，規模の経済性を十分に発揮して生産コストを引き下げるのには不十分な水準にあったこと，②紡績機械の動力源に水力を使用していたが，水量が季節によって変化するため，動力源として不安定であったこと，③工場を綿花栽培地や水力を利用できる地域の近くに建設する必要があったため，立地条件に制約が加わった結果，工場の所在地が都市部から離れていたこと，④綿紡績業の技術に精通した技術者が不足していたことがあげられています（高村1971，45-57頁）。

　ほかにも二千錘紡績は，資金調達面で問題を抱えていました。それは，出資者が同族的範囲にとどまったことや，多数の出資者を集めた場合でも各出資者の所有財産額が小さいため出資額が限定的であったことです。例外的に地方の有力な地主・商人層を広く結集させた遠州紡績でさえ，規模が小さく出資者を引き付けるのに十分な利益を直ちに実現できなかったため，新たな資金調達がきわめて困難となりました（高村1971，56-57頁）。

渋沢の秘策②-1　株式会社制度の採用

　大阪紡績は，1882年に渋沢栄一らによって設立されました。渋沢は，二千錘紡績の過小な生産規模がその失敗の原因であったこと

を踏まえ，規模の経済性を享受するために，設立時から1万錘を超える規模の紡績会社を立ち上げようと企画します。渋沢は，遅くとも1880年までに，1万錘規模の紡績会社を設立しようとする構想を持っていたようです（高村 1971, 64 頁）。

　また，二千錘紡績のような水力ではなく，蒸気機関を利用することによって，安定的な動力源を確保できました。しかも，二千錘紡績は水力を動力源としていたために工場立地が限定されていましたが，蒸気機関を利用した紡績工場は，立地条件から解放されました。同様に，国内産綿花を利用していた二千錘紡績の立地は綿作地の近くであることも条件となりましたが，大阪紡績は，海外から安くて品質のよい綿花を輸入することによって，消費地の近くに工場を設置することを可能にしました。

　渋沢は紡績技術に精通した技術者の必要性も感じていましたが，二千錘紡績では有能な技術者も不足していました。後に大阪紡績および東洋紡績の社長となる山辺丈夫は，旧津和野藩主である亀井家の亀井茲明に随行する形でロンドンに留学して保険学を勉強していましたが，渋沢の依頼によりキングス・カレッジに移って機械工学を勉強し，紡績工場でも技師として働きました。山辺は帰国後，技師として大阪紡績の運営にあたります。

　大阪紡績は，二千錘紡績とは異なり，設立当初から1万錘を超える規模での生産開始を計画していたため，その分，多額の資金を必要としていました。渋沢は大阪紡績を株式会社組織にすることによって，多くの人たちから資金を集めようとします。しかし，機械制綿紡績業という産業は，明治時代になって新しく日本に入ってきた産業でした。綿糸は明治時代以前から生産されていたものの，あくまで道具を用いた手作業で営まれていたに過ぎず，機械で綿糸を大量に生産するビジネスがうまくいくかどうかはわかりませんでした。

　そこで渋沢は，当時権威のあると思われていた人たちに大阪紡績へ出資してもらうことによって，一般の人たちに大阪紡績へ投資し

ても大丈夫だと認識してもらおうとします。渋沢が目を付けたのは，旧大名家や公家などの華族でした。渋沢の懸命な説得の結果，華族共同資本による大阪紡績への出資が実現しました。華族株主17名は，1883年6月時点で，大阪紡績全体の38％の株式を所有するに至ります（高村 1971, 67頁）。華族による出資が呼び水となり，大阪紡績は広く資金を集めることに成功しました。そして，大阪在住の株主が人数ベースで全体の約60％を占めることとなりました。大阪紡績が広範囲の資産家から資金を集められたのは，渋沢による推奨と華族による出資によるところが大きかったといえます。

渋沢の秘策②-2　高配当の実施とそれを可能にする経営施策

　大阪紡績の設立時に，渋沢の斡旋により華族から出資資金を引き出せたことは，広範囲の資産家からの投資につながりました。渋沢は，大阪紡績が営業を開始すると，株式によってさらに資金を集めるため，さまざまな経営施策によって多額の利益を獲得し，それを原資に高配当を実施していきます。図3-1に，1883年下期から1889年下期までの大阪紡績の利益処分状況を示しています。同図から，利益金額に占める配当金の割合（配当性向）が一貫して50％を超え，利益の大部分が配当に回っていることがわかります。利益金額が5万円を下回っていた1883年下期から1886年上期までは，配当性向の単純平均が66.9％に達し，とくに高くなっています。利益があまり出なかった創業初期の時期には，利益の大部分を配当し，配当性向をより高くすることによって，高配当を実施していたのです。

　大阪紡績の利益は，1886年下期以降大きく増加しました。この期以降に同社の利益が増加した要因として，次のようなさまざまな経営施策が実施された点があげられます。まず，原料コストを下げるため，単価の安い中国綿花やインド綿花のような外国産綿花を利用しました。次に，当時の紡績産業において多額の資金を必要としたのは，高額な紡績機械でした。大阪紡績は紡績機械を効率的に運

図 3-1　1883〜1889 年における大阪紡績の利益処分

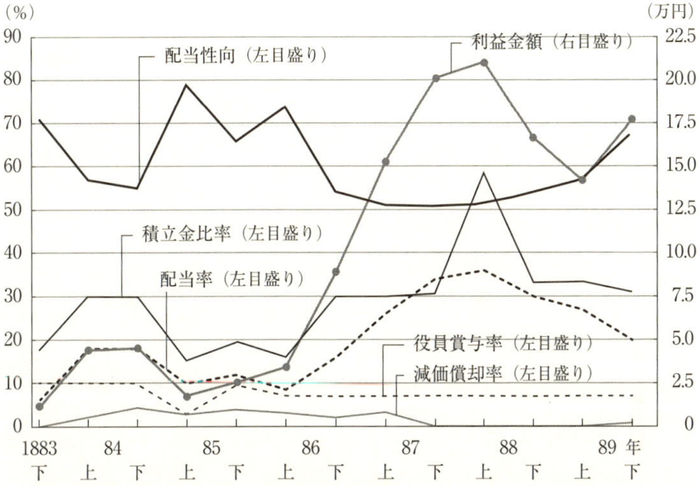

(注)　配当性向＝配当金額÷利益金額，減価償却率＝減価償却金額÷利益金額，役員賞
　　　与率＝役員賞与金額÷利益金額，積立金比率＝積立金額÷利益金額，配当率＝1株
　　　当たり配当金額（年ベース）÷額面金額。
(出所)　高村（1971）108 頁より作成（原史料は大阪紡績「考課状」各期）。

　用するため，昼夜を問わず工場を稼働させることによって，綿糸の
生産量を増加させました。工場を昼夜問わず稼働させるためには，
工場で働く人たちを確保する必要があります。大阪紡績の労働者は，
大部分が賃金の安い若い女性たちでした。

　さらに，高配当政策を実施していた大阪紡績では，借入金の利率
が株主配当率よりも低い状態でした。このような状態では，より多
くの借入金によって資金を調達することが，株主配当率を高めるこ
とにつながります。その点を確かめるため，ここで，1億円の全額
を株式で資金調達するケース（ケース①）と，5000万円を株式・
5000万円を借入金で調達するケース（ケース②）を，比較して考え
てみましょう。なお，1年間の借入金利息を支払う前の利益は1000
万円，借入金の金利を5％とします。

　ケース①の場合は，借入をしていませんので，借入金の利息金額

は 0 円です。ケース①では，利益の全額を配当として支払う場合，1000 万円÷1 億円となり，10 ％の配当率で配当を支払うことができます。これに対してケース②の場合，利率 5 ％の借入金 5000 万円があるので，250 万円の利息が発生し，利息支払い後の利益金額が 750 万円になります。したがってケース②では，利益を全額配当として支払うと，750 万円÷5000 万円となり，15 ％の配当率で配当を支払うことができます。

　このように，ケース①とケース②を比較すると，ケース②のほうが配当率が高くなっていることがわかります。大阪紡績もまた，借入金を利用することによって，配当率を引き上げようとしました。大阪紡績の主な借入先は，渋沢が頭取を務める第一国立銀行であり，渋沢は大阪紡績と第一国立銀行をつなぐ役割を果たしました（高村 1971, 100 頁）。

　大阪紡績における 1886 年下期以降の利益額の増加は，配当性向を引き下げるのと同時に，利益のうち積立金に回す割合（積立金比率）を引き上げました。積立金比率は，1883 年下期から 1886 年上期までは平均 21.5 ％だったのに対し，1886 年下期から 1889 年下期までは平均 35.3 ％に上昇しました。1883 年下期から 1889 年下期までの配当性向と利益金額は，相関係数が−0.65 と，負の相関関係にあったのに対し，積立金比率と利益金額の相関係数は 0.76 と，正の相関関係にありました。

　大阪紡績における高配当率は，株価に影響を与えるという意味でも，株主にとって重要な意味を持ちました。第 2 章で見た通り，1900 年前後，株式市場における株価と配当率には正の相関関係が見られましたが（片岡 2006, 55 頁），高配当政策により，大阪紡績の株価は 1886 年から 1889 年にかけ，払込金額 100 円に対して 117〜355 円の水準にあり，払込金額を上回る水準を維持していました（高村 1971, 108 頁）。

(3) 資産家ネットワークの形成

渋沢が直面した課題③　信用のない株式会社組織

渋沢は生涯で，大阪紡績をはじめとする数百の会社の設立にかかわりました。それは，会社設立を企画する人たちの多くが，渋沢の信用力を必要としたからでした。渋沢もまた喜んで株式会社の設立に力を貸しました。それは，前述した「合本主義」という考えによるものでした。

戦前の日本において，渋沢が関与した大阪紡績などの株式会社とは対照的な組織が，三井や三菱に代表される財閥企業でした。財閥にはさまざまな定義がありますが，代表的な特徴として，①財閥傘下企業の持分が基本的に財閥家族もしくは財閥家族が支配権を持つ持株会社によって所有されていること（閉鎖的所有），②財閥傘下企業が多様な産業に属すること（多角化），③財閥傘下企業が属する産業において寡占的な地位にあること（寡占化），があげられます（宮本ほか 2023, 106 頁）。大阪紡績や後身の東洋紡績は，紡績産業において寡占的な地位を占めるようになりますが（財閥の条件③は満たしました），渋沢が関与した他の大企業と直接的な関係はありませんでしたし，会社の持分は資産家たちによって広く所有されていました。

多くの株式会社が設立時に渋沢を頼ったのは，株式会社組織自体に信用力がなかったためでした。渋沢は，大蔵省の官僚であった 1871 年に，1867 年から 1868 年にかけてのフランス滞在経験を踏まえ，会社組織を紹介した『立会略則』を著しました。『立会略則』は，同年に福地源一郎が執筆

『官版　立会略則』
(TOPPAN ホールディングス株式会社 印刷博物館所蔵)

した『会社弁』と合わせて、各府県に配布され、会社知識の普及に役立ちます（高村 1996, 36 頁）。日本で最初の株式会社である第一国立銀行の設立以降、各地で国立銀行が設立されると、さらに株式会社という組織形態が人々に知られるようになります。その結果、1877 年からのインフレ期に会社は一種の流行となり、全国の会社数は 1881 年の 1803 社から 1882 年の 3336 社へと増加しました。しかし、1882 年からの不況に伴い、その数は、1884 年には 1298 社にまで減少しました（北浦 2009, 58 頁）。このように会社が相次いで倒産する中、会社の信用力は低下していきます。

渋沢の秘策③　資産家ネットワークに基づいた役員兼任

　渋沢が設立に関与した主な事業会社は、鉄道業、紡績業、電力業（電灯業）、ガス業などに属していました。これらの産業は、明治時代になって西洋から導入された技術を用いた産業であり、多額の資金を必要としていました。渋沢はしばしば特定の実業家と連携して企業を設立しました。たとえば、渋沢が日本最初の民間電力会社である東京電灯の設立にかかわり、同社の役員に就任する一方で、東京電灯の中心的な創立メンバーであり、かつ初代社長であった矢嶋作郎は、渋沢とともに大阪紡績の相談役に選任されています（東洋紡績株式会社社史編纂室 1986, 25 頁）。渋沢と矢嶋は 2 人とも、東京電灯においても、大阪紡績においても、設立に関与したのです。

　渋沢は特定の実業家たちと協力することによって、自分たちは主要な大株主として共同で一定割合の出資を行うとともに、そうした実業家、すなわち資産家たちが有するネットワークを用いて多くの一般株主を集めました。渋沢は 1898 年時点で 29 社の役員を兼任していましたが、その 29 社の中で渋沢とともに 2 社以上の役員となっている実業家は 33 名にのぼりました（鈴木ほか 2009, 114-115 頁）。渋沢は他の実業

矢嶋作郎
（電気の史料館提供）

家たちとのネットワークを利用することによって，株式会社の信用力を高め，資本金を集めていったのです。

Ⅲ

会計実務上の貢献

西洋式複式簿記の導入

渋沢が直面した課題④ 明治初期における西洋式簿記の伝播

渋沢栄一は，第一国立銀行の経営にあたって，ヨーロッパで利用されており，現在の複式簿記につながる西洋式簿記，具体的にはアラン・シャンドを通じて銀行簿記の仕組みを導入しました。

江戸時代において，松坂商人の三井家や近江商人の中井家に代表される大商家は，ビジネスを拡大した結果，江戸・大坂・京などいくつかの場所に店を構えるようになり，各店の管理をする必要が出てきたため，日々の取引を記録するようになります。江戸時代における取引の記録方法を，帳合法といいます。江戸の商家における帳合法は，店ごとで独自につくられ，その方法は他店に教えないという秘密主義がとられていました。もちろん，帳合に携わっていた商家で働く奉公人が独立したり，他の店に移ったりすることで，その店の帳合法が広がっていくこともありましたが，あくまで限定的なものでした。

江戸時代の帳合の特徴として，大福帳と呼ばれる帳簿の存在があげられます。大福帳の機能もまた商家によって異なっていましたが，売掛の残高を販売先（得意先）ごとに管理するための，現在の得意先元帳に類似したものや，取引を総括的に記録する，現在の総勘定元帳に類似したものが確認できます（小倉 2008, 7-14 頁）。中井家の帳簿を分析した小倉（2008）によれば，中井家では，複数の帳簿が存在し，帳簿相互間がリンクしていました（47-48 頁）。また，三井

家の帳簿を分析した西川（1993）によれば，三井家のビジネスを統括していた大元方と呼ばれる組織では，財産や損益の状況を示す書類が作成されていたことがわかっています（114-127頁）。このように，江戸時代には，帳合法が各商家独自の方法で高度に発展していきましたが，その方法は社会的に公開されることがなかったため，明治期以降に一般的に広がることはありませんでした。

　ヨーロッパにおいても，十字軍による遠征をきっかけとして，北イタリア地域を中心に商業が発展していきました。複式簿記は，商業が発展していく中で生み出されてきた取引記録の仕組みでした。複式簿記という記帳システムが確立した時期は，明確にはわかっていません。複式簿記の起源を古代ローマに求める説もありますが，一般的には，中世イタリアであったといわれています（片岡2020，10頁）。しかし，同じ中世イタリアといっても，トスカーナ，ジェノヴァ，ロンバルディア，ヴェネツィアなどと，さまざまな起源説が唱えられています。

　この中でも「世界最古の複式簿記文献」といわれているのが，修道僧であったルカ・パチョーリが1494年に執筆した『算術，幾何，比および比例全書』（スムマ）における簿記論です。「複式簿記の知識は，パチョーリ簿記論を中心に全世界に波及した。またパチョーリ簿記論の基本的構造は，現在に至るまであまり変わっていない」（片岡2020，11頁）ということから，パチョーリによる複式簿記論は重要な意味を持つとされます。片岡（2020）はパチョーリ簿記論の特徴を13あげていますが，その中で現在の簿記ととくに関係する項目は，①日記帳・仕訳帳・元帳という3帳簿制の採用，②財産目録の解説，③時価主義（および高価主義）の採用，④元帳の締め切りと年度決算の解説，⑤損益計算の解説，⑥借方および貸方の解説，⑦元帳締め切り後の残高試算表（ビランチオ）の解説，⑧支店会計の解説，⑨貸借対照表および損益計算書の未作成です（11頁）。

　複式簿記はその後，西ヨーロッパ各地に広がっていきました。オ

ランダでは, 1602年に創設されたオランダ東インド会社において, 複式簿記（「イタリア式貸借簿記」）が採用され, 1607年には, 小数の発見で有名な数学者シモン・ステヴィンが『イタリア式王侯簿記』を執筆しました（橋本 2020, 12-13頁）。イギリスにおいても, イギリス東インド会社が1664年に複式簿記を導入するとともに, 18世紀になると簿記書の出版点数が急増していきました（中野 2020, 14-15頁）。西ヨーロッパで複式簿記の仕組みが広がっていった要因としてあげられるのが, 簿記書の存在です。簿記のテキストである簿記書を通じて, 多くの商人たちが複式簿記を採用することができました。これが, 江戸時代の日本と大きく異なる点でした。

明治時代になると, 日本にも西洋式簿記（複式簿記）が導入されます。日本における初期の簿記書は, 欧米の簿記書を翻訳する形で作成されました。福沢諭吉は, 1873年に H. B. Bryant, H. D. Stratton and S. S. Packard による *Bryant and Stratton's Common School Book-keeping* を翻訳し, 『帳合之法』を出版しました。加藤斌も, 同年に William Inglis の *Book-keeping by Single and Double Entry* を翻訳し, 『商家必用』を刊行しました。それに対して, 渋沢が設立した第一国立銀行では, これらとは異なる銀行簿記システムを導入します。

渋沢の秘策④ **第一国立銀行における西洋式簿記の導入**

一般の事業会社や商人とは異なり, 銀行業に関する簿記について, 大蔵省はスコットランド出身のアラン・シャンドを顧問にし, 銀行簿記システムを開発しました。渋沢は第一国立銀行において, この銀行簿記システムを採用します。明治初期には, 外国の先進的な技術を移転するために多数の外国人が招聘されましたが, その多くは技術者でした。官営

アラン・シャンド
（土屋 1966, 口絵より）

事業における外国人技術者数は，1870年代には1294名にのぼったものの，1870年代後半から政府は外国人技術者を解雇し始めます（宮本ほか2023, 126-127頁）。それは，外国人技術者の給料が高額であった一方，1880年代には日本人技術者が育成され出したためでした。

シャンドの来日前の状況には不明な点も多いのですが，1844年にスコットランドで生まれ，1866年にはイギリスの銀行の横浜支店において支店長を務めていたようです（土屋1966, 3, 13頁）。高橋是清は，このときシャンドのもとで雑用係として働いていたといいます。その縁で，後年，高橋が日露戦争の戦費調達のためにイギリスへ赴いた際には，パースバンク・ロンドン支店副支配人であったシャンドが，高橋へ精力的に協力しました（同5頁）。

1872年に国立銀行条例が制定されると，大蔵省は国立銀行の会計システムを整備する必要性を認識し，同年にシャンドを紙幣寮書記官として採用しました。大蔵省はシャンドの指導のもとで，翌1873年12月に『銀行簿記精法』を出版します。津村（2016）が指摘している通り，『銀行簿記精法』による簿記法が日本の簿記史において重要なのは，『帳合之法』などとは異なって実務で活用され，銀行だけでなく多くの産業で利用されるようになった点です（29頁）。

『銀行簿記精法』では，伝票という概念は用いられませんでしたが，入金伝票に相当する入金手形と，出金伝票に相当する出金手形が説明されていました（黒澤1990, 24頁；津村2016, 30頁）。一方，同書は振替伝票について説明していません。主要簿の1つとしては，日記帳が用いられました。日記帳では，借方に毎日銀行に入る金銭

『銀行簿記精法』（第5巻）
（一橋大学附属図書館所蔵）

が入金の理由とともに記入され，貸方に銀行が支払う金銭が出金の理由とともに記入されました。また，当座預金に関する取引は毎日頻繁に行われるため，これらの取引は「増補日記帳」に記入され，その総計がまとめて日記帳に転記される方法が採用されています（黒澤 1990, 25-27 頁）。さらに，総勘定元帳は，「帳簿体系の中心を占める最も重要な帳簿」と位置づけられ，「毎日，日記帳の記入が終了した後，これから各勘定別に，元帳に転記され」ました（同 31-32 頁）。

　第一国立銀行は，1873 年 10 月に大蔵省から「実際報告」と呼ばれる決算書の提出を指示されます（白坂 2013, 92 頁）。宮本（2016）によれば，「第一国立銀行本店毎月実際報告」が 1873 年 8 月に作成されています（72 頁）。ここから，第一国立銀行は，大蔵省の指示に従って，開業当初より「実際報告」を作成していたものと考えられます。また，第一国立銀行は，「第一国立銀行出納日表」や「第一国立銀行借貸一覧日表」などの書類を大蔵省に提出しましたが，白坂（2013）は，これらの 2 つの日表を「日本で作成された，初めての洋式簿記に基づく財務書類」であると評価しています（95 頁）。

　第一国立銀行では，銀行内に「稽古所」を開設し，シャンドを招きます。そこで，渋沢の後に第一銀行の頭取となる佐々木勇之助などの幹部候補たちは，シャンドに複式簿記の教えを請いました（渋沢青淵記念財団竜門社 1955, 157 頁）。第一国立銀行は，『銀行簿記精法』で示された複式簿記システムをそのまま適応するのではなく，実務上，記帳方法を改良していきます。その 1 つが，第一国立銀行において 1876 年頃から使用されるようになった「振替手形」（後の振替伝票）です（黒澤 1990, 28, 37 頁）。入金伝票・出金伝票・振替伝票によって構成される 3 伝票制は，第一国立銀行の実務の中から誕生したシステムでした。

　渋沢自身は，シャンド式の西洋簿記を第一国立銀行へ導入したことを次のように回顧しています。まず，渋沢はシャンドと自分たち

の関係について，「此シヤンドと云ふ人が銀行事務に精通して居るといふので大蔵省の雇とした，銀行の簿記といふものを第一に此人に教授して貰つた，京都のお方でも古いお人はシヤンド直伝の者であるでせうが私共第一の高弟であつた，シヤンドに簿記又は銀行経営の事を教はつた人の一番筆頭であつた」と認識していました（渋沢青淵記念財団竜門社 1955, 158 頁）。

　また渋沢は，西洋式複式簿記の導入時の苦労を 2 点述べています。1 つは，複式簿記という簿記方法の習得で，「簿記に複記法（複式簿記──引用者注）又は単記法（単式簿記──引用者注）と云ふ二様の別があつた，此複記法単記法といふ名を覚えるさへも其頃は容易でなかつたものである」と述べています（渋沢青淵記念財団竜門社 1955, 158 頁）。さらに，渋沢は「其時に私も多数の青年諸氏と共に単記法複記法と云ふものを習ふたのであります，私でも二重に附けると云ふやうな，そんな手数の掛つたことをする必要は無いと云つて，十日ばかりも稽古をすると悧巧さうなことを云つたこと，を今でも覚えて居ります」と回顧しており，複式簿記による記帳の意義を学んだことがわかります（同 159 頁）。

　もう 1 つは，複式簿記における貸借一致です。渋沢は，複式簿記において，貸借が一致することを「バランス」と呼んでいました。渋沢は，「収入支払の文字さへ好く理解せられなかつた，出たものには必ず入がついて双方対照して『バランス』が合つたといふ。『バランス』とは一体何だか夫すら好く解らなかつた」と述べています（渋沢青淵記念財団竜門社 1955, 158 頁）。渋沢のいう「出入」とは「借方」と「貸方」を意味していると思われます。現在の簿記初学者と同様，渋沢も「借方」と「貸方」の概念の理解に苦労したというのは，非常に興味深い点です。その上で渋沢は，シヤンドと自分自身が日本における西洋式複式簿記の導入に果たした役割を，次のように述べています。

其時にシャンド無かつせば日本の簿記法は今日如くには発達しない，詰り貴下方はシャンドの流を汲で今日の如く簿記法を覚えたのである，其際に私共が骨を折つたからである，故に貴下方から充分に礼を言はれても宜いやうな功労があらうと思ふ

（渋沢青淵記念財団竜門社 1955, 158 頁）

　以上から，渋沢は自身がシャンド式複式簿記を実務に浸透させるのに貢献したと自負していたことがわかります。現在の私たちが通常，簿記の授業で学ぶ 3 伝票制は，シャンドが『銀行簿記精法』で説明した入金伝票（入金手形）と出金伝票（出金手形）に，第一国立銀行の実務の中で生み出された振替伝票（振替手形）が加わることで完成しました。ここから，シャンドと渋沢が日本における複式簿記システムの確立に大きく貢献したということができます。

IV
ま　と　め

(1)　渋沢栄一とは

　渋沢栄一は，農家に生まれ，その後，幕末の志士，一橋家家臣，幕臣，新政府の役人，実業家へとその立場を大きく変化させてきました。渋沢は，明治期に実業界に身を投じた後も，「公益」を重視し，「合本主義」のもと，株式会社組織の事業会社の設立に数多く関与しました。渋沢が大阪紡績や東京電灯といった株式会社において実行した「合本主義」は，明治期，さらには，戦前日本における非財閥系の株式会社で見られる資金調達方法や企業統治システムへと発展していきます。

　渋沢が採用したネットワークを利用した株主募集方式は，1910年代までの株式会社において一般的な資金調達方法となりました。

1912年から1914年までに設立された企業70社で，設立時に発行された株式の64％は，発起人・賛成人・縁故募集により引き受けられていました。対照的に，公募による株式引き受けは同時期7％を占めるに過ぎず，1933年から1937年までに設立された企業302社においても3.8％を占めるに過ぎませんでした（志村1969，184-185頁）。

渋沢は，大阪紡績誕生後に，大阪紡績の相談役に就任しました。渋沢と同様に，株式会社の設立にかかわり，大株主となった資産家は，設立後に役員に就任するようになります。その傾向は，明治期末においても確認できます。東京電灯の場合，開業当初の役員4名は，1887年1月時点の大株主リストの第1〜3位と第5位を占めていました。1907年時点でも，東京電灯の役員10名のうち，4名が大株主上位10位以内に入っていました（北浦2014，83頁）。

大阪紡績の事例にも見られた通り，戦前日本における非財閥系の株式会社では，資産家による継続的な出資を可能にするために，高配当政策が必要とされました。当該時期の株主が高配当を望み，株式会社側は配当性向を引き上げることで高配当を維持しました。その傾向は，とりわけ収益性が低下した時期に顕著に現れます。非財閥大企業における高い配当性向は，株主による出資を円滑にしました。一方で，企業が追加的な資金を必要とした場合に，積立金などの内部留保を利用することができず，外部資金による新たな資金調達（追加的な株式払い込みや新株発行）が必要となりました。

(2) 渋沢栄一にとって複式簿記とは

江戸時代に一部の大商家では，帳合法と呼ばれる帳簿記入法が用いられていました。とくに中井家や三井家では，現在の複式簿記に近い帳合法が確認できます。しかし，これらの商家における帳合法は，原則として門外不出であったため，商家で帳合法に携わった奉公人によって伝播されたに過ぎませんでした。江戸時代の帳合法は，

ルカ・パチョーリが簿記書を執筆して以来，書物を通じて複式簿記が欧米中に広がっていったのとは対照的に，社会的に広く普及することはありませんでした。

　明治期になると，欧米の簿記書を翻訳する形で，西洋式の複式簿記が導入されました。銀行簿記に関しては，大蔵省が，大蔵省顧問として採用されたアラン・シャンドが中心となって編纂された『銀行簿記精法』を出版しました。第一国立銀行は，銀行内に「稽古所」を設け，シャンドを招くことで，『銀行簿記精法』に基づく西洋式複式簿記を導入しました。日本における「3伝票制」は，『銀行簿記精法』を基礎として，第一国立銀行の実務の中で確立していきます。

　渋沢は，自分たちをシャンドの筆頭弟子であると自負し，西洋式の複式簿記が社会的に広く普及したのは，自分たちの貢献であると述べました。一方で，複式簿記を導入する際に，渋沢が単式簿記と複式簿記の違いや貸借一致という複式簿記の基本構造を理解するのに苦労したことは，簿記を学んだことのある方なら誰しも共感できる点でしょう。

　渋沢とシャンドの交わりは，シャンドが86歳で亡くなる1930年まで続きます。前述の通り，初期の第一国立銀行における主要な出資者であった小野組が破綻すると，大蔵省は1875年3月にシャンドを第一国立銀行へ派遣し，シャンドに銀行検査を実施させます（大江 2011, 55頁）。渋沢はシャンドによる銀行検査への対応に苦慮しましたが，その検査は第一国立銀行にとり有益であったと回顧しています（土屋 1966, 107頁）。

　シャンドがイギリスへ帰国した1877年以降も，渋沢とシャンドの間には交流が見られました。渋沢はイギリスに赴いた際，シャンドと再会しています。また，両者はしばしば書簡もやりとりしていました。シャンドが亡くなると，渋沢はシャンドの遺族宛てに，「故き師友を失ひしことを悼み往時を追懐して感慨無量なり，謹み

て弔意を表す」という弔電を送りました（土屋 1966, 131-136 頁）。渋沢にとって，シャンドは素晴らしい西洋式複式簿記の先生であったと同時に，よき友人であったといえるのです。

第4章

各務 鎌吉

イギリス駐在経験を活かした
会計プロフェッションの生みの親

(国立国会図書館「近代
日本人の肖像」より)

I
はじめに

　各務鎌吉は，1891年に東京海上保険に入社後，長らく損害保険業務に従事し，戦前日本の損害保険業界における中心的な人物でした。損害保険とは，事故や火災など予期しない事態が発生したときに，損失の一部または全部を補填する保険をいいます。各務鎌吉のビジネスおよび会計上の貢献を語る上で欠かすことができない要素が，「イギリス」での駐在経験です。各務は東京海上保険の経営再建のために，イギリスへ派遣されます。イギリスは現在でもなお損害保険の中心地ですが，そこで各務は損害保険事業のみならず，当時同地で発展していた会計プロフェッション（職業会計人）制度を学びました。

　イギリスでは，1853年にスコットランドのエディンバラに会計士団体が誕生し，1880年に英国勅許会計士協会が設立され，会計プロフェッションが実業界で活躍していました（友岡 2020, 152頁）。日本で公認会計士制度が開始したのは戦後のことです。具体的には，1948年に公認会計士法が制定され，1951年にはじめて証券取引法

（現，金融商品取引法）による公認会計士監査が実施されました。しかし各務は 1910 年代，独自に会計プロフェッションを日本へ導入しようとします。さらには，会計学に関する学会の設立や会計プロフェッション育成の援助も行いました。

II

ビジネス上の貢献

各務鎌吉は，1869 年に岐阜県で生まれました。父親の転職に伴って上京し，1884 年に東京商業学校に進学します。1888 年に同校を首席で卒業すると，京都府立商業学校の教師となって簿記・商業算術・商業実習を教えた後，大阪府立商品陳列所の監事となります（日本経営史研究所 1979, 168-169 頁）。そのときに高等商業学校校長の矢野二郎から，東京海上保険への入社を勧誘されます。そして 1891 年，23 歳のときに，卓越した英語能力を評価されて東京海上保険に入社しました。そのときの入社試験は 3 名が受験しましたが，最終的に各務 1 人が採用されました。

(1) 東京海上保険の経営再建

各務が直面した課題① 東京海上保険の経営危機

明治時代に，蒸気船を用いた海運業が本格的に営まれるようになると，海上保険の必要性が認識されるようになります。渋沢栄一は，華族の出資による鉄道会社設立計画が挫折したことに伴い，その資金 60 万円を用いて，海上保険会社を設立しようとしました（日本経営史研究所 2005, 3 頁）。三菱の創設者である岩崎弥太郎もまた海運業を営んでいたため，海上保険事業へ参入しようとして政府へ出願しますが，却下されてしまいます。この 2 人が交渉した結果，岩崎が出資に加わることで話が落ち着き，1879 年に東京海上保険が設立されました。

東京海上保険は，設立当初より積極的に海外に進出し，1891 年
下期には海外での船舶保険料収入が，保険料収入全体の 50 ％を上
回りました（日本経営史研究所 2005, 7 頁）。しかし 1891 年頃から，
イギリスの代理店における保険金支払額の受取額超過（逆鞘）によ
り，経営が悪化しました。東京海上保険の経営者は，その原因を把
握できなかったため，1894 年から 1899 年にかけて各務をロンドン
に派遣します。

各務の秘策① 会計制度と営業方針の変更

　各務は，ロンドンで逆鞘発生の原因を調査した結果，代理店の保
険引受能力が不足していたことを発見しました。そして，東京海上
保険が代理店の保険引き受けに問題があることを見抜けなかったの
は，期間損益を計算する会計制度に問題があったからだということ
が判明します。

　設立以来，東京海上は，「現計計算方式」という会計制度を採用
していました（長谷川 2008, 35-36 頁）。これは，すべての収入を保険
料収入と資本収入に分け，保険料収入から経費等を差し引いた営業
利益を役員賞与と積立金とし，資本収入は株主への配当にあてると
いうものです。現計計算方式の最大の欠陥は，翌年度以降の未経過
期間に対する責任準備金を想定していない点です。東京海上保険が
現計計算方式を採用した経緯を，長谷川（2008）は，「ひとえに保
険経営に対する知識不足」と評価しています（36 頁）。

　そこで各務は，イギリスにおいて広く採用されていた「年度別計
算方式」への変更を本社に主張します。年度別計算方式とは，期間
損益を適正に計算するとともに，責任準備金を計上する方法です
（長谷川 2008, 35 頁）。各務が代理店の状況を年度別計算方式で再計
算した結果，営業開始から損失が発生していたことがわかりました。
しかし，現計計算方式から年度別計算方式へ変更すると，過去に発
生していたものの認識されなかった損失が，一気に顕在化すること
になります。東京海上保険の試算によると，その損失金額は 64 万

ウィリス・フェーバー商会との
代理店契約書
（日本経営史研究所 2005, 9 頁より）

ウィリス・フェーバー商会
（*Cornhill in London, 1935* より）

7835 円でした（日本経営史研究所 1979, 191 頁）。そのため同社は，資本金を 300 万円に増額し，政府から 25 万円の資金を援助してもらった上で，半額を減資することによって，損失を処理しました（日本経営史研究所 2005, 8 頁）。最終的に東京海上は，1899 年に年度別計算方式を採用します（長谷川 2008, 38 頁）。

同時に，海外営業の方針も変更されます。各務は，東京海上保険はロンドン支店を閉鎖し，同地での営業を有力な代理店に任せるべきと考えました（日本経営史研究所 1979, 195 頁）。そして彼の尽力の結果，イギリスを代表する代理店であるウィリス・フェーバー商会が，東京海上保険の代理店となりました。各務はウィリス・フェーバー商会との間で包括的な再保険契約（ロンドン・カバー）を締結することにより，保険引受リスクの引き下げに成功しました（同 200-201 頁）。再保険とは，保険契約の責任の一部を他の保険会社に引き受けてもらうことをいいます。再保険の利用によって，保険会社は保険引受リスクを引き下げることができます。日本経営史研究所（2005）は，再保険契約を可能にした要因として，「徹底した研究により優れたアンダーライターとしての技量を身につけた各務に対する信用によるところが大きい」点をあげています（9 頁）。

(2) 関東大震災での対応

　各務は，ロンドンでの経営上の諸問題を解決すると，1899 年には営業部長，1906 年に総支配人となり，第 8 章で取り上げる平生釟三郎とともに，東京海上保険の実務における中核的な存在となっていきます。東京海上保険の収入保険料もまた，1893 年の 136 万円から 1905 年の 335 万円へと拡大しました（日本経営史研究所 1979, 237-238 頁）。

　さらに東京海上保険は，1913 年に火災保険などへ新たに進出し，1918 年に社名を東京海上火災保険に変更しました。当時，日本国内にはすでに火災保険を営む先発会社が存在しており，1907 年には，火災保険を取り扱う 5 社によって火災保険協会が設立されました（日本経営史研究所 1979, 308 頁）。東京海上保険は 1914 年に火災保険協会に加入し，各務は 1916 年に火災保険協会の委員長に選任されます。

　また，1917 年に内国損保会社 18 社と外国損保会社 24 社によって大日本連合火災保険協会が結成されると，各務は会長に選任されました（日本経営史研究所 1979, 272-273 頁）。これ以後，各務は損害保険業界を代表する立場にある者として，業界活動を活発化させていきます。各務と平生は，この年に専務取締役に就任し，東京海上火災保険の「経営実務の最高責任者」となりました（同 334 頁）。

各務が直面した課題② 　火災保険金の支払問題

　関東大震災は，1923 年 9 月 1 日 11 時 58 分に発生し，現在の埼玉県・千葉県・東京都・神奈川県・山梨県で震度 6 を観測しました（内閣府ウェブサイト）。地震により多くの火災が発生し，火災の被害が大きくなりました。関東大震災による死者・行方不明者は約 10.5 万人ですが，そのうち 9 割が焼死によるものでした。また，全壊・全焼した家屋は，約 29 万棟にのぼりました。関東大震災による経済被害は約 55 億円であり，当時の GDP の約 37 ％を占めました。

当時の日本の火災保険会社の総資産が2億3000万円余りであったのに対し，損害を受けた物件に対する保険契約額である「罹災契約高」は18億円とも22億円ともいわれ，その被害の大きさがよくわかります。当時の火災保険における約款には，地震や噴火によって生じた火災による損害は補償されない旨が記載されており，保険会社は関東大震災に伴う火災による損失に対し，保険金を支払わなくてもよいことになっていました。しかし，道義上の責任から，保険会社は可能な限り被保険者に資金を支払うべきであるという意見が，当時の首相であった山本権兵衛をはじめとして，各所から出されます（日本経営史研究所 1979, 388-389頁）。そこで以下において，損害保険業界を代表する立場となった各務が，この問題にどのように対応していったのかを見ていきましょう。

各務の秘策② 「見舞金」の支払い

　保険会社は，大日本連合火災保険協会において，会長であった各務を中心に協議を重ねました。しかし，関東と関西の保険会社の間で，さまざまな意見の相違が生じます。関東側は，政府からの借入金を利用して，保険金額の最高10％の見舞金を支払う案を主張したのに対して，関西側は，保険会社がそれまで積み立ててきた火災責任準備金総額を配分することを提案しました。そこで各務は関西側を説得し，結果として関西側も原則10％の見舞金支払いに賛成しました。山本権兵衛内閣は12月に「保険会社ニ対スル貸付金ニ関スル法律案」を閣議決定し，保険会社が10％の見舞金を支払う場合，政府が保険会社に対して年利2％の貸付金を貸し付けることとしました。この見舞金の支払方法についても関西側は政府案に反対しますが，説得の結果，各務は関西側の意見を変更させることに成功しました（日本経営史研究所 1979, 390-391頁）。

　ところが，このようにして関東と関西の保険会社および内閣の意見が一致したにもかかわらず，法律案が議会において反対され，最終的に廃案になってしまいます。当時の多数派政党であった立憲政

友会の声明によると，反対理由は，①一律 10 ％の支払いが高額契約者に有利であること，②資力のある保険会社は政府による援助なしに支払いが可能であることでした。その後，山本内閣は総辞職し，この問題は次の清浦奎吾内閣に持ち越されます。清浦内閣は，政府による保険会社への援助に消極的であり，保険会社にとって不利な方針を打ち出しました（日本経営史研究所 1979, 392 頁）。

　各務はこの問題を早期に解決すべきと考えて具体案を政府に提出し，政府はその各務案を検討した上で，1924 年 4 月に勅令を公布施行します。そして最終的に，政府からの貸付金 6355 万円と保険会社の出資金 786 万円を合わせた 7141 万円が，見舞金として保険会社から支払われました。一方で，東京海上火災保険とその他 4 社は，政府の援助なしに見舞金を支払いました（日本経営史研究所 1979, 392-393 頁）。

　各務は，大日本連合火災保険協会の会長として，関東と関西の保険会社の意見を調整するとともに，政府との間の折衝も担当しました。ここで重要なのは，東京海上火災保険自体は政府からの貸付金を利用しなかった点です。ここから，各務が東京海上火災保険のためというよりは，損害保険業界全体のために尽力していたことがわかります。その後，各務は 1925 年に東京海上火災保険の会長に就任し，1939 年に亡くなるまでその職にとどまりました。対照的に平生釟三郎は，各務の会長就任と同じ年に専務取締役を退任します（日本経営史研究所 1979, 399, 485 頁）。

Ⅲ

会計実務上の貢献

会計プロフェッション制度の整備

各務が直面した課題③　なかなか導入されない会計プロフェッション制度

　各務鎌吉は，イギリスでの赴任経験により，会計の重要性を認識しました。そして，イギリスの各保険会社が，自社の会計のために，同地の会計プロフェッションである英国勅許会計士を活用していることを知り，それを高く評価しました（木村 1960, 249 頁）。以下では，北浦（2014）を用いて，戦前日本における会計プロフェッション制度の状況と，各務が会計プロフェッション制度の整備にどのように貢献したのかを見ていきましょう。

　各務がイギリスに滞在していた 1890 年代，日本に会計プロフェッションは存在しませんでした。日本ではじめて会計プロフェッションに関する法制度が議論されたのは，1911 年の商法改正時のことです。それより前，日本ではじめての会社法である 1890 年商法，およびその後制定された 1899 年商法において，株主に代わって取締役を監視する機能として監査役が設置されました。しかし，日露戦後の不況期に，多くの株式会社が経営危機に陥る中，監査役の機能不全が問題視され，監査役改革が求められることになります。

　その改革案の 1 つとして出されたのが，英国勅許会計士制度を導入し，監査役の一部を会計プロフェッションにすべきであるということでした。しかし政府は，会計プロフェッションの必要性は認めたものの，その当時は適切な人材がおらず，今後の人材育成が必要と考え，特別法によって会計士制度に対応するという方針を示しました。その結果，1911 年の商法改正では，監査役制度の抜本的改革は行われませんでした。

政府は，1914年以降たびたび会計士に関する特別法を国会に提出しますが，なかなか成立しませんでした。最終的には1927年に，計理士法が制定されます。このとき政府が計理士法制定に向かった理由は，会計プロフェッションが現実に活動を始めていたため，監督せざるをえなかったという消極的なものでした。計理士法の特徴は，計理士利用の有無は企業の自由であるとする任意監査制度が採用され，また，計理士の独占業務が設けられなかった点にあります。その結果，計理士という名称を名乗らなくとも，誰もが監査業務や記帳代行業務に従事可能でした。この背景には，会計士業務は社会的信用を得られれば自然と発達するという，政府の見解が窺えます（北浦 2014, 224 頁）。

　戦前期には，強制的な会計プロフェッション監査を要求する法制度は制定されず，計理士資格は，大学・専門学校において会計学を修得した者も含めて広く付与されました。このように，戦前日本においては，会計プロフェッション制度が政府による法的なサポートを受けなかったと評価できます。

各務の秘策③-1　会計プロフェッション事務所の開設

　各務は，日本に英国勅許会計士制度のような会計プロフェッション制度がないことが，会社内部でさまざまな問題が発生する原因の1つであると考えます（三島 1990, 145 頁）。もしかしたら各務は，1890年代の東京海上保険の経営に，会計プロフェッションが関与していたら，自分が解決した問題は発生しなかったと考えていたのかもしれません。そして上述の通り，政府による会計プロフェッション制度の整備は進みませんでした。そこで各務は，自ら会計プロフェッション制度を創設し，「実業界ノ清潔法」とすることを決意します。

　各務はこれを，高等商業学校の先輩であった水島銕也神戸高等商業学校校長に相談しました。水島は，適任者として神戸高等商業学校教授の東奭五郎を紹介します（東 1977, 89 頁）。各務が東に事務所

設立を依頼すると，東はその求めに応じて退官し，1916年10月に日本における会計士業務の実質的な嚆矢となる「東奭五郎会計人事務所」を設立しました（日本会計学会 1935, 1頁）。各務は東会計人事務所に対し，10年間にわたって年8000円を援助しました（東 1977, 90頁）。各務による会計プロフェッション事務所の設立支援を，平生釟三郎は『平生釟三郎日記』において，「美挙というほかない」と表現しました（三島 1990, 145頁）。

東会計人事務所は，設立以来，毎月1回，東京海上火災保険の定期監査を実施しました。その際，東京海上火災保険の会計主任である小野十郎が，東の簿記の教え子であったことが，監査上便利に働いたようです。ほぼ同時期に，東京海上火災保険の子会社であった明治火災や東洋火災に対しても，毎月1回の定期監査を実施しています（東 1977, 91頁）。その後，東会計人事務所は1924年までに，東明火災や東京サルベージといった，東京海上火災保険の関係会社を新たに監査先に加えました（同 135頁）。これらは，東京海上火災保険が，親会社としての統治を目的に，東会計人事務所に会計プロフェッション監査を依頼したものです。[1]

「東会計人事務所 会計人職務要領」から，東会計人事務所の業務内容および監査の種類が判明します（日本公認会計士協会25年史編さん委員会 1975, 45-47頁）。「東会計人事務所 会計人職務要領」には，業務内容として7業務があげられています。[2]「第二」の業務である

---

1) 親会社による子会社への統治手段として会計プロフェッションを利用する事例は，これ以外にも確認できます。たとえば，日本電気では1925年頃，親会社であるI.S.E社による監視のもとで毎月，I.S.E社の指定するアメリカ人会計プロフェッションによる監査が実施されていました。岡崎哲二は，この点を，日本電気が1932年に住友系へ移行した後，財閥による監視機能によっては収益性が向上しなかった理由にあげています（日本電気株式会社社史編纂室 1972, 141-142頁；岡崎 1999, 198-200頁）。

2) 7業務とは，「一 企業の一般的会計取扱法及び帳簿組織の新立案又は製品原価其他生産原価に関する会計取扱法及び帳簿組織の新立案又は現行の会計取扱法及び帳簿組織に対して実地調査並びに意見陳述」，「二 商店 個人 会社 其他公私

「計算書類の実地調査，調査報告，意見陳述」が，会計監査に近い業務でした。監査の種類は，臨時に実施される「不定期・臨時監査」と，定期的に実施される「定期監査」に大別されます。「定期監査」は，毎月１度実施する「毎月監査」，３カ月ごとに行う「毎三ヶ月監査」，半年ごとに行う「毎半ヶ年監査」に細分されていました。東京海上火災保険や明治火災，東洋火災に対する監査は，「毎月監査」に該当します。

　当時，日本には会計基準も監査基準もありませんでした。そのため東会計人事務所では，一般企業に対する会計監査を，「監査」ではなく，「調査」と呼んでいました。同事務所は，調査結果を「財産状態並びに収益状況調査報告書」として，長文形式でクライアント（依頼会社）に報告していたようです。東京海上火災保険の規模拡大に伴い，同所の事務所員は，1924 年には 12 名，1930 年には 20 名強に増加していきました。当該期の事務所拡大に対して，会計学者であり，現在の EY 新日本有限責任監査法人の創設者である太田哲三は，「事務所には俊秀が虹の如く集まっていた」と回顧しています（太田 1956, 82 頁）。

　各務は，東が日本で最初の会計学に関する学会を設立する際にも，援助していたとされています（新井 2005, 64-65 頁）。東は 1917 年に日本会計学会を創立し，月刊雑誌『会計』を発刊しました。学会の設立趣旨は，第一次世界大戦の勃発に伴って各種事業規模が拡大し，会計業務が重要になったため，会計に関する諸般の研究を行い，

諸団体の貸借対照表　損益表　財産目録　財産一覧表　収支計算書其他会計帳簿及び書類に対して定期又は臨時の実地調査　又は調査報告並びに意見陳述」，「三　商店　会社　又は組合にて其業務開始　出資組織の変更　其合同　買収　閉業　解散等の場合に其資産負債及び損益の情況に対して実地監査　又は調査報告並びに意見陳述」，「四　会社定款　組合契約　其他の契約書中　会計に関する条項に対して調査報告並に意見陳述」，「五　企業目論見書の実地監査　又は調査報告並に意見陳述」，「六　所得税　営業税　相続税の賦課額　又は純益金を基礎とする報酬金　報償金　或は暖簾代等の計算に関する実地調査　又は調査報告並に意見陳述」，「七　右の外会計に関する諸問題に対して調査報告並に意見陳述」を指します。

「健全ナル会計智識ノ交換」を図る点にありました（水島 1917）。東は創刊号において「減価償却金に関する会計問題」を掲載し，あるべき減価償却会計について考察を加えています。

　各務はさらに，会計プロフェッションの育成にも尽力します。各務に東を紹介した水島銕也の甥である渡部義雄は，1917 年に神戸高等商業学校を卒業し，東会計人事務所に入所します。各務は，渡部を援助して，1920 年から 2 年間イギリスに留学させ，英国勅許会計士の会計事務所において実務訓練を受けさせました。このことからも，各務の英国勅許会計士への評価の高さを窺い知れます。渡部は帰国後，1924 年に『英米会計士事情』を執筆しました。そして 1928 年に事務所の共同責任者となり，事務所の名称も東・渡部会計事務所に変更されます（東 1977, 95-96 頁；太田 1956, 82 頁）。

　こうした各務による援助もあって，会計プロフェッションが増加していったことに伴い，東奭五郎を理事長に，日本最初の会計士団体である社団法人日本会計士会が，1921 年に創立されました（1922年に社団法人として認可されます）。創立当初の会員は 20 名でした。設立目的は会計プロフェッションの地位向上と信用の保持でした。そこで日本会計士会は，大学令に基づく商学部・経済学部・法学部卒業者および高等商業学校卒業者以外の者に対しては 2 度の試験を課し，入会資格に制限を加えました（日本公認会計士協会 25 年史編さん委員会 1975, 54-55 頁）。その後，東京会計士協会，第一会計士協会，大阪帝国会計士協会，京都会計士会，中央会計士会といった任意の会計士会が，各地で設立されていきました。

各務の秘策③-2　融資先への会計プロフェッション監査の導入

　各務は，東京海上火災保険と関係会社の管理を目的に，会計プロフェッションを利用していました。その後 1924 年頃には，貸付金を融資する先に対して東会計人事務所の監査を融資条件とし，債権者の立場から会計プロフェッション監査を活用するようになっていきます（太田 1956, 81 頁）。表 4-1 により，東京海上火災保険の運用

表 4-1　東京海上火災保険における貸付金額推移

(単位：金額は円)

年	貸付金額 (A)	総資産額 (B)	A/B	損保全体 (C)	A/C
1916 年	8,759,451	44,478,488	19.7 %	12,251,977	71.5 %
17	13,705,836	68,062,895	20.1	17,071,496	80.3
18	11,341,224	86,363,113	13.1	15,422,899	73.5
19	21,179,380	86,965,179	24.4	28,990,408	73.1
20	22,008,473	90,012,273	24.5	38,758,109	56.8
21	27,791,492	101,599,411	27.4	43,832,157	63.4
22	31,682,783	105,581,690	30.0	51,705,275	61.3
23	33,577,685	108,782,052	30.9	53,716,483	62.5
24	25,273,900	111,232,955	22.7	46,791,819	54.0
25	26,899,150	117,845,411	22.8	50,302,979	53.5
26	28,142,530	119,749,669	23.5	51,893,175	54.2
27	32,979,119	124,833,285	26.4	52,763,203	62.5
28	25,128,839	132,163,311	19.0	47,148,012	53.3
29	21,095,281	131,823,760	16.0	43,395,711	48.6

(注)　「損保全体」は，損害保険業全体の貸付金額。
(出所)　『保険年鑑』各年度版より作成。

　資産における貸付金額の比重が確認できます。貸付金は，会計プロフェッション監査を導入した 1916 年には 875 万 9451 円，総資産金額の 19.7 ％でしたが，1923 年には 3357 万 7685 円，総資産金額の 30.9 ％を占めるまでに増加しました。その後も減少はしたものの，1927 年まで総資産金額の約 20 ％を超える水準を維持していました。

　このような東京海上火災保険の貸付金額は，1928 年まで損害保険業全体の 50 ％超を占めました。また，生命保険業を含めた保険業全体でも，日本生命に次ぐ位置にありました。ここから，東京海上火災保険の貸付金は業界内で隔絶したものであったことがわかります。東京海上火災保険による事業会社への多額の貸付金は，多額の投資資金を必要とする株式会社，代表的には電力会社との間の力関係に影響を与えたと考えられます。

　『平生釟三郎日記』には，電力会社が，巨額の投資資金を保有する東京海上火災保険との良好な関係維持を重視していた点が記され

ています。多額の資金を必要とした電力会社は，銀行・証券・生命保険などの金融機関から社債発行や借入によって資金調達していましたが，損害保険会社からも資金を調達していました。そのため，債権者である東京海上火災保険は，電力会社に対して交渉力の点で優位な立場にありました（平生 2013, 143 頁）。東京海上火災保険は，その立場を利用して，債務者に対して会計プロフェッション監査の実施を要求したものと考えられます。

IV
ま と め

(1) 各務鎌吉とは

　各務鎌吉は，日本最大の損害保険会社となっていく東京海上保険の創業直後における経営難を解決し，東京海上保険を本格的な成長軌道に乗せることに成功しました。各務は，堪能な英語能力が買われて，東京海上保険に入社します。東京海上保険の経営者は，ロンドンにおける逆鞘という問題に対して，若い各務にその処理を任せました。高等商業学校を首席で卒業し，商業学校での教育経験を持っていた各務は，当然に簿記や会計に明るいと考えられ，ロンドンにおいてもデータを細かく分析し，いち早く会計上の問題点を発見します。そして，各務は詳細な分析レポートを作成し，経営陣に報告します。このように各務は，流暢な英語，会計および簿記への精通，詳細なレポート作成という，複数の能力をバランスよく高い水準で身につけていました。そうして，1917 年に専務取締役に就任すると，東京海上火災保険の経営者として，その手腕を発揮しました。1920 年代になると，各務は東京海上火災保険だけでなく，大日本連合火災保険協会の会長として，保険会社間の調整や政府との折衝にあたりました。

各務は，損害保険業に携わるビジネスパーソンには，会計や簿記に関する知識が重要だと考えていました。東京海上火災保険は，1908年以降，社員の海外派遣制度を創設し，各務は1924年に「海外派遣員心得」を執筆しました。その中で各務は，損害保険業に携わるビジネスパーソンの心がけの1つとして，会計や簿記に関して次のように記しています。

　　計数及計算上の知識の肝要なること勿論なり。努めて計数を研究すべし。（略）計算に於ても亦然り。計数とは数字の利用をいひ計算とは事業の結果を統一的に数字に表はすをいふ。計算の知識は帳簿の組織と簿記学に対する知識と経験とを要す。公表せられたる「バランスシート」を研究し，其内容を理解し「バランスシート」以上に数字と数字との間の空間までも理解して，眼光紙背に徹するに至る才能を養はざるべからず（日本経営史研究所 1979, 341-342頁）

　各務は，企業が公表した貸借対照表（「バランスシート」）を研究し，その内容を理解するだけにとどまらず，その背後にある企業活動（各務がいう「空間」）までも理解すべきであると主張しました。この各務の見解は，現在にも通じる会計の本質であるように思われます。

(2)　各務鎌吉にとって会計プロフェッションとは

　各務は，イギリス駐在中に，同地の損害保険業者が，適切に業務を遂行するために英国勅許会計士を利用していたことを知り，会計プロフェッション制度を高く評価していました。しかし，日本においては，会計プロフェッションに対する法的な担保は，1910年前後からその必要性が認識されながら，政府の消極的な態度のもと，1927年の計理士法制定までは存在しませんでした。また，計理士法のもとでも，計理士には独占業務が付与されなかった結果，会計

プロフェッションに対する法的な保護は不十分なものであったといえます。

そこで，各務自らが東奭五郎を説得して会計事務所を設立させ，金銭的にサポートしました。さらに，会計学の学会設立や会計プロフェッション育成のための留学も支援しました。ここから，各務の高い行動力を窺うことができます。また，各務や，各務から相談を受けた水島銕也は，会計プロフェッションの担い手として，神戸高等商業学校の教授を指名しました。会計プロフェッションの初期の担い手が，高等商業学校の教授という属性を有していたことは，太田哲三もまた東京商科大学（前身は東京高等商業で，現在の一橋大学）教授であったことも併せて考えると，日本における初期の会計プロフェッションの1つの特徴であったといえます。たしかに，戦前から戦後にかけ，経済界に多くの会計プロフェッションが自然発生的に誕生しましたが，実務よりも会計理論に精通した大学教授が，実業の世界に飛び込んで成功したという点は，とても興味深い事実であるように思われます。

各務は，会計プロフェッションを自身のビジネスに利用しました。最初は，自身が経営する東京海上火災保険および同社と親密な関係性を持つ損害保険会社に対し，会計プロフェッションに毎月1度監査を実施させていました。現在の公認会計士による財務諸表監査の主たる目的は，財務諸表利用者のために，財務諸表の適正性に関する意見を表明することにありますが，各務は，東京海上火災保険と関係会社の管理を目的に，会計プロフェッションを利用していました。またその後，東京海上火災保険が電力会社などへの貸付を増加させていったのに伴って，各務は東京海上火災保険の融資先企業に対しても，会計プロフェッションによる監査を実施させていました。一方で，東京海上火災保険の営業報告書には，管見の限り，会計プロフェッションによる監査の結果は添付されていません。

ここから，東奭五郎という会計プロフェッションによる東京海上

火災保険などに対する監査は，現在のように株主や投資家に向けて実施されたのではなく，経営者や債権者に向けて実施されたものであったことがわかります。

第5章

神戸 挙一

配当重視の会計処理を実施した
甲州財閥の番頭

(電気の史料館提供)

I
はじめに

　神戸挙一は，1917年から1926年まで，社長として東京電灯（東電）の経営を担っていました。神戸の出身地は山梨県ですが，明治・大正期の山梨県出身の実業家たちを指して，「甲州財閥」と呼ぶことがあります。同じ「財閥」といっても，企業集団であった三井財閥や三菱財閥とは大きく性質が異なります。齋藤（2009）によれば，「甲州財閥とは，明治中期から昭和戦前期にかけて山梨県（甲州）出身の若尾逸平，雨宮敬次郎，小野金六，根津嘉一郎と，それに続く小池国三，古屋徳兵衛，堀内良平等の実業家たちが『郷土的意識』と，資本の緩やかな結合で形成された実業家集団の総称である」とのことです（8頁）。

　甲州財閥に属するとされる山梨県出身の実業家たちが関与した最大の会社が，日本最大の電力会社であった東京電灯でした。1906年11月時点の東京電灯の株主名簿における10大株主のうち，第1，2，4，10位の株主の住所は「山梨」でした（東京電力株式会社2002，108頁）。また，第6位の小池国三と第8位の根津嘉一郎も，住所は

「東京」でしたが，上述の定義に従えば甲州財閥に含まれる人物です。1905年12月時点の東京電灯の役員も，社長の佐竹作太郎をはじめとする複数名の役員が山梨県出身でした。このように，1900年代初頭以降，出資や企業経営という点で，甲州財閥の実業者たちと東京電灯は深い関係性を有していました。

　神戸が社長を務めていた1917年から1926年における東京電灯の経営上の特徴には，①1923年の関東大震災がそれ以降の業績に与えた影響が大きかったこと，②東京電灯が供給していた関東地方において，電力会社同士の競争が激しく展開され（電力戦），東京電灯が中小の電力会社を相次いで合併したことが東京電灯の収益性を悪化させていったと考えられること，があげられます（橘川 1995, 86-91頁）。

　第2章でも言及しましたが，当時日本最大の電力会社であった東京電灯の株式は，1930年まで，「一般に公債に準ずるべき確実株と観られ，財産株に取り扱われて居るもの」および「公社債に次ぐ優良株」と評価されていました（『東洋経済新報』1930年5月3日）。これは，2011年の東日本大震災前の東京電力株式と似た状況です。たとえば震災後のある経済誌には，生命保険会社が大量の東京電力株式を保有していた理由について，「生保各社が大量の東電株を保有していたのは，つぶれる可能性がほとんどない安定配当株式と見られていたため」との記述が見られます（『週刊ダイヤモンド』2011年4月30日・5月7日合併号）。当時も同様の状況にあって，多くの株主は東京電灯の配当率が高い水準で維持されることを期待していました。

　福沢桃介や大川平三郎といった東京電灯の株主有志12名は，1930年に発表した声明である「東電改善に関する意見書」の中で，「吾々は須らく現当局者が八朱（額面金額に対して8％──引用者注）の配当は確実な財産株の配当として最低のものだと云ふ事を考慮して貰いたい」と主張しました（『東洋経済新報』1930年5月3日）。そ

図 5-1　東京電灯の配当率および配当性向（1917〜1929 年）

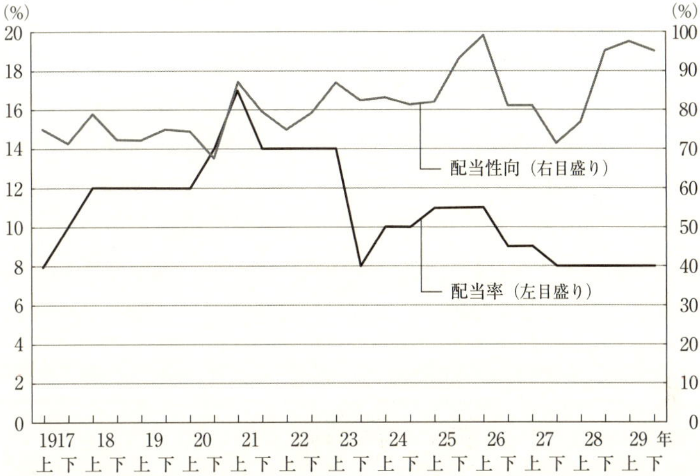

（出所）　北浦（2015）39 頁より作成（原史料は『東洋経済新報』1930 年 5 月 3 日）。

の上で，彼らは，「東電は我邦最大の会社として，五萬五千五百人の株主を擁し財界の中心となつて居るのでありますから，若し不徹底の事をして世間の信用を失つたなら，其株は財産株としての資格を失ひ，それが株主の一身一家に非常の打撃を與ふるは勿論，延いて財界に重大の影響を及ぼす事を深甚に考慮しなければなりません」と主張しています。

　こうした状況下で，神戸のような経営者は，東京電灯の配当率をできるだけ維持しようとしていました。図 5-1 は，1917 年上期から 1929 年下期における東京電灯の配当率および配当性向の推移です。配当性向とは，利益に占める配当金金額の割合を指します。すなわち，配当性向は，企業が獲得した利益のうちどのくらいの割合を配当金として株主に支払ったのかを意味しています。

　東京電灯の配当率（株式額面金額に対する 1 株当たりの配当金額の割合）は，1917 年に 10 ％を超え，関東大震災が発生する 1923 年下期まで，10 ％超を維持していました。関東大震災以後の時期も，

1924年上期から1926年上期までは10％もしくは11％でしたが，1926年下期以降は10％を下回って低下していきました。

　一方，配当性向は，配当率の推移とは対照的な動きをたどります。上下することもありましたが，基本的には年を経るに従い上昇していきました。とくに1925年下期，1926年上期，1928年下期，1929年上・下期には，90％を上回りました。上述の通り東京電灯は，1920年代後半には徐々に配当率を引き下げざるをえなくなっていくのですが，それでも，獲得した利益のうち，ほぼすべて（90％以上）を配当金として支払うことによって，配当率の引き下げを可能な限り小さくしようとしていたことがわかります。

　東京電灯はさらに，配当金支払いの原資となる利益を可能な限り大きくしようと，そのための会計処理を採用します。すなわち，毎期計上する減価償却の金額をより小さくすると，その分，費用は小さくなるので，利益は大きくなります。その大きくなった利益を用いれば，より多くの配当を実施できるわけです。減価償却会計は，固定資産を使用する期間にわたって，固定資産の取得金額から固定資産の使用後の価値（残存価額）を控除した金額を配分（按分）する方法ですが（第1章参照），固定資産を使用する期間を長くすれば，各期に按分される金額は，より小さくなります。究極的には，土地のように永久に使用できると思われる固定資産に対しては，固定資産の支出金額を各期に費用として按分しなくてもよくなるわけです。神戸は，自身の会計処理に関する新たな理論（理屈）を用いて，可能な限り利益を捻出できる会計処理方法を採用していきます。

II

ビジネス上の貢献

　神戸挙一は，1862年に山梨県で生まれ，「甲州財閥」の中心的な存在であった若尾逸平に認められたことから，若尾が影響力を持つ

企業の経営に参画していきます。若尾逸平は，鉄道会社と電力会社に対する投資を好み，これらの企業の株価が大きく下落している状況で，株式を買い占め，その経営権を獲得していきました。そして1892年に，東京馬車鉄道の株価下落を利用して株式を買い集め，その経営権を支配します（齋藤 2009, 19頁）。神戸は，東京馬車鉄道の支配人に就任し，その経営に関与するようになりました（北浦 2014, 118頁）。

若尾逸平は続いて1894年から1895年にかけ，東京電灯の株価が低迷した時期に，他の甲州財閥の資本家たちと同社株式に対して投資を行っています（東京電力株式会社 2002, 39頁）。1896年5月の時点で，甲州財閥の資本家たちは，東京電灯の総株式数2万株のうち1万3000株を保有していたようです。彼らが東京電灯株式を保有するのに合わせて，山梨県の第十国立銀行の頭取を務めていた佐竹作太郎が，1899年に東京電灯の社長に就任しました（東京電力株式会社 2002, 40-41頁）。

神戸は，東京馬車鉄道に続き，日本鉄道などにおいても経営実務に従事した後，1911年に常務取締役として東京電灯の役員に就任しました。1915年に社長の佐竹が死去すると，若尾逸平の後を継いで若尾家の当主となった若尾民造が会長に，神戸は専務取締役に就任します。しかし，会長となった若尾民造もまた，会長就任わずか1年2カ月後の1917年に死去すると，神戸は同年に社長に就任しました（東京電力株式会社 2002, 241頁）。そして神戸は，1926年に死去するまで東京電灯社長の職を務め続けます。

若尾民造
（電気の史料館提供）

駒橋発電所の発電機室　　　　　　　駒橋―早稲田間の送電線
（電気の史料館提供）　　　　　　　　（電気の史料館提供）

相次ぐ中小電力会社との合併

神戸が直面した課題①　中小電力会社との競争の開始

　東京電灯は，1883年に創立許可を得て，1887年に本格的に稼働を開始します。1906年までの東京電灯は，主に火力発電を用いて電気を発電し，都市部での照明需要（電灯需要）に対応していました。東京電灯の発電システムを大きく変えたのが，1907年に水力発電所である駒橋発電所が完成したことでした。駒橋発電所は，山梨県の桂川水系を利用した水力発電所であり，ここからも東京電灯と山梨県の関係性が見て取れます。駒橋発電所は，それまでにない大規模な発電所で，消費地である東京地域まで長距離高圧送電が実施されました。駒橋発電所の開業に伴い，1908年に東京電灯が電気料金を引き下げると，電気需要は大きく増加し，東京電灯の収入も急増しました（東京電力株式会社2002, 114-118頁）。その後，各地で水力発電所の建設が相次ぎ，電気事業ブームが到来します。電気事業者数は1908年頃から大きく伸び，関東地方では1907年の19から1913年には75へと増加しました（同97頁）。

　電気の大消費地であった東京は，1910年代初頭まで東京電灯の独占状態にあり，上述のように1908年に電気料金の値下げが行われたものの，他地域と比べると電気料金は割高でした。しかし，1910年代に入ると，新規の電気事業者が東京電灯の電気供給する地域に参入し，東京電灯と激しい競争を展開しました。とくに

1913年から1917年にかけては，東京電灯・東京市電気局・日本電灯という3つの事業者間で，熾烈な需要獲得競争が展開されました（「三電競争」）。最終的には3事業者の間で協議が行われ，協定が結ばれて，三電競争は終焉しました（「三電協定」）。このような「三電競争」を皮切りに，神戸が社長となった1910年代後半から1920年代前半にかけて東京電灯は，主に中小の電気事業者との間で競争を展開していきました。そして，神戸がその競争を終焉させる方法として採用したのが，東京電灯による中小電力会社の合併という経営戦略でした。

神戸の秘策① 合併による競争の終結

　東京電灯は，1920年3月に，自らとの間で三電競争を展開した日本電灯を合併しました。その後，東京電灯は，1937年までの間に15社と合併しました。そのうち，神戸が社長を務めていた1926年11月までの間に合併した会社数は，表5-1にある通り，13社にのぼります。とりわけ1921年には，1年間で5社との合併が行われました。

　東京電灯の合併戦略を分析した加藤（2006）は，その目的が時期によって異なっていたことを指摘しています（8頁）。1920年から1921年にかけて実施され，一連の合併の中心となった日本電灯・利根発電・横浜電気との合併は，今後電気需要が伸びる地域に向けて，東京電灯が独占的に電気を供給することを目的としていました。これに対し，1921年後半から1923年にかけての第二東信電気・高崎水力電気・熊川電気・桂川電力・日本水力電気・猪苗代水力電気・忍野水力電気という7社に関しては，営業区域は小さくとも，豊富な発電設備を保有していることを踏まえ，東京電灯が発電設備，とくに水力発電所を建設するための権利（水利権）を取得することが，合併の目的になっていました。加藤（2006）は，「とくに，猪苗代水力電気の合併は，渇水期の補給電源として最大の貯水池となる猪苗代湖の獲得に加え，大容量長距離送電を実現させた同社との

表5-1　神戸挙一社長時代の東京電灯における合併状況

被合併会社	合併年月
日本電灯	1920 年 3 月
利根発電	1921 年 4 月
横浜電気	1921 年 5 月
第二東信電気	1921 年 10 月
高崎水力電気	1921 年 12 月
熊川電気	1921 年 12 月
桂川電力	1922 年 2 月
日本水力電気	1922 年 10 月
猪苗代水力電気	1923 年 4 月
忍野水力電気	1923 年 4 月
京浜電力	1925 年 10 月
富士水電	1925 年 10 月
帝国電灯	1926 年 5 月

(出所)　東京電灯株式会社 (1936) より作成。

競争回避といった点でも極めて重要な意味を持っていた」と高く評価しています (8頁)。

　1925 年から 1926 年の合併も，発電能力の拡大か，供給地域の拡大が目的になっていました。京浜電力の場合は発電能力の拡充を，富士水電・帝国電灯の場合は供給地域の拡大を目的に，合併が進められました。神戸と東京電灯は，合併を通じて取得した発電設備を効率的に運用するために，追加の設備投資を行い，関東地方，さらには静岡県・山梨県・福島県に及ぶ広域に電気を供給するシステムの構築を可能にしました (加藤 2006, 12-13 頁)。

　東京電灯は，中小電力会社と合併する際，同社にとって不利な条件で合併するケースがありました。加藤 (2006) は，東京電灯と被合併会社の合併条件を，純資産法・平均法・収益還元法といった方法で計算し直し，実際の合併比率と比較しています。その結果，1920〜1923 年の合併では，基本的に東京電灯にとって不利な条件で合併が進められていました。一方，1925 年から 1926 年にかけての富士水電と帝国電灯については，東京電灯が有利な条件で合併が進められています。これは，富士水電や帝国電灯が効率の悪い小規模水力発電所を多数所有していたことが一因でした (橘川 1995, 90 頁)。

　神戸は，東京電灯とその競争相手であった中小の電力会社を合併させることを通じて，電気の供給区域を拡大し，他の電力会社との間の競争を抑制しました。被合併電力会社が保有した設備はそのまま利用することができましたが，そうした中には効率が悪いものも

多く，東京電灯は莫大な遊休資産を抱え込むことになります。その結果，神戸死去の後，次の若尾璋八社長のもとで，東京電灯の業績悪化は長期化し，深刻化していきました（橘川 1995, 88 頁）。

ただし，神戸が 1920 年代に合併を進めた理由がもう 1 つあり，それが，合併時の会計処理によって帳簿上に大きな利益を計上することでした。この点については，第Ⅲ節(3)項で詳細に説明します。

若尾璋八
（国立国会図書館「近代日本人の肖像」より）

Ⅲ 会計実務上の貢献

(1) 減価償却の停止

神戸が直面した課題② 水力発電所に対する減価償却の実施

東京電灯は 1887 年 6 月期より減価償却を開始しますが，同社の減価償却システムは，「諸減損補填元金」という制度が採用される 1899 年 11 月期までの間，名称や方法を含めて頻繁に変更されます。ここでは，まず 1887 年 6 月期から 1899 年 11 月期までの状況を確認します。1887 年 6 月期から 1890 年 12 月期まで，東京電灯の有形固定資産は，現在の貸借対照表の資産の部に相当する「貸方」（当時の名称）に「興業費」という項目で表示され，利益処分において「興業費消却積立金」が計上されていました。すなわち，初期の東京電灯において減価償却費は，費用ではなく，積立金の一部と認識されていたのです。その上で，利益処分を実施した際の興業費消却積立に合わせて，翌期に現在の負債および純資産の部に相当する「借方負債之部」（当時の名称）の「興業費消却積立金」を同額増加

させていました。また，「興業費消却積立金」の計上金額について
は，1882年の原始定款第36条に「純益金高百分之十」とすること
が定められました（東京電灯株式会社 1936, 19頁）。

　その後，東京電灯では，経営悪化に応じて会社整理が行われ，42
万5000円の減資が断行されました。それに合わせて，それまで積
み立てられていた「興業費消却積立金」は全額取り崩されることに
なりました。1891年6月期に有形固定資産金額合計が大きく減少
しているため，興業費消却積立金は，減資と合わせて有形固定資産
の簿価切り下げに使用されたと考えられます。減価償却の方法も，
このときに変更されました。貸借対照表の資産の部では，「興業費」
の内訳項目であった「営業用諸機械」「貸付器具」「地所」「家屋」
「什器」が独立して掲記されるようになりました。また，新たに
「器械，汽鑵，発電機，電線，電柱，家屋，倉庫，減損償却金」が
費用（支出）項目に計上され，「諸減損償却積立金」が積み立てら
れました。ここでいう諸減損償却とは，器械・汽鑵・発電機・電
線・電柱・家屋・倉庫の減損償却を意味しています。

　「興業費消却積立金」と「諸減損償却積立金」の相違点は，前者
は1891年6月期まで積立金の取り崩しを行わなかったのに対し，
後者は随時積立金の取り崩しを行っていた点です。取り崩しを行わ
ない場合，翌期の積立金勘定の金額＝当期末の積立金勘定＋当期積
立額という関係が成り立ちます。「興業費消却積立金」については
この関係が確認できますが，「諸減損償却積立金」に関しては，翌
期の積立金勘定の金額＜当期末の積立金勘定＋当期積立額という関
係になっています。したがって，その差額分だけ諸減損償却積立金
が取り崩され，固定資産の帳簿金額の切り下げが実施されたものと
推測されます。1891年6月期から1892年6月期まで費用（支出）
項目に計上されていた「器械，汽鑵，発電機，電線，電柱，家屋，
倉庫，減損償却金」勘定は，1892年12月期に利益処分に変更され
ています。その後，1893年12月期に「諸減損消却積立金」は「諸

減損予定準備金」へとその名称が変わりますが，内容に変更はありませんでした。「諸減損予定準備金」の計上金額は，1893 年 9 月改正定款第 51 条において，「利益金百分ノ弐拾」とすることが定められました（東京電灯株式会社 1936, 62-68 頁）。

その後，東京電灯が 1899 年 11 月期に採用した「諸減損補塡元金」という減価償却システムは，1918 年 5 月期に大きく会計システムが変更されるまで，約 20 年間にわたって継続的に採用されていました。神戸挙一が東京電灯の社長に就任するのが 1917 年ですので，「諸減損補塡元金」は，神戸挙一が社長に就任するまでの時期に，東京電灯で主に採用されていた減価償却システムであったといえます。1899 年 5 月期まで採用されていた「諸減損予定準備金」は，「諸減損補塡元金」に名称を変更して引き継がれました。また，利益処分項目であった「器械，汽鑵，発電機，電線，電柱，家屋，倉庫，減損償却予定準備金」は，「諸減損補塡金」という名称で費用処理されるようになりました。

「諸減損補塡元金」への名称変更に伴う開示上の変化としては，「諸減損補塡元金計算書」が，1899 年 11 月期以降，営業報告書に添付されるようになった点をあげることができます。1899 年に制定された商法で要求された株主総会提出書類は，財産目録，貸借対照表，事業報告書，損益計算書，準備金及び利益又は利息の配当に関する議案でしたので（第 199 条），諸減損補塡元金計算書は法令上義務づけられた添付書類ではありませんでした。そのため，同社が諸減損補塡元金計算書を添付するようになった理由は，商法の規定ではありません。当の 1899 年 11 月期営業報告書にも，添付を始めた理由に関する記載がないため，その詳細は定かではありませんが，株主向け開示情報が充実したという点は間違いなくいえます。

1901 年 11 月期を事例に，諸減損補塡元金計算書の内容を確認しましょう（表 5-2）。「元請高」25 万 3400 円は，当決算期である 1901 年 11 月期までに積み立てた諸減損補塡元金総額です。そのう

表 5-2　1901 年 11 月期の諸減損補塡元金計算書

(単位：円)

元請高	253,400	
内 34 年上半期迄支払高	220,291	
当半期支払高	17,672	
内訳 汽鑵及機械類減損	2,572	
線路減損	11,211	
貯蔵物品減損	2,086	
貸付器具取除損	1,802	
小　計	237,963	
差引残金	15,436	後半期繰入高

(出所)　北浦 (2014) 85 頁より (原史料は東京電
灯株式会社「営業報告書」1901 年 11 月期,
15-16 頁)。

ち, 1901 年 5 月期までに固定資産の簿価切り下げのために取り崩
された諸減損補塡元金金額が 22 万 291 円 (「34 年上半期迄支払高」),
当決算期 (1901 年 11 月期) に取り崩されたのが 1 万 7672 円です
(「当半期支払高」)。1901 年 11 月期に取り崩された諸減損補塡元金の
内訳は, 「汽鑵及機械類減損」2572 円, 「線路減損」1 万 1211 円,
「貯蔵物品減損」2086 円, 「貸付器具取除損」1802 円でした。元請
高から, 1901 年 5 月期までに取り崩した諸減損補塡元金と 1901 年
11 月期に取り崩した諸減損補塡元金の合計を差し引いた残高が,
次期に繰り越す諸減損補塡元金 1 万 5436 円となります (「後半期繰
入高」)。

　また, 諸減損補塡元金計算書と, 貸借対照表, 損益計算書の間に
は, 次の関係が成立しています。諸減損補塡元金計算書の後半期繰
入高 1 万 5436 円は, 1901 年 11 月期の貸借対照表の諸減損補塡元
金と一致しています。1901 年 5 月期の貸借対照表の諸減損補塡元
金 1 万 6204 円と, 1901 年 11 月期の損益計算書の諸減損補塡金 1
万 6905 円の合計から, 1901 年 11 月期の貸借対照表の諸減損補塡

図 5-2　東京電灯の諸減損補塡元金の利益に対する積立割合・ROA・配当率・配当性向の推移（1887 年上期〜1917 年下期）

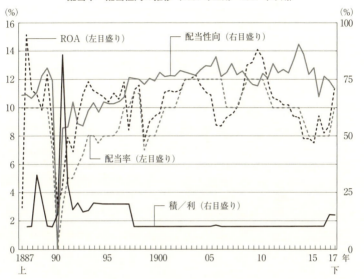

(注)　1)　ROA＝償却前利益÷［(前半期末総資産＋当半期末総資産)÷2］。総資産は，未払込株金を控除した額（年ベース）。
　　　2)　積／利＝諸減損補塡元金積立金額÷償却前利益（年ベース）。
(出所)　北浦（2014）66-67 頁より作成（原史料は東京電灯株式会社「営業報告書」各期）。

元金を引いた差額は 1 万 7672 円であり，諸減損補塡元金計算書の当半期支払高と一致します。すなわち，諸減損補塡元金計算書・貸借対照表・損益計算書 3 者の関係は，当期末諸減損補塡元金（貸借対照表）＝前期末諸減損補塡元金（貸借対照表）＋諸減損補塡金（損益計算書）－当半期支払高（諸減損補塡元金計算書）という数式で表すことができます。

　以上の東京電灯における「諸減損補塡元金制度」の仕組みを踏まえて，神戸が社長に就任する 1917 年までの東京電灯の減価償却会計の特徴を見ていきましょう。図 5-2 は，諸減損補塡元金への積立額に関して，1887 年から 1917 年の償却前・利益処分前当期利益（費用項目に減価償却および役員賞与があがっている場合には，当期利益金

に両者を加算する処理を行っています）に対する割合（積立額÷償却前・利益処分前当期利益）を示しています。

なお，図 5-2 の作成にあたっては，減価償却を利益処分で行う場合と費用項目で行う場合で，取り扱いを変えています。まず，減価償却を利益処分で行う場合，当期の利益に基づく利益処分は翌期の期中に行われるため，諸減損補填元金に積立額が加算されるのは翌期になります。一方，費用項目で行う場合には，当期の利益に基づく諸減損補填元金に積立金が加算されるのは，その決算期となります。図 5-2 では，実際に諸減損補填元金に積み立てられた期に，減価償却が実施されたものと見なして分析を行いました。そのため，諸減損補填元金の積立が利益処分方式で行われた場合には，積立額の償却前・利益処分前当期利益に対する割合を，当期の積立額÷前期の利益によって計算しています。それに対して，諸減損補填元金の積立が費用項目で行われていた場合には，積立額の償却前・利益処分前当期利益に対する割合を，当期の積立額÷当期の利益によって計算しています。

図 5-2 には，また，総資産に占める利益の割合（ROA），および額面金額（50 円）に占める配当金の割合である配当率（年間の配当金が 5 円ならば額面金額 50 円に対して 10 ％），償却前利益に対する配当金の割合を意味する配当性向を，併せて示しています。ROA は，会社が総資産をいかに効率的に利用して利益を獲得したのかを示し，一般的に高ければ高いほど望ましい指標です。配当性向は，会社が獲得した利益のうち，どれくらいの割合を配当金として支払ったのかを示す指標です。

図 5-2 で最も重要な指標は，諸減損補填元金の積立額の償却前・利益処分前利益に占める割合（積／利）ですが，1887 年 12 月期から 1893 年 12 月期までは，割合が 10 ％から 86 ％の間で大きく変動しています。原始定款で定められた 10 ％を超える積立を行っていた決算期もあります。とくに，減資と資産整理が実施された 1891

年6月期中に行われた1890年12月期の利益処分では，1890年12月期の償却前・利益処分前当期利益1万20円に対して当期積立額が8568円にのぼり，積立額は償却前・利益処分前当期利益に対して86％を占めました。

1894年6月期から1897年11月期にかけては，定款に定められた通り，その割合は20％で一定となりました。その後，1898年5月期から1916年11月期にかけては，10％で一定でした。定款が1899年商法の制定・施行に合わせて改正され，その際，減価償却に関する規定も変更されたと考えられますが，変更内容は不明です。この後に定款内容が判明するのは1916年5月期ですが，利益処分項目に関する定款第26条では減価償却の規定が削除されています。規定の削除には，諸減損補填金が費用項目として計上されている点が影響していると考えられます。

また，減価償却積立金額の償却前利益に対する割合は，1898年上期に20％から10％へ引き下げられましたが，それは結果として配当性向を高めることを可能にしました。減価償却積立金額の償却前利益に対する割合が約20％であった1894年上期から1897年下期の平均配当性向が65.8％であったのに対し，減価償却積立金額の償却前利益に対する割合が約10％であった1898年上期から1916年下期の平均配当性向は77.9％と，12.1ポイント上昇しています。当時，商法第194条1項において，積立金額が資本金の4分の1となるまでは，配当するたびに利益の5％を積み立てることが義務づけられていたため，減価償却積立金額の償却前利益に対する割合を20％に維持した状態では，長期的な配当性向は75％（＝100-5-20）以下にならざるをえませんでした。しかし，減価償却積立金額の償却前利益に対する割合を10％に引き下げれば，長期的な配当性向を85％（＝100-5-10）に引き上げることができました。

次に，図5-3は，1887年から1917年における積立額および取崩

図 5-3 償却固定資産に対する諸減損補塡元金の積立額および取崩額の割合

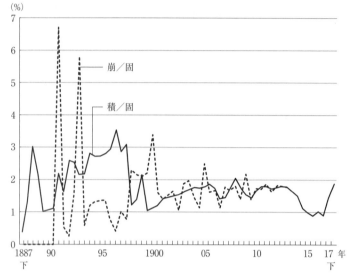

(注) 1) 積/固＝諸減損補塡元金積立金額÷[(前半期末償却固定資産金額＋当半期末償却固定資産金額)÷2] (年ベース)。
2) 崩/固＝諸減損補塡元金取崩金額÷[(前半期末償却固定資産金額＋当半期末償却固定資産金額)÷2] (年ベース)。
(出所) 図 5-2 に同じ。

額の，償却固定資産に対する割合（積立額または取崩額÷[(前期末償却固定資産＋当期末償却固定資産)÷2]）を示しています。ここで償却固定資産とは，営業諸機械，家屋および什器を指します。家屋については，「地所及び家屋」と，土地を含めて表示されていて分離不可能である場合には，土地価額も含めて計算しています。諸減損補塡元金の積立額の，償却固定資産金額に対する割合は，全体の平均値が年ベースで 1.8 %，0.4 %から 3.5 %の間で変動しています。

図 5-4 を見ると，1887 年から 1917 年までの減価償却に関する積立金額（諸減損補塡元金の金額）は，利益に対する積立額割合が 20 %であった 1894 年 6 月期から 1897 年 11 月期まで増加し，1897 年 11 月期には 7 万 4134 円に達しました。その後，一時的に減少す

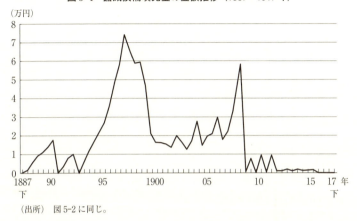

図 5-4 諸減損補塡元金の金額推移（1887〜1917 年）

（出所）図 5-2 に同じ。

るものの再度増加し，1908 年 11 月期には 5 万 7784 円となりました。しかし，翌期には 970 円に減少，その後 1 万円を超えることなく推移しています。図 5-2 で明らかにした通り，1898 年に償却前利益に占める諸減損補塡元金の積立の割合が 20 ％から 10 ％に下落して取崩額が積立額を上回る決算期が多くなった結果，諸減損補塡元金の残高が大きく減少する 1909 年以降，積立額と取崩額はほぼ一致するようになりました。

諸減損補塡元金の取り崩しおよび固定資産簿価の切り下げに関しては，1899 年 5 月期から 1917 年 11 月期の諸減損補塡元金計算書によって，その細目が判明します。諸減損補塡元金計算書の細目は年度によって異なりますが，基本的には「汽鑵・機械」「電線路・水路」「家屋・什器」「貸付器具」に分類されます。図 5-5 を用いて，各細目に対する簿価の切下率を確認しましょう。家屋・什器と貸付器具に関しては，簿価切り下げが実施されない時期が散見される一方で，貸付器具については年率 8 ％以上の簿価切り下げが実施された決算期もあります。それに対し，汽鑵・機械および電線路・水路に対する簿価切り下げは，毎期実施されています。1914 年までの

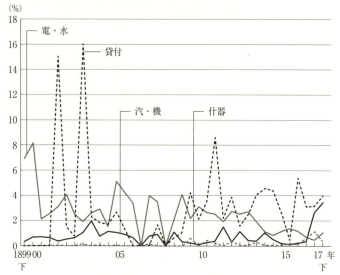

図 5-5 固定資産各項目の簿価切下率（1899～1917年）

(注) 1) 汽・機＝汽鑵・機械の簿価切下額÷[(前半期末汽鑵・機械帳簿価額＋当半期末汽鑵・機械帳簿価額)÷2]（年ベース）。
2) 電・水＝電線路・水路の簿価切下額÷[(前半期末電線路・水路帳簿価額＋当半期末電線路・水路帳簿価額)÷2]（年ベース）。
3) 什器＝家屋・什器の簿価切下額÷[(前半期末家屋・什器帳簿価額＋当半期末家屋・什器帳簿価額)÷2]（年ベース）。
4) 貸付＝貸付器具の簿価切下額÷[(前半期末貸付器具帳簿価額＋当半期末貸付器具帳簿価額)÷2]（年ベース）。

(出所) 図 5-2 に同じ。

時期においては，汽鑵・機械に対する簿価の切下割合は 0～2％，電線路・水路に対してはほぼ 2～4％です。ここから，神戸が社長に就任する前の東京電灯は，電線路および水路の償却を積極的に実施していたことになります。そして，1914年以降の第一次世界大戦期に積立率が低下したのに伴い，いずれについても簿価切下率は低下していきました。

東京電灯において諸減損補填元金制度は，1917年11月期まで採用されました。その間，営業報告書には諸減損補填元金計算書が添付されました。東京電灯の減価償却方法が再度変更されたのは，

1918年5月期です。1918年5月期以降の戦前期を通じて，同社では，諸減損償却金が損益計算書の支出の部（費用項目）に計上されました。そして，これに対応して，同額だけ固定資産が減額されていたと考えられます。このような方法は当時，「直接法」による償却と呼ばれていました（船田 1934, 72-73 頁）。ただし，1917年11月期から1918年5月期にかけての会計処理の変更は，実質的な変化を伴いませんでした。1916年5月期以降，諸減損補填元金の金額は0であり，損益計算書の諸減損補填金と，固定資産の簿価を切り下げる諸減損補填元金計算書の当半期支払高は，一致するようになっていました。これは，実質は1918年5月期以降の会計処理と同じであったことを意味しています。

それにもかかわらず，東京電灯の減価償却に関する会計処理が変更された理由として，税制の影響が指摘できます。1918年7月主秘第177号主税局通牒「固定資産ノ減価償却及時価評価損認否取扱方ノ件」により，大蔵省主税局は全法人の減価償却を損金として認定するようになりました。一方で，減価償却準備金に代表される「間接法」による減価償却は，損金として認められなかったようです。東京電灯が実施していた諸減損補填元金制度は，「間接法」による減価償却に該当し，損金として認定されなかったことから，減価償却方法を変更したと考えられます。当該期には他社も償却方法を変更しています。たとえば帝国電灯や磐城セメントもまた，1918年に「間接法」による償却を中止しています（小山 1918, 89-90 頁）。

神戸の秘策② 水路および電線路に対する減価償却の取り止め

神戸の社長就任後における東京電灯の減価償却の償却固定資産簿価および利益との関係を分析すると，図5-6から，償却固定資産簿価に対する減価償却の割合（年ベース）は1920年をピークに減少し，1923年以降1％台前半にとどまったことがわかります。一方，利益ベースでの償却割合は，1920年から1922年にかけて固定資産に対する償却割合が低下するのに伴い減少していきますが，1923年

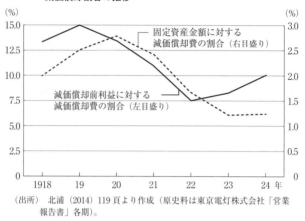

図 5-6 東京電灯における減価償却前利益および固定資産に対する減価償却割合の推移

(出所) 北浦(2014) 119頁より作成 (原史料は東京電灯株式会社「営業報告書」各期)。

以降は利益が悪化したため,固定資産ベースでの償却率は低下しているにもかかわらず,利益ベースでの償却率は上昇しています。ここから,当該期の東京電灯は,神戸が社長に就任する前のように,償却前利益の一定割合を償却する方法を採用していなかった点が判明します。

1923年以降の固定資産に対する減価償却率の低下に関連して,神戸は,1925年の東京電灯の減価償却方法を,株主に対して次の通り説明しています(「東京電灯株式会社株主各位に謹告」)。まず神戸は,現在の東京電灯の減価償却の水準が不充分であるという意見があるが,会社は主として水力発電設備により経営しているため,火力発電を主とする会社より減価償却率が低いのは当然であると主張しました。水力発電設備の償却率が火力発電設備より低いのは,水路等の水力発電設備は恒久的な設備であり,この設備を維持するために必要な費用は常に経常費より支出しているので,高率の償却を実施する必要がないという考えに基づくものです。また,電柱の建て替えや電線の架け替えについては,修繕費として経常費に計上しているため,このような会計処理は毎期減価償却を実施するのと同

じであると説明しました。

　その上で神戸は，1925年下期を事例に減価償却の計算過程を以下のように解説しました。償却対象となる固定資産は，諸機械器具・水路・電線路・貸付器具・軌道・瓦斯設備・土地建物・什器等総額3億4419万8000円ですが，このうち，償却の必要がないもの，および経常費支出によって対応しているものの合計金額は2億3593万5000円です。残額の1億826万3000円は，発電機・発電所等における諸機械器具・需用者屋内設備・軌道および瓦斯設備・建物等に該当します。この1億826万3000円に対して，35年定額法を実施すると309万円となり，1925年度の減価償却額300万円とほぼ等しくなります。

　この説明から，東京電灯が1925年までに，水路および電線路に対する減価償却を取り止めたことが判明します。その理由として神戸は，水路および電線路は維持費を費用計上すれば永久に使用することができるという見解を述べています。この見解は，電気設備は10年から20年が経過しなければ減価が目に見えてこないという特質が影響していると考えられます。しかし，1917年まで東京電灯は水路および電線路に対しても減価償却を実施していた点に鑑みると，この神戸の見解は，固定資産の中で最も金額が多い水路および電線路に対する減価償却の実施を中止するために持ち出されたもので，その主要な要因は配当の維持にあったと考えられます。水路および電線路を含めた固定資産3億4419万8000円全体に対して35年定額法を実施すると，減価償却額は983万円に増加します。その差額683万円を費用計上すると，1925年下期に配当へ回せる金額が27％小さくなります。そこで東京電灯は，減価償却算定の基礎となる固定資産簿価を切り下げ，減価償却費を減額させることによって，配当率を維持することを可能にしたのです。

(2) 関東大震災の損失処理

神戸が直面した課題③　関東大震災による損失の発生

　第4章（各務鎌吉）で言及した通り，1923年9月1日に発生した関東大震災によって，大きな被害が生じました。東京を中心にビジネスを展開していた東京電灯では，多くの発電所が被災したものの，水力発電所は東京から離れていたため，それほど大きな被害は受けませんでした（東京電力株式会社 2002, 294頁）。翌1924年上期末には，3カ所の水力発電所を除いてすべてが復旧しています。ただし，配電線や貸付器具は大きな被害を被りました。

　東京電灯の営業報告書によれば，関東大震災による東京電灯の被害額は，配電線および貸付器具：1099万4726円，発変電所および送電線路：324万7276円，貯蔵物品：261万5727円，什器：45万7871円，電車：6万6667円，瓦斯：7万7401円，家屋：254万4511円，機械器具：24万9500円，水路：30万8539円，その他：8万4771円の，合計2064万6989円にのぼりました。この被害額を，直前の決算期1923年5月末の貸借対照表と比較すると，2064万6989円という総被害額は，地所および家屋を含む固定資産2億5363万8615円の8％に及びました。また，1923年5月期の利益および配当金との関係では，総被害額は当半期利益金1393万5926円の148％に，配当総額（配当率14％）1223万573円の169％に及びました。

　保有する固定資産の3分の2に対する減価償却の実施を停止することで14％の配当率を維持していた神戸でしたが，関東大震災での被害額をそのまま損失として計上すると，東京電灯は株主に対して配当を支払えない状況になりました。しかし，同社株主は安定的で高率の配当を求めていたため，神戸は関東大震災による損失への対応を求められたのです。

神戸の秘策③　資産評価益の計上

　企業が事業用に取得した土地の時価が，取得時の15億円から20億円に上昇したとしましょう。事業用に取得した土地の代表的なものには，そこに工場が建っていて，当該企業の製品を製造している場所があげられます。さて，上記のような場合，現在では土地の時価20億円と取得額15億円の差額5億円は評価益として認識し，収益として計上することはありません。なぜならば，企業は事業のために土地を継続して使用しており，現実には土地を売却することができないためです。もし土地を売却すれば，会社は事業を継続できなくなってしまいます。時価が上昇し，その時点で土地を売却すれば取得時に支払った額を上回る現金を受け取る期待ができるからといって，現実には企業は事業用の土地を売却することはできないため，現金を受け取ることもできません。

　それにもかかわらず，企業がそのような土地の時価上昇分5億円を利益として認識し，5億円を配当金として株主に分配したとしましょう。この場合，企業は実際に土地を売却するわけではありませんので，時価が上昇していたとしても，上昇分の5億円が現金として会社に入ってくるわけではありません。企業は配当金として支払う5億円を，株式を発行するとか，借入を行うとかという方法で，新たに調達する必要が出てきます。そのため，事業用に使用している通常の固定資産の時価上昇分を，配当金として株主に配分するのは望ましくないとも考えられます。現在も，1998年の「土地の再評価に関する法律」に基づいて実施された土地の再評価益（土地再評価差額金）を，貸借対照表に計上している企業があります。ただし，再評価によって生じた土地再評価差額金は，貸借対照表の純資産の部に計上されますが，これには配当規制が設けられています。

　神戸が実際に関東大震災に伴う東京電灯の損失をどのように処理したのかを，同社の営業報告書で見てみましょう。1923年11月期に東京電灯は，震災関係費用として，「本店震災損害金」1588万

6447円,「横浜支店震災損害金」476万541円,「震災復旧工事改修費引当金」150万円を計上しています。また,貸借対照表上で「震災復旧費勘定」582万3006円が計上されています。これほど多額の損失を計上しているにもかかわらず,同期における利益は809万8365円でした。関東大震災に伴う損失を計上したにもかかわらず800万円もの利益計上を可能にしたのは,「固定資産一部評価益」2081万5812円を計上したためでした。ここで注目すべきは,勘定科目名からもわかる通り,固定資産評価益の一部のみを計上したという点です。

　神戸は,関東大震災の損失処理と固定資産評価益の計上に関して,関東大震災の損害額2064万6989円に対し,震災による損害を被らなかった固定資産の評価益1億2000万円中2081万円を計上したと説明しています。また,貸借対照表に計上されている震災復旧費勘定は損失の繰り越しではなく,完成直前の固定資産であり,完成次第,固定資産勘定に振り替えると述べています。すなわち神戸は,関東大震災の損害に対して,それとほぼ同額の評価益を計上しましたが,それは計上可能な評価益の17％に過ぎず,83％は使用しませんでした。神戸は,固定資産の評価益は,関東大震災などの突発的な事象の発生に伴う損失を処理するために使用するものと認識していました(「東京電灯株式会社株主各位に謹告」)。使用せずに残った約1億円の評価益は,別の多額の損失発生の際に利用できる可能性がありました。このような固定資産評価益の計上によって,関東大震災の決算期である1923年11月期における東京電灯の配当率は,その前期1923年5月期の14％から8％へ下落するものの無配とはならず,しかも翌1924年5月期には10％へ回復しました。

　関東大震災で被災した東京電灯以外の会社は,損失をどのように処理し,どのような配当政策を実施したのでしょうか。当時の代表的な経済雑誌であった『東洋経済新報』は,88社の決算書を参照し,そこに計上されている関東大震災に伴う損失金額と,その処理

表5-3　業種別に見た関東大震災の損害額

(単位：金額は千円)

業　種	社　数	損害額	資本金（払込）	損／資	損／社
紡績業	7	24,615	115,649	21.3 %	3,516
毛織業	4	17,301	61,912	27.9	4,325
麻糸業	3	6,168	31,600	19.5	2,056
製糖業	7	6,566	123,488	5.3	938
製粉業	3	855	11,345	7.5	285
製作工業	8	17,288	33,963	50.9	2,161
取引所	3	1,396	96,500	1.4	465
セメント業	3	2,466	25,637	9.6	822
窯　業	数社	270	9,916	2.7	──
電灯電力	5	7,312	155,256	4.7	1,462
化学工業	3	1,136	21,667	5.2	379
製薬業	2	1,379	27,000	5.1	690
製紙業	3	8,858	71,533	12.4	2,953
製鉄業	5	4,323	58,650	7.4	865
鉄道軌道	7	1,099	45,063	2.4	157
船渠業	2	7,649	14,550	52.6	3,825
信託業	2	31	6,369	0.5	16
土地建物	3	333	10,750	3.1	111
人肥業	2	3,260	32,900	9.9	1,630
ビール製氷	2	2,535	23,011	11.0	1,268
合　計	74	114,840	976,759	11.8	1,552

(注)　1)　損／資＝損害額÷資本金（払込）。
　　　2)　損／社＝損害額÷社数。
　　　3)　合計の社数および損／社については，社数が不明である窯業を除く。
　　　　　損害額・資本金（払込）・損／資は，窯業を含む。
(出所)　『東洋経済新報』1924年2月9日，23頁より作成。

方法を分析しています。表5-3は，業種別に見た関東大震災の損害
額の状況を示しています。産業別の損害総額は，大きい順に紡績業，
毛織業，製作工業でした。各産業で対象となる会社数が異なるため，
対象社数が不明である窯業を除いた19の産業で1社平均の損害額
を計算すると，1社平均の損害金額が大きかった産業は，毛織業，
船渠業，紡績業でした。また，資本金に占める損害額の割合が大き
かった産業は，船渠業，製作工業，毛織業でした。とくに船渠業と
製作工業では，資本金に占める損害額の割合が50％を上回ってお

り，被害が大きかったことがわかります。東京電灯が含まれる電灯電力業を他の産業と比較すると，損害総額は第6位，1社平均の損害金額は第9位，損害金額が資本金額に占める割合は第16位でした。電灯電力業は，他の産業に比べて損害金額自体もそれほど大きくなく，また他産業に比べて資産規模が大きいため，損害金額が資本金額に占める割合はむしろ小さくなっていることがわかります。

　さらに，各社が関東大震災の損失を会計上どのように処理したのかを，『東洋経済新報』は次の7ケースに分類しています。第1は，損失をそのまま計上し，その分利益が減少しているケースです。これは，最も基本的な会計処理方法であるといえます。第2は，各費用項目の中に含めて計上しているケースです。この場合，関東大震災に伴う損失が通常の経済活動で発生した費用に含まれて集計されているため，各費用金額のうち関東大震災に伴う損失額がどの程度を占めているのかは不明です。ただ，関東大震災に伴う損失金額はその決算期の費用項目に計上されているため，その決算期における利益の金額は，第1のケースと変わりません。

　第3は，関東大震災に伴う損失全額を，次期に繰り越しているケースです。これにより，震災の期の利益には影響が出ていません。第4は，関東大震災に伴う損失金額を，未決算勘定と呼ばれる科目に含める形で，資産項目として計上しているケースです。このケースも，第3のケースと同様に，当該決算期の利益に影響を与えない会計処理方法です。第3および第4のケースにおいて，繰り越された損害金額がいつ費用化されるのかは，未定です。第4のケースにおいて，資産項目として計上された未決算勘定は，いつ簿価を切り下げるのか，また，切り下げた際に，費用項目として計上されるのか，それとも，利益処分の際に，利益金額から直接減少されるのかは，各社によって異なっていたと推察されます。未決算勘定を切り下げた際に，費用計上される場合の仕訳は，

表 5-4 評価益を利用した関東大震災の損失処理の状況

(単位：金額は千円)

会社名	損害額	評価益	評価益／損害額
東京モスリン	4,105	1,810	44.1 %
上毛モスリン	3,166	2,185	69.0
帝国製麻	2,470	454	18.4
日本製麻	1,484	765	51.5
古河電工	4,898	508	10.4
富士水電	909	440	48.4
東京製鋼	2,624	629	24.0
平　均	2,808	970	38.0

(出所) 『東洋経済新報』1924 年 2 月 16 日，23 頁
より作成。

　（借方）未決算勘定償却 ×××　　　（貸方）未決算勘定 ×××

となります。一方，未決算勘定を切り下げた際に，利益金額から直接減少させる際の仕訳は，

　（借方）当期未処分利益 ×××　　　（貸方）未決算勘定 ×××

となります。

　第 5 は，積立金や前期繰越金を用いて損失処理するケースです。このケースでは，法定準備金などの積立金や前期繰越金といった，その決算期以前に獲得した利益を使って，損失金が処理されます。第 6 は，評価益の一部を使って損失を処理するケースです。これが東京電灯において神戸が採用した方法ですが，ほかにも多くの会社が，土地の値上がりを利用して土地評価益を計上し，損失を処理していました。『東洋経済新報』は，工場と所有有価証券の評価益を計上した，上毛モスリンの事例を紹介しています。

　表 5-4 に，東京電灯と同様に評価益を計上した各社の関東大震災に伴う損害額と，その評価益を示しています。ここから，関東大震災の損失処理方法として評価益を利用した 7 社の平均損害額は 280 万円であり，表 5-3 が示す 74 社の平均損害額 155 万円より大きい

ことがわかります。つまり、評価益を利用したのは、関東大震災の損失が大きな会社だったのです。評価益が損害額に占める割合は10.4〜69.0％、平均で38.0％でした。

　これらから、神戸が2000万円の評価益を計上したこと、また、評価益が損害額に占める割合がほぼ100％であったことは、他社には見られないような多額の処理であったことがわかります。『東洋経済新報』は、関東大震災の損失処理のために評価益を計上する会計処理が、固定資産の簿価を引き上げることになり、「禍根を将来に残す」と表現し、批判しています。一方で、これらの会社が土地などの資産の評価益を計上できたのは、それら資産のもとの評価額がきわめて低かったためであると分析しています。そうした資産の簿価の低さが、その企業の強みとなっていましたが、『東洋経済新報』は、評価益の計上によってその強みが失われたと評価しました。

　第7は、減資を実施し、減資差益を使用して関東大震災の損失処理を行ったケースです。このケースは、単独で行うよりも、第1の方法（損失を計上して、その分当期利益が減少する方法）や第5の方法（積立金や前期繰越金を用いる方法）を併用する事例が多く見られました。損失金額は、東京毛織の900万円や東洋製麻の221万円のように、全体の平均値よりも大きい場合が多かったといえます。

　さらに、関東大震災に伴って損失金額を計上した会社の、配当政策を見ていきましょう。表5-5は、『東洋経済新報』に基づき89社の配当率を示したものです。89社の平均配当率は8.6％でした。この表から、配当を実施しなかった（配当率0％の）会社が29社あり、89社の32.6％を占めていたことがわかります。この29社を除いた、配当を実施した会社60社の平均配当率は12.8％となります。表に示されている通り、配当率が10％以上20％未満だった会社は36社、89社の40.4％を占めていました。関東大震災によって損失が発生した89社に、10％以上の配当率を維持していた会社が多く含まれたことが判明します。

表 5-5　関東大震災による損失を認識した 89 社の配当率

配当率	社数	割合
0 %	29	32.6 %
0 %超 10 %未満	17	19.1
10 %以上 20 %未満	36	40.4
20 %以上	7	7.9
合　計	89	100.0

（出所）『東洋経済新報』1924 年 2 月
9 日，22-23 頁より作成。

以上から，関東大震災に伴う損失を固定資産評価益で相殺することで，1923 年 11 月期における配当率 8 ％および 1924 年 5 月期における配当率 10 ％を実現した神戸による一連の会計処理は，関東大震災で損害を受けた企業によく見られた処理であったといえます。

(3)　合併利益の計上

神戸が直面した課題④　合併に伴う会計処理の必要性

表 5-1 に示した通り，神戸によるビジネス上の貢献として，東京電灯による他の中小電力会社の合併があげられます。神戸は合併を通じて，自社の電気の供給区域を拡大し，他の電力会社との間の競争を抑制しました。ここでは，同社が 1920 年代に他の中小電力会社と合併した際の手続きについて，1921 年 4 月に実施された東京電灯と利根発電の合併を事例に考えていきましょう。

東京電灯と利根発電は合併によって 1 つの会社になりました。これに伴い，東京電灯は存続し，利根発電は消滅しました。存続した東京電灯の株式はそのまま残り，合併前の同社株主は合併後も株主のままでした。他方，利根発電は消滅するので，株式もなくなることになります。そのため東京電灯は，合併の際，利根発電の株式を保有する株主に対して，何らかの経済的な補償をしなければなりません。

このとき，最もシンプルな方法は，東京電灯が利根発電の株主に

対して，合併時における利根発電の株式の価値に相当する現金を支払うことです。これをすると，厳密には合併ではなく，買収という方法をとったことになります。この方法をとるとなると，東京電灯は多額の現金を準備しなければなりません。しかし合併という方法では，東京電灯が利根発電の株主に，東京電灯の株式を交付します（渡します）。自社の株式であれば容易に発行でき，現金を別途用意する必要もありません。このように東京電灯は，合併される中小電力会社の株主に対して，東京電灯の株式を交付していました。

　ここで問題になるのは，利根発電の株式1株と東京電灯の株式何株を交換するのかという点です。理論上は，利根発電の株式1株の経済的価値に相当する東京電灯の株式と交換することになります。たとえば，利根発電の株式1株の価値が100円であり，東京電灯の株式1株の価値が200円だとすると，利根発電の株式1株を保有する株主に対して，東京電灯の株式0.5株を交付するわけです。こうした，利根発電の株式1株を東京電灯株式の何株と交換するのかという割合を，合併比率といいます。しかし，両社の株式価値が実際にどの程度なのかを正確に測定するのは，意外と難しい問題です。利根発電の株式と東京電灯の株式の両方が証券市場に上場されていれば，同じ時点の各社の株価に基づいて合併比率を計算できます。しかし，両方の株式について株価が揃わない場合，合併比率を計算することは難しくなります。

　加藤（2006）は，東京電灯と合併された中小電力会社の間の理論的な合併比率と，実際の合併比率を計算しています（9頁）。利根発電のケースでは，実際の合併比率は1：1でしたが，これは理論的な合併比率に比べて，利根発電にやや有利な条件（東京電灯にとってやや不利な条件）であったようです（同10頁）。

　また神戸は，東京電灯による中小電力会社との合併に伴って，会計処理を実施する必要に迫られました。東京電灯が中小電力会社を吸収合併し，合併した東京電灯は存続し，合併された中小電力会社

図5-7 （正の）のれんと負ののれんの関係性

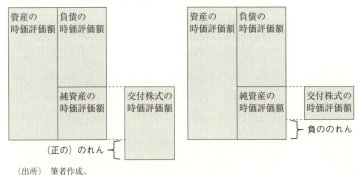

（出所）筆者作成。

は消滅しています。こうした場合，現在では，東京電灯が中小電力会社を取得したと見なされ，中小電力会社の資産と負債は時価で評価されます。そして，実際に交付された東京電灯株式の金額と比較されます。東京電灯のように上場している場合には，東京電灯株式の株価に被合併会社の株主に交付された東京電灯株式の株数を乗じた金額が，中小電力会社を合併するために必要となった取得原価であるとされています。

東京電灯が交付した株式の時価が，時価ベースで評価された被合併会社の資産と負債の差額（時価ベースの純資産額）よりも大きい場合には，その差額（東京電灯が交付した株式の時価－被合併会社の時価ベースの純資産額）は（正の）のれんと呼ばれ，東京電灯の資産として計上されます（図5-7左）。のれんは，現在の日本のルールでは，20年以内の期間にわたって償却されます。

のれんが発生する理由は，合併企業が合併される企業のビジネスを高く評価しており，単純な純資産の時価（合併会社が単純に土地や建物などを購入して資産を取得する場合）以上の価値を合併される企業のビジネスに見出しているためです。代表的なのれんとしては，会計では正確に測定できない人的資本や，その会社が持っている営業ノウハウなどがあげられます。

反対に，時価ベースの純資産が，東京電灯が交付した株式の時価を上回った場合，その差額（被合併会社の時価ベースでの純資産額－東京電灯が交付した株式の時価）は負ののれんと呼ばれます（図5-7右）。負ののれんは，特別利益として認識されます。

負ののれんが発生することは稀です。なぜならば，合併企業が被合併企業を取得するために支払った金額（東京電灯が交付した株式の時価）よりも純資産の時価が高い場合には，被合併会社の株主は，被合併会社と東京電灯を合併させるよりも，被合併会社を解散して，被合併会社が保有する資産を売却するほうが，より多くの金額を受け取ることができるためです。それにもかかわらず負ののれんが発生するケースとは，被合併会社が会計上認識できない簿外の債務を抱えている場合や，資産を単純に売却できないような明示的もしくは暗黙的な契約が存在しているような場合です。そして神戸は，社長在任中に実施した東京電灯と中小電力会社との合併時に，現在とは異なる会計処理を選択しました。

神戸の秘策④　合併利益による配当の増額

東京電灯は1920年代に相次いで中小電力会社を合併しましたが，合併に際して，資産および負債を時価評価せずに，基本的に簿価で引き継ぎました。東京電灯は，関東大震災の損失処理のために時価評価をしていましたが，合併にあたってすべての資産および負債を時価評価することはありませんでした。ただし，後述する通り，合併される中小電力会社の資産の簿価を切り下げ，損失を認識するケースがありました。

東京電灯が他社と合併した際に株式合併差益が発生した際には，東京電灯はそれを損益計算書の収益として計上していました。株式合併差益とは，被合併会社の直近の払込資本金額と，合併に伴う東京電灯の増加払込資本金額との差額をいいます。株式合併差益の主な発生要因は，被合併会社のほうが合併比率が小さいことです。たとえば，東京電灯と被合併会社の合併比率が，東京電灯：被合併会

社＝1：0.5である場合，被合併会社の株式2株に対して，東京電灯の株式1株が交換されます。

当時，通常払い込まれる資本金額は，50円でした。分割払込制度と呼ばれる，会社への株式の払い込みを分割で実施する方法が，戦前期には認められていましたが（第3章参照），ここでは簡略化のために，両社で発行されているすべての株式について，50円の払い込みが完了しているとしましょう。被合併会社の発行株数が2000株であり，被合併会社の資本金額（払込資本金額）が10万円（＝50円×2000株）としましょう。この場合，被合併会社の株式2株と東京電灯の株式1株が交換されますので，合併によって東京電灯は，額面金額50円の株式1000株を被合併会社の株主に交付することになります。その結果，東京電灯の資本金額は，5万円（＝50円×1000株）増加することになります。被合併会社の資本金額10万円と，東京電灯において増加する資本金額5万円の差額である5万円が，株式合併差益になります。

また，1920年3月における日本電灯との合併では，日本電灯の積立金および利益剰余金を直接東京電灯の準備金勘定に合算していましたが，1921年4月の利根発電との合併以降は，被合併会社の積立金および利益剰余金を合併決算期の雑収入勘定に収益計上していました。合併に伴う収益計上に合わせる形で，同じ期に合併関係の費用が計上されています。その内訳は，合併に伴い被合併会社の株主に対して支払われた合併交付金，合併に伴い発生した諸費および資産の帳簿価額を切り下げて実態に合わせる整理費です。

戦間期に計上された合併関係の収益・費用を示したのが，表5-6です。収益の大部分を占めるのが，株式合併差益であり，費用の大部分を占めるのが，合併に関する諸費および整理費でした。また，収益合計と費用合計を比較した場合，費用合計が上回るのは，桂川電力（3万円）と忍野水力電気（1万円）だけであり，その他は収益の範囲内で費用が計上されていることがわかります。そして，合併

表 5-6　神戸社長時代における東京電灯による合併会計処理の状況

（単位：円）

被合併会社	収益		費用		差額	総資産(B)	A/B
	株式差益	積立金等	交付金	整理等(A)			
日本電灯	1,200,000			1,020,000	180,000	8,145,664	12.5 %
利根発電		2,059,677		1,780,800	278,877	20,112,107	8.9 %
横浜電気		3,072,808		2,048,248	1,024,560	18,071,185	11.3 %
第二東信電気		27,956		11,342	16,614	不 明	——
高崎水力電気		650,071		339,290	310,781	6,077,128	5.6 %
熊川電気		34,530		17,457	17,073	不 明	——
桂川電力		1,195,667		1,232,490	− 36,823	19,295,058	6.4 %
日本水力電気	250,000			76,164	173,836	2,337,052	3.3 %
猪苗代水力電気		3,137,093		3,087,928	49,165	34,224,211	9.0 %
忍野水力電気		19,292		32,515	− 13,223	392,477	8.3 %
京浜電力	8,345,850	2,379,672	1,702,124	8,901,975	121,423	33,445,877	12.9 %
富士水電						35,331,942	
帝国電灯	8,030,400	6,080,342	3,199,995	10,495,864	414,883	96,571,775	10.9 %

（注）　1）　整理等は，合併に要した諸費および整理費。
　　　　2）　差額＝収益（株式差益＋積立金等）－費用（交付金＋整理等）。
　　　　3）　総資産は，被合併会社の直前決算期の総資産額（未払込株金の金額は控除）。
　　　　4）　京浜電力および富士水電の収益・費用については，合算金額のみが判明。
（出所）　北浦（2014）122頁より作成（原史料は東京電灯株式会社 1936；各社「営業報告書」）。

に伴う諸費および整理費は，被合併会社の総資産の 3.3～12.9 % に
のぼりました。

　一連の東京電灯の合併会計処理は，配当政策および減価償却会計
から見た場合，次のように整理できます。まず，配当政策との関係
でいえば，合併に伴う費用金額が，基本的には同・収益の範囲内で
あったことから，合併によって配当原資が減少することはありませ
んでした。反対に，1921 年 5 月期決算における利根発電と横浜電
気の合併によって，東京電灯の利益が 130 万円増加したため，東京
電灯は，その増加した利益を用いて，通常の 12 % 配当に加え，
5 % の創立 35 年記念特別配当（187 万円）を実施しています。

　次に，減価償却会計との関係では，東京電灯は合併に伴い，合併
される電力会社の固定資産の簿価を小さくする会計処理を実施して

いました。その結果，将来償却すべき固定資産簿価が小さくなるため，この会計処理は，将来の費用（減価償却費）を減少させることになると考えられます。一方で，富士水電や帝国電灯は，不良資産を多く所有する電力会社であったとされます（橘川 1995, 90 頁）。しかし，表 5-6 で確認する限り，これらの電力会社との合併時における整理損が総資産金額に占める割合は，それ以前の時期の合併に比べて特段高い割合を示していません。これは，不良資産の存在に合わせて，固定資産の帳簿価額を切り下げるという会計処理を，合併に伴う収益の範囲内に限定して実施したため，固定資産の簿価の切り下げが十分にはできなかったことを意味しています。

IV
ま　と　め

(1)　神戸挙一とは

　神戸挙一は，山梨県出身の実業家で，1917 年から 1926 年まで東京電灯の社長を務めた人物です。当該期間中，東京電灯は，自社が電気を供給している関東エリアにおいて，他の電力会社との間で需要者を奪い合う争奪戦（電力戦）を展開しました。また，1923 年には関東大震災が発生し，神戸はその対応に追われることになりました。そもそも，神戸が東京電灯の社長に就任できた理由は，その経営能力の高さもさることながら，山梨県出身であったためです。若尾逸平を中心とした山梨県出身者による集団である「甲州財閥」は，東京馬車鉄道会社や東京電灯の株価が低迷している時期にそれらの会社の株式を買い集め，会社の経営権を取得することに成功しました。神戸は，若尾逸平や，その義理の孫である若尾璋八たちと，東京電灯の経営に関与していきました。

　東京電灯は，しばしば，自社の電気供給地域に参入してきた中小

電力会社を，合併によって吸収する経営戦略を採用しました。神戸挙一社長時代にも，13社の中小電力会社を合併しています。加藤（2006）が言及している通り，東京電灯は，供給地域に対する独占的な供給の維持を可能にするとともに，被合併会社が保有する電気設備を取得することができました。一方で，橘川（1995）が指摘している通り，中小電力会社との合併は，東京電灯にとって，不利な条件で実施されるケースがあったと同時に，合併によって，東京電灯にとって効率性の悪い電気設備を取得する場合もありました。とはいえ東京電灯は，戦前期を通じ，関東地方でほぼ独占的な電気供給に成功します。

　それに対して，同時期の関西地方では，複数の有力な電力会社が並立する状態が続きました。東京電灯が関東地方の電気供給を一手に担えるようになった要因の1つが，神戸挙一社長時代に実施された合併戦略にありました。

(2)　神戸挙一にとって会計処理とは

　東京電灯を経営するにあたって，神戸が最も重要視していた点は，配当政策であったと思われます。2011年の東日本大震災の発生まで，東京電力株は，配当率が高く安定的だったため，機関投資家や個人投資家にとても人気のある銘柄でした。それと同じように，神戸社長時代の東京電灯も，株主から高配当率を維持するように求められました。それは，当時の株式長期投資の主な収益源が，株価の値上がり益であるキャピタルゲインではなく，配当金の受け取りによるインカムゲインにあったためです。また，配当率と株価は正の相関関係を持っていたため，株価を維持するためには，配当率を維持する必要がありました（第2章参照）。神戸や若尾逸平たち甲州財閥の実業家が，株価低迷を利用して東京電灯の経営権を獲得したことを踏まえると，神戸は株価の維持とそのための配当率維持の重要性を理解していたと思われます。

高配当の維持に伴う高株価は，神戸のもとで進められた東京電灯による合併政策においても有効でした。東京電灯株の株価が高ければ高いほど，合併比率が東京電灯にとって有利になり，合併に伴って被合併会社の株主に交付すべき東京電灯株の株数を節約することができるためです。こうしたメリットから，神戸は高配当政策を推し進めていったと考えられます。

　神戸による高配当政策を可能にしたのは，配当の原資となる利益を増加させる，さまざまな会計処理でした。本章では，神戸が採用した会計処理として，一部の固定資産に対する減価償却の停止，関東大震災の損失処理における固定資産評価益の計上，合併に伴う合併利益の計上を取り上げました。減価償却の停止と固定資産評価益の計上は，利益を増大させるという共通した特徴を持つ会計処理でした。本来，建物に代表される固定資産は，年数が経過すると古くなっていき，その価値は低下するはずです。耐用年数と呼ばれる，使用できる期間が経過すると，固定資産は使用できなくなるとも表現できます。しかし，どのようにその価値が低下していくのかは，正確にはわかりません。そのため，経営者がその金額を自由に設定できる側面がありました。また東京電灯は，合併に伴う収益の範囲内で，資産の簿価の切り下げ処理を行っていたため，合併が東京電灯の利益を減少させることはありませんでした。むしろ，1920年代前半には，多額の合併利益の計上に伴って，東京電灯の配当金額は増加しました。

　神戸は，自身が採用した会計処理の正当性を，東京電灯の株主に対して説明していました。水力発電所が半永久的に利用できることを根拠に，修繕費を費用として認識すれば，減価償却を実施する必要がないと主張しています。たしかに，水力発電設備は長期間にわたって使用できますが，陳腐化のリスクを含めて，永久に使用することはできないでしょう。そのため，水力発電設備に関しても，減価償却を実施する必要があるといえます。固定資産の評価益は，関

東大震災による損失のような，突発的で巨額の損失を処理するためにあるという神戸の見解も，興味深いものでした。さらに，本章で参照した『東洋経済新報』の記事から，関東大震災の損失処理における資産評価益の計上という会計処理は，神戸特有のものではなく，多くの会社で採用されていたことがわかります。神戸の会計処理に関する主張は，現在の視点からは適切でないように見える部分がありますが，当時としては社会的に受け入れられた会計慣行であり，それによって高配当が維持されていました。

　しかし，こうした配当維持のための会計処理は，1920年代後半になると，東京電灯に経営上の問題をもたらします。神戸の後任の社長である若尾璋八は，東京電灯の収益が悪化していく中で，配当維持を可能とする会計処理をさらに進めていきます。そのことが，三井銀行の経営者であった池田成彬や，外国の社債発行金融機関による経営介入を招くこととなります。この点については，第7章（池田成彬）で詳細を見ていきたいと思います。

第6章

松永 安左エ門

減価償却専用の子会社まで設立した
当代随一のアイデアマン

（国立国会図書館「近代
日本人の肖像」より）

I

はじめに

　松永安左エ門は，戦前に5大電力の1つである東邦電力を経営し，戦後に現在の電気供給システムを構築した人物で，「電力の鬼」と呼ばれていました。「鬼」というのは悪い意味ではなく，電気事業の運営や再編に尽力したことを指しているのだと思われます。松永が構築した現在の電気供給システムは，民間企業が（「民有民営」），発電から送電・配電までのすべてを（「発送配電一貫」），全国を9カ所（後に10カ所）に分割した地域ごとに（「全国地域9分割」[1]），独占的に行っている（「独占」[2]）ところに特徴があります（橘川 2004b, 3頁）。このような電気供給システムの特徴は，今の東京電力や関西電力などを見れば思い当たると思います。東京電力・関西電力など

---

1) 当初，全国は9つの地域（北海道，東北，関東，北陸，中部，関西，中国，四国，九州）に分割され，1972年の沖縄返還後に，沖縄を加えた10地域になりました。
2) 電力自由化が適用されている現在では，厳密には，東京電力などの主要10電力会社が地域ごとに市場を独占しているとはいえませんが，市場シェアの大部分を供給しており，ほぼ独占状態にあります。

主要 9 電力会社は，1951 年に実施された電気事業再編成によって誕生しましたが，この電気事業再編成を主導したのが松永でした。

　日本の電力業は，1883 年の東京電灯設立によってスタートしましたが，それ以降現在まで，電気の供給システムは，時代ごとに大きく変わってきました。供給主体の運営形態は，1883 年から 1939 年の民営，1939 年から 1951 年の国営，1951 年以降の民営へと変化しています。松永が，民有民営・発送配電一貫・全国地域 9 分割・独占という電気供給システムを採用した理由は，そのシステムにより，安い電気を安定的に供給できると考えたためでした。しかし，それは直ちに実行できたわけではありません。松永は現在のシステムに通じる基本的なアイデアを 1928 年に発表していましたが，そのアイデアは 1951 年まで結実することはありませんでした。電気は，いうまでもなく私たちが生活していく上で必要不可欠なものですが，1937 年から 1945 年の戦時期には，戦争を継続していく上でも欠かせないものでした。そうしたことからも，電気の供給システムに関しては，さまざまな利害が複雑に入り組んでいました。本章では，松永が，直面する種々の困難にどのように立ち向かっていったのかを見ていきましょう。

　上述の通り松永は，現在の電気供給システムにつながるアイデアを，1951 年の電気事業再編成からさかのぼること 23 年前の 1928 年に，『電力統制私見』という形で発表します。松永は，他人には思いつかない独自のアイデアを生み出し，実現するのが得意なビジネスリーダーでした。そのアイデアマンぶりは，ビジネスだけでなく，会計に対しても発揮されました。松永は，戦前においても，戦後においても，電力会社は十分な減価償却を実施すべきであると考えていましたが，1922 年には減価償却専用の子会社（東邦蓄積）を設立してしまいます。その後，東邦蓄積は，単に減価償却だけでなく，松永が経営していた親会社・東邦電力の企業統治や配当政策にも影響を与えるようになります。以下では，東邦蓄積が親会社の経

営に与えた影響も併せて見ていきましょう。

II
ビジネス上の貢献

　松永安左エ門は，1875年に長崎県壱岐郡石田村で誕生しました。1889年に上京して慶應義塾に入学すると，そこで人生を決定する福沢桃介との出会いを果たします。福沢桃介は，慶應義塾の創始者である福沢諭吉の養子となり，諭吉の次女と結婚した人物です。松永は，福沢と共同で，材木・石炭などを商いました。その後，松永は1910年頃から電気事業に携わるようになっていきますが，当初は福沢とともに電力会社を経営していました。松永は1909年に福博電気軌道の専務取締役，1910年に九州電気の常務取締役に就任しましたが，福沢もまた，1909年に福博電気軌道の社長，1911年に九州電気の取締役に就任しています（橘川2004b, 1-3頁）。

福沢桃介
（国立国会図書館「近代日本人の肖像」より）

　日露戦争が終結した1905年から第一次世界大戦が始まる1914年までの時期（日露戦後期），日本各地に数多くの電力会社が設立されました。大規模な水力発電所の建設と，長距離送電技術の確立によって，安価な電気を都市部に供給できるようになり，電力業の収益性を高めました。日本で電力業が大きく成長し始めた時期に，松永は電気事業の経営に携わるようになっていったのです。

　さて，ともに電力会社の経営にかかわっていた松永と福沢は，1920年代はじめに別々

福沢諭吉
（国立国会図書館「近代日本人の肖像」より）

の電力会社を経営することになります。2人がかかわった2社は，いずれも名古屋電灯を基礎としていて，松永は1922年に改称した東邦電力の経営者に，福沢は1921年に改称した大同電力の経営者になりました。しかし，1922年に東邦電力の経営者（副社長）に就任した松永には，厳しい経営環境が待ち受けていました。

(1)　東邦電力における革新的な経営

松永が直面した課題①　電力戦国時代と呼ばれた1920年代の激しい電力戦

　第5章（神戸挙一）で言及した通り，1907年の東京電灯駒橋発電所の発電開始以降，電力会社の主な電源構成は，それまでの火力発電から水力発電へと変わりました。水力発電は，山間部への発電所建設に多額の建設費を必要としたものの，水を使って発電するため，ランニング・コストが少ないという特徴を持っていました。一方，火力発電は，水力発電所に比べて建設費は安いものの，発電のために燃料を必要とするため，ランニング・コストは高くつきました。結果的に，当時の水力発電は火力発電に比べて大量の電気を生み出すことができ，その生産コストも，単位ベースで見ると火力発電に比べて非常に小さいものでした。

　日露戦後期頃より徐々に，都市部に電車が走るようになり，電気の需要が増加しました。また，家庭でも電灯の使用が増加し続けるとともに，工場でも電動機が普及して電気が利用され始めました。こうした需要の増加に伴い，1920年代になると日本の電力業は本格的な成長期を迎えます。第2章で見た通り，1920年代は相次ぐ不況に見舞われましたが，電力業は安定期な産業であったため，多くの資金がそこに流れ込みます。それにより，水力発電所の建設がさらに進んでいきました。また電力業は，規模を拡大させればさせるほど単位当たりのコストを引き下げられるというスケール・メリットを活かしやすい産業であったため，電力会社同士の合併，とりわけ大規模な電力会社による中小電力会社の吸収合併が，1910年

代から 1920 年代にかけて活発になりました（第 5 章参照）。その結果，1920 年代前半には，東京電灯・東邦電力・大同電力・日本電力・宇治川電気という 5 大電力が，電力業の中心的な地位を占めるに至りました。

　電気はその多くを貯めておくことができないため，つくり出したら直ちに使用される必要があります。また，安定的に供給されている限り，どの電力会社が供給しても電気は同じなので，電力業では，品質ではなく価格の競争が起こりやすくなります。しかも 1920 年代には，小口の電気消費者に対しては規制が存在していましたが，大口の電気需要家に対しては，複数の電力会社が電気を供給することが可能でした（橘川 2004a, 84 頁）。

　1920 年代に大規模な水力発電所が建設され，大量の電気を生み出せるようになったにもかかわらず，それに対する需要が追いつかなかったため，電力会社は大口需要家向けの料金値下げ合戦を展開します。これを「電力戦」と呼びます。電力戦の結果，1920 年代後半に多くの電力会社の収益性が低下していきました。こうした 1920 年代の厳しい経営環境の中，松永はさまざまな独自の経営戦略を採用することで，東邦電力を大きく成長させました。以下では，松永が東邦電力の経営を成功させた 3 つの秘策を，電力産業史を代表する橘川武郎氏の研究を用いて見ていきましょう。

松永の秘策①-1　独特の資金調達方法

　1920 年代，電力会社は多額の設備投資を行ったため，それに合わせて多額の資金を調達する必要に迫られていました。松永は，資金調達に伴って会社が支払わなければならなくなるコストである資本コストを，できるだけ小さくすることを意識していました。発電費に資本コストの占める割合が 60〜80 ％に及んでいたため，できるだけ資本コストの安い資金を集めることによって，電気の生産コストを低く抑えられると考えたのです（橘川 2004b, 49-50 頁）。

　1920 年代の電力会社にとって資本コストの安い代表的な資金調

達方法は，社債の発行でした。社債利率が株式配当率を下回り，社債引受金融機関が社債引受業務を営むようになった同時期，東邦電力をはじめとする電力会社は多額の社債を発行するようになります。東邦電力は1925年・1926年・1929年に4本のアメリカ・ドルやイギリス・ポンドといった外貨建ての社債（外債）を発行しました。そのうち，1925年に発行された2つの外債の償還期限は20年と30年であり，国内債の償還期限が7年程度であったのと比較すると，長期にわたるものでした。電力設備は長期間にわたって使用するものであるため，設備投資資金もそれに合わせて長期のものが，会社にとって都合がよかったわけです。また，1920年代の円ドル為替相場は，円高へ向かう傾向があり，外債発行時点では為替差益が期待できた点も，外債が発行された理由の1つでした。

　ほかにも松永は，カストマー・オーナーシップというユニークな資金調達制度を日本に導入しようとします（橘川2004b, 51頁；東邦電力史編纂委員会1962, 452頁）。これは，電力会社が個人の需要家向けに株式や社債を販売するもので，アメリカで発達した制度でした。ただし株式発行については，商法上の問題により，株式を需要家から直接募集するのは困難であると判断され，断念されました（東邦電力史編纂委員会1962, 452頁）。一方，社債については，1925年に需要家向けの小額社債750万円を発行しました。

　加えて松永は，1920年代から減価償却の資金調達における重要性を認識していましたが，この点は本章第Ⅲ節(1)項において，詳述されます。このように松永は1920年代に，これまでに見られなかったさまざまな資金調達方法を独自に考え出し，実行しました。

松永の秘策①-2　東京電灯への挑戦

　日本最大の電力会社である東京電灯は，電力の大消費地であった東京の都市部に電気を供給していました。そうした中，多くの電力会社が東京電灯の供給エリアへ電気を供給しようと試みました（第5章参照）。結果，東京電灯は，電力戦を仕かけられる側として，主

要な電力会社となります。松永も，1926年から1927年にかけ東邦電力の子会社である東京電力（当時）を使って東京市場へ進出，東京電灯へ電力戦を仕かけると，東京電灯と東京電力の間で激しい「電力戦」が展開されました（橘川 2004b, 96頁）。最終的には，東京電力が東京電灯に合併されることにより，この電力戦は1928年に終わりを迎えます。両社の合併によって，東京電力の親会社であった東邦電力は，東京電力の株式との交換で東京電灯の株式を受け取ったために，東京電灯の筆頭株主になります。また，松永自身も東京電灯の取締役となり，東京電灯の経営に関与できるようになりました。

　橘川氏は，松永が東京電灯と東京電力による電力戦と両社の合併をあらかじめ見込んでおり，その業界統制構想の実現のために行ったものであるという評価をしています（橘川 2004b, 96-97頁）。松永が東京電力を用いて東京電灯へ電力戦を仕かけた目的は，逆に電力戦をなくすために，全国をいくつかの地域に分け，民間電力会社1社が独占的にそのエリア内に電気を供給するシステムを構築することでした。そして，東京エリアにおいて独占的な電気供給を担う電力会社は，東京電灯でした。そのため，松永の東京電灯への経営参画は，上記の目的を達成する一歩であったと考えられるのです。

松永の秘策①-3　火力発電所の有効活用

　1920年代から1930年代にかけて，電源の中心は水力発電でした。水力発電には，大量の電気を発電できるというメリットがありましたが，水量によって発電量が左右されるという問題を抱えていました。とくに冬季は，需要が大きくなるにもかかわらず水量が少なくなるため，冬季における水力発電所の発電量減少が問題になっていました。これに対して火力発電所は，燃料を利用するため，コストはかかるものの，発電量を調整しやすいというメリットがありました。そこで松永は，積極的に火力発電を利用することによって全体の発電コストを引き下げようとし，東邦電力は1924年から1926年

に，相次いで火力発電所を増設しました（橘川 1995, 309-310 頁）。

(2) 現在の電力システムの構築

松永が直面した課題②　1930 年代と 1950 年前後における電力国営化への圧力

1920 年代に見られた激しい電力戦は，電力会社の経営を悪化させました。電力会社の経営が悪化すると，安定的に電気を供給できなくなります。そこで 1930 年代以降，電力業界を再編することによる，安定的な電気供給が試みられました。このような動きは「電力統制」と呼ばれます。電力業界の再編にあたって最も大きな問題となったのは，「誰が電気を供給するのか」という点でした。この問題は，戦後の 1951 年に東京電力などが誕生し，さらには 1950 年代後半に現在の電力体制が安定的に維持されるようになるまで続きました（橘川 2004a, 332-337 頁）。

「誰が電気を供給するのか」という点に関して松永は，一貫して民間電力会社が電気を供給すべきと主張していました。しかし一方で，政府が電気を供給すべきという意見も，根強く存在していました。1930 年代に日本が戦争への道を進んでいく中で，電気事業の監督官庁であった逓信省内においては，円滑な戦争遂行のために，政府による電気事業の運営を求める意見が強くなっていきました。その結果，1939 年に日本発送電株式会社（日発）という国営の電力会社が設立され，日発による電気供給がスタートします。これを「第一次電力国家管理」といいます。1939 年時点では，東邦電力のような民間電力会社も引き続き事業を継続していましたが，1941 年から 1942 年にかけて，政府による電気事業への関与は強化され，東邦電力のような民間電力会社は解散させられます。これを「第二次電力国家管理」といいます。松永は，東邦電力の解散に伴って，半ば引退状態になりました。

1945 年に終戦を迎え，日本が GHQ（連合国軍最高司令官総司令部）

の占領統治下に入ると，GHQ は電気事業の再編成を命令します。松永は電気事業再編成審議会会長に就任し，1951 年に実現することになる電気事業再編成を進めました。しかし，戦後の電気供給システムをめぐっても，国営を事実上継続しようとする動きが見られ，松永と対立します。

松永の秘策② 『電力統制私見』に基づく「松永案」の提示

松永は 1928 年に『電力統制私見』を発表し，電力戦を終焉させる方法として，「1 区域 1 会社主義」による発送電一貫の電気供給システムを主張しました。これは，ある民間の電力会社が，発電から電気消費者への送電および配電までを実施し，関東地方などの地方レベルで独占的に電気を供給するという仕組みです。また，電気料金については，当時は届出制が採用され，電力会社が自分で決定することができましたが，松永は許可主義を採用すべきと主張しました。橘川氏は，このような松永の先見性を高く評価し，松永が先見性を発揮できた理由として，彼が調査研究を非常に重視していたためであると考察しています（橘川 1995, 355-356 頁）。

電力戦は，1932 年に事実上，終わりを迎えます。1931 年に改正された電気事業法が 1932 年に施行されるとともに，1932 年に電力会社のカルテルである電力連盟が発足することによって，複数の電力会社が同じ電気需要家に電気を供給することが困難になったためです。しかし，「1 区域 1 会社主義」は，戦前期には導入されませんでした。それは，関西地方において有力な電力会社（大同電力と日本電力）の合同が進まず，当該会社において電力国家管理に迎合する動きが見られたためでした（橘川 2004a, 162-163 頁）。結局は上述の通り，1939 年以降，日本の電気事業は国営化が進んでいきました。

戦後，電気事業再編成審議会会長に就任した松永は，1951 年に実施される電気事業再編成に向けた議論において，『電力統制私見』に基づいたアイデア（『松永案』）を主張しました。「松永案」は，日

本を9つ（北海道，東北，関東，中部，北陸，近畿，中国，四国，九州）のエリアに分割し，1つの民間電力会社が9つの中の1つのエリアで電気の発電から送電・配電までを独占的に営むというものでした。GHQの案も，地域の分割数などは異なっていましたが，基本的なアイデアは松永案と同じでした（橘川1995, 244-245頁）。それに対して日発などは，広義での国営電力会社1社による電気供給システム案も提示しました。（橘川2004a, 192-193頁）。このようにさまざまなプランが提示され議論されたものの，GHQは最終的に松永案を採用しました。その結果，1951年5月1日に，北海道電力・東北電力・東京電力・中部電力・北陸電力・関西電力・中国電力・四国電力・九州電力という9つの民間電力会社が誕生しました。

III

会計実務上の貢献

(1) 子会社を用いた減価償却

松永が直面した課題③　1920年代の高配当と少なすぎる減価償却

当代随一のアイデアマンであった松永安左エ門は，電気供給システムや資金調達方法だけなく，減価償却に関しても，他のビジネスリーダーが思いつきもしない独特の方法を編み出しました。さらに注目すべきは，松永が生み出した減価償却会計の方法が，当時東邦電力が抱えていた経営課題（高配当政策）を解消することに貢献した点です。東邦電力もまた，他の日本企業と同様に，1920年代前半には株式を中心に資金調達を行っていました。円滑な株式発行のためには高配当率の維持が必要でしたが，そのために減価償却を十分にできないという問題を抱えていました。このような1920年代前半の状況に対し，松永は次のような秘策を生み出します。

松永の秘策③ 減価償却専用子会社による複利償却法の実施

　松永は，東邦電力の減価償却方法として，複利償却法（sinking fund method）を採用しました。複利償却法は，償却基金法や減債基金法とも呼ばれますが，減価償却費として毎期計上した金額を，別途に基金という特定資産に繰り入れたと仮定し，そこから生じた利息を基金に加え，その元利合計を耐用年数の終わりになって償却所要額の総額に到達させる方法をいいます（若林・斎藤 1955, 430 頁）。

　減価償却費は，現金支出を伴わない費用であるため，減価償却として計上された金額分の資産が社内に留保されることとなります。留保された資産は利息部分を生み出すため，その利息部分を考慮して減価償却計算をすべきであるというのが，複利償却法の趣旨です。その結果，複利償却法では，定額法や定率法に比べて，償却開始時の減価償却金額が小さくなります。東邦電力が複利償却法を採用した理由は，償却開始時の減価償却金額が小さいことから，当面の配当に影響なく，計画通りに償却を実施すれば35年で買い換えのための資金を社内に留保できることが判明したためでした（東邦電力史編纂委員会 1962, 462 頁）。

　松永は，減価償却によって社内で蓄積された資産を，別会社に運用させることにしました。これは，アメリカの複利償却法を真似たものであったようです（東邦電力史編纂委員会 1962, 462 頁）。東邦電力の減価償却専用の子会社である東邦蓄積は，1922 年に設立されます。東邦電力による，東邦蓄積を用いた減価償却の具体的手法は，次の通りでした。まず，東邦電力が年 1 ％の減価償却を実施すると同時に，同額の現金を東邦蓄積に出資します（図6-1 の①）。資金を受け取った東邦蓄積は，運用のため，主に東邦電力株式を取得します（図6-1 の②）。

　東邦蓄積では，有価証券の取得に制限が設けられており，国債と東邦電力の社債および株式のみが取得可能とされていました。実際，東邦蓄積の運用先の内訳が唯一判明する 1925 年 10 月期において，

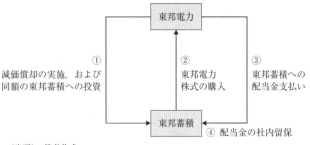

図 6-1　東邦電力と東邦蓄積の関係性

(出所)　筆者作成。

取得された有価証券のうち，東邦電力株式は73.0％を占め，投資先の中心でした（東邦蓄積株式会社 1925, 7頁）。この当時は，少なくとも商法上，子会社による親会社株式取得を禁止する規定は存在していませんでした。子会社による親会社株式取得を禁止する条文が制定されたのは，1981年の商法改正においてでした（加美 2007, 198頁）。東邦蓄積にとって東邦電力株は，1922年10月期における株式配当率（13％）から考えて，非常に好ましい投資対象でした（東邦電力史編纂委員会 1962, 457頁）。東邦電力の高配当率が，逆に減価償却資金の運用にとって有利な状況を生み出していたのです（図6-1の③）。

　東邦電力は，1925年にアメリカで外債を発行したことに伴い，1925年以降，英文の営業報告書を発行しています（北浦 2014, 157頁）。東京電灯など外債を発行した日本の他の電力会社も英文での営業報告書を発行しますが，東邦電力の英文の営業報告書が他社のものと異なっていたのは，同社だけが1926年から東邦蓄積などを連結した貸借対照表および損益計算書を開示した点です。主要会社（親会社）1社だけの決算を単体決算，親会社だけの決算書を単体決算書（単体ベースの決算書）といいます。それに対して，親会社と子会社，関連会社などの関係会社を含めた企業グループ全体の決算のことを連結決算といい，企業グループ全体の決算書を連結決算書

（連結ベースの決算書）といいます。現在では，企業グループ全体の連結決算情報が，親会社だけの決算情報よりも，重視されます。それは，親会社の経営が，単体だけなく，関係会社も含めた企業グループ全体の中で行われているためです。すなわち，親会社の経営状態を示す適切な決算情報は，親会社だけの決算情報ではなく，企業グループ全体の連結決算情報であるといえます。東邦電力において連結決算が行われたことは，東邦蓄積による減価償却会計の情報が，海外の社債投資家にとって重要であったことを意味しています。

　連結決算の実施にあたっては，単純に親会社の単体の決算書と各関係会社の決算書を合算するだけでは，連結決算書は完成しません。企業グループ全体があたかも１つの会社として機能しているかのように，決算書を修正する必要があります。この，連結決算書を作成するための修正作業を，連結修正仕訳といいます。東邦電力の連結ベースでの減価償却費は，単体ベースでの減価償却費に比べて大きくなっており，単体から連結に修正する際に，何らかの連結修正仕訳が行われたと考えられますが，その具体的な内容はよくわかりません。しかし，1926 年の東邦電力における，連結ベース（東邦電力＋東邦蓄積）の減価償却費と単体ベース（東邦電力のみ）の減価償却費の差額は，1926 年の東邦蓄積の収益金額にほぼ一致します（北浦 2014, 158 頁）。ここから，東邦電力は連結決算書を作成する際，連結修正仕訳によって，東邦蓄積の収益金額分の減価償却費を積み増ししていると考えられます。1926 年を事例にして推計すると，東邦蓄積の運用によって，東邦電力の減価償却費は 42.0 ％増加しました。このように松永は 1920 年代に，東邦蓄積を用いて，連結ベースで見た東邦電力の減価償却金額を増加させていったのです。

　東邦電力による英文連結決算書の開示に関して興味深いのは，連結情報の開示が英文に限定され，和文では単体情報しか開示されなかった点です。これは，東邦電力の株主は，会計情報として単体ベースでの減価償却金額しか入手できなかったことを意味します。し

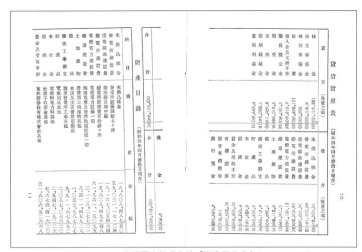

東邦電力株式会社「営業報告書」(1929 年 4 月期, 10-11 頁)
(J-DAC ジャパン デジタル アーカイブズ センターより)

かし，これは，株主の側が東邦蓄積の運用結果を含めた連結ベースでの減価償却会計の情報を必要としていなかったということでもあります。1920 年代に，海外の投資家と日本の投資家の間で，求める会計情報の内容に差があったことは，非常に面白い点です。

東邦蓄積の目的は，減価償却資金を運用して内部留保を厚くすることでしたが，副次的な効果として，東邦蓄積による積極的な東邦電力株式購入が，東邦電力の配当政策に次の 2 つの効果をもたらしました（北浦 2014, 152 頁）。1 つは，実質的な株式配当の抑制です。東邦電力は，1929 年 4 月期に 10 ％の配当を実施し，その配当性向は，91.8 ％でした[3]。その配当金額の中には，東邦蓄積所有株（旧株：11 万 3928 株，新株：13 万 4140 株，合計：24 万 8068 株）に対する配当も含まれていました（東邦電力株式会社「営業報告書」1929 年 4

---

3) 配当性向は，株主配当金 627 万 5635 円÷当期純益金 683 万 7981 円で計算しています。

期）。しかし，東邦蓄積は，受取配当金を社内に留保し，基本的に東邦電力へ配当しなかったため，東邦蓄積への配当は，東邦電力グループ全体で考えると社外に流出しませんでした（図6-1の④）。東邦蓄積に対する配当金額は 53 万 6333 円であり，全体の 8.5 % を占めました。これを踏まえると，東邦蓄積向けの配当を除いた配当性向は，83.9 % にまで低下します。

もう 1 つは，株主総会における株主対策です。東邦電力は 1927 年 10 月期に，配当率を年率 12 % から 10 % へ減配しました。その株主総会において，東邦蓄積は東邦電力株を 15 万 1897 株（総株式数に対する持株比率 5.3 %）保有する筆頭株主でした。第 2 位は岩崎久弥の 4 万 1266 株だったので（『銀行会社年鑑』昭和 3 年版），東邦蓄積の発言力は他を圧倒していたといえます。ここから，松永が 100 % 子会社である東邦蓄積の議決権を利用して，自己の推し進めようとした配当引き下げを断行した可能性を指摘できます。

東邦蓄積は 1930 年 5 月に解散しますが，解散までの同社の純資産増加率（年率ベース）は，当初予定されていた 6.4 % を上回る 7.6 % でした（東邦電力史編纂委員会 1962, 462 頁）。その理由は，東邦蓄積が 1922 年下期から 1930 年上期にかけて，配当率が 10～13 % であった東邦電力株式を中心に投資を行ったためでした。そしてそれは，東邦蓄積を利用した複利償却法により，東邦電力が予定以上の減価償却資産の内部留保に成功したことを意味するのです。

松永が採用した東邦蓄積を用いた複利償却法は，継続的で規則的な減価償却方法であったとともに，東邦蓄積が東邦電力株式を保有していることによる実質的な配当性向の引き下げと，東邦蓄積保有株が有する議決権を利用した株主総会における配当率自体の引き下げに貢献したと評価できます。

(2) 鬼の角を折った強い世論の反発

松永が直面した課題④ 1951 年における低すぎる電気料金

1931 年に改正され，1932 年に施行された電気事業法によって，電気料金はそれまでの届出制から認可制へ変更されました。1932年の改正電気事業法施行以降，現在に至るまで，電気料金の原則的な算定方法には，総括原価方式が採用されています。総括原価方式では，電気料金は発電に必要なコストと適正な利潤を合わせた金額によって決定されます。

2023 年 5 月 19 日に，電力 7 社の電気料金は，西村康稔経済産業大臣（当時）によって認可され，6 月 1 日より値上げされました（『日本経済新聞』2023 年 5 月 19 日）。この料金値上げは，インフレによる燃料費高騰を原因としたものでしたが，電力会社が希望する値上げ幅は実現しませんでした。たとえば東京電力は，当初 28.6 ％で申請しましたが，再申請時には 17.1 ％と，11.5 ポイント低くなっています（『日本経済新聞』2023 年 1 月 30 日）。この値上げ幅縮小の背景には，「厳格かつ丁寧な査定による審査をしてほしい」という岸田文雄首相（当時）の指示があったようです（『日本経済新聞』2023年 2 月 24 日）。

このように，電力会社の要求通りに値上げができない理由は，総括原価方式による電気料金の決定が，①電気需要者にできるだけ安く電気を提供する，②安定的な電気供給のためには，電力会社の経営の安定が欠かせず，そのコストに見合った料金値上げが必要である，という 2 つの矛盾する命題を達成する必要があるためです。低い電気料金は，電気需要者にとっては望ましいものですが，電力会社の経営を悪化させます。それに対して，高い電気料金は，電力会社にとっては望ましいものですが，一般消費者の生活に大きな影響を与えます。

1951 年の電気事業再編成まで，電気料金は政策的に低く抑えら

れていましたので，1940 年代の激しいインフレによって電力会社の収益は悪化していました。そこで，電気事業再編成によって誕生した電力 9 社は，1951 年 6 月に平均で 60 ％を超える値上げ率を提示します（北浦 2014, 284 頁）。実際 1951 年 8 月に料金が値上げされますが，これは，日本において最初の総括原価に基づいた電気料金値上げ事例であったと思われます。前述の通り総括原価制度自体は1932 年に導入されていましたが，1951 年までの政策的に低く抑えられた電気料金の計算にあたり，総括原価が厳密に適用されていたとは考えにくいからです。松永は，この料金値上げにおいて，電気消費者のために料金を抑えるのか，それとも，電力会社の経営のために料金を大きく値上げするのかに悩みます。

松永の秘策④　100 ％の資産再評価と定率法による総括原価の算定

　1951 年 8 月の電気料金値上げにおいて大きな比重を占めた原価（コスト）は，減価償却費でした。そのため，どのように減価償却費を計算するのかという計算方法が，電気料金の値上げ幅を決定しました。このとき減価償却費の金額に影響を与えたのは，固定資産簿価の再評価と減価償却方法という 2 つの論点でした。戦争中から戦後直後，日本は激しいインフレに見舞われたため，固定資産の簿価が実際の時価に比べて著しく小さな金額となっていました。物価が上昇することがないと仮定した場合には，減価償却によって社内に留保された資金で設備を再購入できますが，物価が上昇すると新設備の購入金額もまた増大するため，減価償却だけで設備購入金額が確保できません。そこで，固定資産の帳簿価額を引き上げることにしました。これを「資産再評価」といい，電力会社は 1951 年度に実施しました（北浦 2014, 284-285 頁）。

　値上げをめぐって問題となったのは，資産再評価によって固定資産の簿価をどの程度大きくするのかという点です。簿価を大きくすればするほど，償却率を乗じて計算される減価償却額は大きくなります。そして，減価償却額が大きくなればなるほど，電気料金も高

くなります。また，減価償却方法も，電気料金の値上げをめぐって
問題となりました。1951年の値上げに際して，減価償却費を，金
額が大きくなる定率法によって計算するのか，金額が小さくなる定
額法によって計算するのかが争点になったのです。

　松永は，当初，認められる最大限の金額（再評価額の100％）まで
固定資産簿価を大きくし，定率法によって減価償却費を計算するこ
とを基礎として，総括原価を計算すべきであると考えていました。
その理由は，1951年まで電気料金が低く抑えられ，新しくできた
電力会社の経営に悪影響を与えていたからです。しかし，1951年6
月に電力会社が提示した値上げ率に対して，大口需要家・小口需要
家を問わず，世論は値上げに強く反発しました（北浦 2014, 292-293
頁）。その結果，松永は，資産再評価の割合を70％もしくは90％
へと引き下げ，減価償却方法にも減価償却額が小さくなる定額法を
採用せざるをえなくなりました。

　このように世論によって自己の見解を大きく変更せざるをえなか
った状況を，松永は「私自身が世間で鬼だとか何だとか言われる。
実際鬼の角も折れました」と表現しています（北浦 2014, 292頁）。
結果的に，1951年8月に実施された電気料金の値上げ率は，9電力
平均で30.1％となり，当初の60％を超える値上げ率から大きく圧
縮されました（同284頁）。松永は，1951年8月の料金値上げによ
り低すぎた電気料金の改定に成功しましたが，一方では世論の動向
をよく見て，自分の見解を柔軟に変更したのです。

Ⅳ
ま　と　め

(1)　松永安左エ門とは

日本の電気供給システムは，1920年代から1950年代にかけて，

何度も大きく変化しています。1920年代には数多くの民間電力会社が存在し，互いに激しく競争していました。1930年代には民間電力会社が自主的に競争を抑制しようとしますが，その自主規制は不十分な形で終わり，1939年から政府自体が電気供給に関与する電力国家管理がスタートしました。終戦を迎えると，GHQは新たな電気供給システムの構築を進めます。1951年に東京電力などの民間9電力会社が誕生することによって，現在の電気供給システムができ上がりました。

　松永安左エ門は1920年代，東邦電力において，他のビジネスリーダーが思いつかなかったさまざまなアイデアを考案しては実行し，激しい電力会社間の競争を乗り越えていきました。そのアイデアは，火力発電所の併用から，多様な資金調達方法に至るまで多岐にわたり，東邦電力の効率的な経営に貢献しました。

　また，電気供給システム全体についても，松永は1928年の時点で早くも民間資本による地域別の独占的な電気供給の有効性を見抜き，その内容を『電力統制私見』で発表しました。その後1951年の電気事業再編成に際し，国営化を進めたい勢力に対して，GHQの協力のもと，『電力統制私見』をベースにした松永案（民営，地域別9分割，発送配電一貫，独占）を実現することに成功しました。このように松永は，戦前から戦後にかけ，強い信念を持って自らが考え出したアイデアを実現させていったのです。

(2)　松永安左エ門にとって減価償却とは

　1920年代に打ち出された松永の斬新なアイデアは，減価償却会計にも及びました。減価償却会計を重視していた松永は，減価償却会計のためだけに存在する子会社（東邦蓄積）まで設立してしまいます。東邦蓄積における減価償却資金の運用によって，連結ベースで見た減価償却費は，単体ベースの減価償却費を大きく上回りました。松永は，単に東邦蓄積に減価償却資金を運用させるだけなく，

東邦電力株式を取得させます。東邦蓄積による東邦電力の株式所有は，東邦電力の配当政策や企業統治に影響を与えました。

　第二次世界大戦後にも松永は減価償却会計に関与します。電気事業再編成後初の電気料金値上げにおいて，減価償却は総括原価方式による電気料金算定に関係していました。松永は当初，総括原価が大きくなる方法（最大限の固定資産簿価の増額と定率法の採用）を主張しましたが，消費者が総括原価の小さくなる方法（固定資産簿価の増額抑制と定額法の採用）を要望したため，自身の見解を変更しました。定額法による減価償却に基づく電気料金算定は，1966年における料金値下げの1件を除き，1980年の料金改定まで維持され，約30年にわたって採用される方法となりました（北浦 2014, 336-337頁）。

第7章

池田 成彬

減価償却会計を駆使した財閥銀行家

(国立国会図書館「近代日本人の肖像」より)

I
はじめに

　池田成彬は，三井銀行の筆頭常務として同行を日本最大の銀行の1つに成長させるとともに，三井財閥の持株会社である三井合名の筆頭理事として三井財閥の改革を断行した人物です。池田の業績は「財閥転向」と呼ばれる三井財閥の改革が有名であり，本章でも簡単に触れますが，ここでの主要なトピックは，大銀行家としての池田の行動です。

　池田の回顧録『財界回顧』によれば，三井銀行は，1904年に東京電灯へ100万円を貸し付けたことをきっかけに，東京電灯や他の電力会社に対して積極的に融資および社債の引き受けを実施していきました（池田 1990, 183頁）。池田が銀行経営者として活躍した1920年代，三井銀行の融資には，特定の大口貸付先への貸付金の割合が大きいという特徴がありました。これまでの章でも何度か述べた通り，1920年代には，多くの人々が都市部に集まって郊外が拡大していく都市化と，産業の動力源が電気に代わっていく電化が進みました。また，都市近郊鉄道において，電鉄会社が近郊へとそ

の路線を広げていきました。三井銀行は1920年代に大きく成長した電力会社や電鉄会社へ，積極的に融資を実行したのです。その結果，1930年末には，電気事業向け融資が全体の23％を，運輸交通向け融資が14％を占めるようになりました。中でも東京電灯（子会社の東電証券を含む）と京阪電鉄に対する融資金額が，1930年末時点の第1位と第2位であり，それぞれ融資額全体の13％・5％を占めていました（三井文庫1994, 201-202頁）。

ところが，1920年代後半から1930年代前半に東京電灯と京阪電鉄は経営危機に陥り，三井銀行による両社向けの貸付金は，返済されるかどうかが不透明な状況になりました。そこで三井銀行は，両社に経営介入を行います。とくに東京電灯に対する経営介入は，1927年・1930年・1933年の3度にわたって実施されました。このうち，1933年の三井銀行による経営介入は，そのとき東京電灯の経営者であった小林一三の第10章で扱うこととして，本章では，1927年・1930年の東京電灯に対する経営介入と，京阪電鉄への経営介入を取り上げます。池田は，両社に対する経営介入において，減価償却会計を経営再建の手段として利用しました。本章では，東京電灯と京阪電鉄の減価償却会計が，経営介入によって，どのように変化していったのかを詳細に見ていきます。

II
ビジネス上の貢献

池田成彬は，1867年に米沢藩（現在の山形県）で生まれました。1879年に上京し，1886年に慶應義塾の別科に入学します。1888年に別科を卒業すると，1890年にアメリカのハーバード大学へ留学しますが，奨学金の給付をめぐって慶応義塾とトラブルになります。これは結局，慶應義塾が池田に資金を貸し付けるということで決着しました。1895年にハーバード大学を卒業すると，帰国し，福沢

諭吉が主宰する時事新報に入社しますが，わずか 3 週間で退職してしまいます。そして，その年の 12 月に，慶應義塾の塾長の推薦で三井銀行へ入行します。入行後は，大阪支店勤務，足利支店長，営業部長などを経て，1919 年に事実上の最高経営責任者である筆頭常務に就任しました。

(1)　東京電灯への最初の経営介入

池田が直面した課題①　1927 年における東京電灯の経営危機

　三井銀行は，1904 年に東京電灯への継続的な貸付を開始しますが，早くも 1906 年上期に東京電灯は三井銀行にとって第 2 位の大口貸付先となります[1]（北浦 2014，79 頁）。1925 年になると，三井銀行の東京電灯向けの新規融資金額が同行融資先の中で最も大きくなり，図 7-1 からわかる通り，1924 年末の 3416 万円から 1927 年末の 6080 万円とへ急増しました（橘川 1995，94 頁）。この急増のきっかけは，1923 年に発生した関東大震災による東京電灯の経営悪化でした。第 5 章（神戸挙一）で言及した通り，東京電灯の関東大震災による被害額は 2064 万円にのぼりました。しかし，図 5-1 で見た通り，1921 年下期から 1923 年上期まで 14 ％だった配当率は，1923 年下期には 8 ％へ低下するものの，翌 1924 年上期には 10 ％まで回復し，1925 年上期から 1926 年上期にかけて 11 ％を維持しました。このように東京電灯は，関東大震災によって大きな損害を抱えながら配当率を維持しようとした結果，資金繰りが悪化し，三井銀行の東京電灯向け貸付が増加していったのです。

　三井銀行による東京電灯向けの貸付金増加は，池田の三井銀行内での立場を悪化させていきます。池田は『財界回顧』の中で，関東大震災以降，東京電灯の業績が大きく悪化していったこと，東京電

---

　1)　貸付先の順位は，『三井銀行史料』に記載されている，三井銀行が融資先から受け取った受取利息の順位に基づくものです。

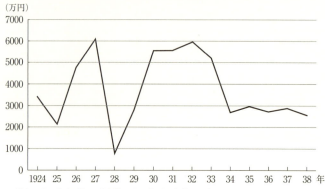

図7-1 三井銀行の東京電灯向け貸付金額の推移（1924～1938年）

(注) 1) 東京電灯の子会社である東電証券向けを含む。
    2) 1925～1928年は推定値。
(出所) 橘川（1995）94頁より作成（原史料は興銀「社債一覧」，三井銀行「取締役会議事録」「業況報告」「事業別貸出金調」「抜萃大口貸出先」「調査週報号外」1925年6月10日）。

灯を含めた多くの会社は，関東大震災によって会社を整理する必要があったが，当時の銀行業者にはそれがわからなかったこと，東京電灯に対する貸付金を回収できなければ，三井銀行の経営に致命的な打撃を与えることになったことに言及しています（池田 1990, 186頁）。

第6章（松永安左エ門）で説明した通り，東邦電力の松永安左エ門は1926年から1927年にかけて東邦電力の子会社である東京電力を使って東京市場へ進出し，東京電灯と東京電力の間で激しい大口顧客の争奪戦（「電力戦」）が展開されました。その結果，東京電灯の経営難はさらに悪化していきました。それにより，東京電灯に多くの貸付を行っていた三井銀行と，その貸付を主導していた池田は，窮地に追い込まれてしまいます。

池田の秘策① 役員派遣と大規模外債の発行

池田は，増加し続ける三井銀行からの東京電灯向け貸付金を処理するために，池田自身が信頼できる経営者を東京電灯に派遣しよう

としました。『財界回顧』によれば、東京電灯の借金が非常に増えてきたため、現経営陣である若尾璋八の経営では無理と判断し、阪急電鉄の経営者であった小林一三を経営者として東京電灯へ送り込もうとします（池田 1990, 202 頁）。ところが、小林は当初、池田の依頼を断りました。そこで池田は、財界の重鎮であった郷誠之助から会長就任の内諾を得た上で、小林へ再度の依頼を試みた結果、彼を東京電灯の役員に就任させることに成功します。小林は、1927 年に東京電灯の取締役に、翌 1928 年には副社長に就任しました。

郷誠之助
（国立国会図書館「近代日本人の肖像」より）

池田は、小林の派遣に続いて、貸付金回収のために、東京電灯に外債を発行させます。第 2 章で言及した通り、1920 年代に多くの社債が発行されるようになりました。それは、株式の配当利回りより社債の利率のほうが低かったため、社債がコストの面で株式より有利な資金調達方法だったからです。第 6 章（松永安左エ門）では、東邦電力が外債を発行して資金調達を行っていたことに触れましたが、東京電灯もまた、1920 年代に外債を発行しています。同社が 1923 年に発行したイギリス・ポンド建て社債（300 万ポンド、円換算額：2928 万円）は、日本の民間電力会社が発行したはじめての外債でした。その後、上記のように東邦電力などが電力外債を発行していき、外債は日本の大手電力会社にとって重要な資金調達手段になります。

外債発行のためには、外国の金融機関の協力が必要不可欠でしたが、このとき東京電灯の外債発行に関与したギャランティ社は、発行の条件として、東京電灯と東京電力の合併による電力戦の終結を要求しました（橘川 1995, 98-99 頁）。この時期に発行された電力外債の償還期限は 20 年超という長期にわたるものでしたので、外国の

金融機関は、外債発行会社の経営問題に強い関心を寄せていました。それが、電力戦終結の要求にも現れていたと考えられます。

これを受けて池田は、東京電灯と東京電力の間の合併を進めようとします。東京電灯の窓口として、東京電力の松永安左エ門との交渉にあたったのが、新たに取締役となった小林一三でした。『財界回顧』によれば、1927年7月に松

東京電灯の英貨債
（電気の史料館提供）

永と小林が池田を訪問して両社の合併協議がスタートし（池田 1990, 183 頁），同年 12 月に合意が成立しました。そして東京電灯は，翌 1928 年に過去に例を見ない大規模な社債発行を日米英の 3 カ国で断行します。具体的には，円建て社債 6000 万円，アメリカ・ドル建て社債 7000 万ドル（円換算額：1 億 4042 万円），イギリス・ポンド建て社債 450 万ポンド（円換算額：4393 万円）です。『財界回顧』によれば，この時期は景気がよかったため，日本で発行した円建て社債 6000 万円に対しては 12 倍もの応募があり，その売れ行きは好調でした（池田 1990, 195 頁）。この大規模社債発行の結果，三井銀行の東京電灯向け貸付金額は，前出の図 7-1 にも見られる通り，1927 年末の 6080 万円から 1928 年末の 800 万円へと減少しました。

1928 年に東京電灯が発行した電力外債は，発行に伴い，減価償却会計に関して金額に基づく制限が契約に盛り込まれた点で重要です（北浦 2014, 150 頁）。その内容は，外債が全額償還されるまでは半期ごとに，減価償却費・法定準備金・維持費の合計額が，750 万円と純増加財産の 1.5％との合計額以上でなければならないというものでした。その金額は，1928 年 6 月 15 日現在の「金貨円」を基準としていました。ここで定められた減価償却方法は，定額法と類

似した方法であると評価できます。すなわち，純資産増加額に対して半期1.5％で償却を行うため，単純に計算すると耐用年数33年で償却が終了することとなります。この契約条項の存在は，以降の東京電灯の減価償却会計に大きな影響を与えました。結果としてはこれが，池田に1930年の2度目と1933年の3度目の東京電灯に対する経営介入を促すことになったのです。

　このように，関東大震災以後の業績悪化に伴い，三井銀行が東京電灯向けの貸付金を回収できなくなるという状況に対し，池田は大規模な電力社債発行によってピンチを切り抜けます。この社債発行は，池田が小林一三を東京電灯の経営者として派遣し，同社の競争相手であった松永安左エ門が経営する東京電力との合併を実現させたことによって可能になりました。したがって1928年時点では，東京電灯の問題はすべて解決したかに見えました。しかし，池田にとっての最大の誤算は，東京電灯の社長であった若尾璋八が留任したことでした。このことが，東京電灯の再度の経営危機へとつながっていきます。

(2)　三井銀行によるドル買いと財閥転向

池田が直面した課題②　三井銀行によるドル買いと強まる三井財閥批判

　戦前日本において，財閥は巨大な経済組織でした。第3章（渋沢栄一）で言及した通り，財閥の代表的な特徴は，①財閥家族によって閉鎖的に所有されていること，②傘下にある企業がさまざまな業種に属しており，多角化が進んでいること，③傘下の企業がその業種を代表する企業であることでした。池田が経営していた三井銀行は，三井財閥の中核企業であり，三井財閥は当時，日本最大の財閥でした。三井財閥に属する大企業としては，三井銀行のほかに，三井物産や三井鉱山があげられます。そして，これら三井財閥に属する企業をとりまとめていた組織が，傘下企業の株式を保有する持株会社・三井合名でした。池田は，1930年代初頭に三井財閥が社会

的な批判を受ける中, 1933年に三井合名筆頭常務理事に就任すると, 三井財閥改革を進めていきました。

そもそも三井財閥が社会的に批判される1つの要因となったのが, 三井銀行が1931年に実施したドル買い（それに伴う円売り）でした。先ほど, 東京電灯が1928年に外債を発行した際に締結した減価償却会計条項において, 東京電灯は「金貨円」を基準に減価償却金額を計算することになったと述べました。当時, 金と日本円は深い関係にありました。現在では, 日本円は日本銀行の信用力を源泉に流通される,「管理通貨制度」が採用されています。それに対して戦前は, 英米を中心とする欧米諸国において, 金本位制と呼ばれる, 金に裏づけされた貨幣制度が採用されていました。日本もまた, 1897年に金本位制を採用します。欧米諸国に倣って日本が金本位制を採用するメリットは, 金を媒介にアメリカ・ドルやイギリス・ポンドとの間の為替レートが固定化される点にありました。これにより, 海外での資金調達や貿易が容易になったからです。しかし, 第一次世界大戦が勃発したことで多くの国が金本位制を停止する事態となり, 日本もまた1917年に停止するに至りました。とはいえ, 終戦を機に各国は相次いで金本位制に復帰するのですが, 日本は関東大震災や金融恐慌によって復帰が遅れてしまいます。

それでも1929年に浜口雄幸内閣が誕生すると, 井上準之助蔵相のもと, 金本位制に復帰する金解禁が, 1930年1月に実施されました。1920年代後半の円の価値は, 1917年の金本位制の停止時点に比べて安くなってい

浜口雄幸
（国立国会図書館「近代日本人の肖像」より）

井上準之助
（国立国会図書館「近代日本人の肖像」より）

ましたが、井上蔵相はデフレ政策を実施して円の価値を引き上げ、ドル円相場は円高ドル安へシフトしていきました。ところが、1929年の世界大恐慌をきっかけに、各国で経済状態が悪化していきます。1931年9月にイギリスが再び金本位制を停止すると、日本もまもなく金本位制を停止せざるをえなくなる（これを金輸出再禁止といいます）という見方が広がりました。日本が金本位制を停止

団琢磨
（国立国会図書館「近代日本人の肖像」より）

すると、アメリカ・ドルとの関係で円安が進行することは容易に予想できました。そのため、イギリスの金本位制停止後、国内外の金融機関はドル買いを進めます。そして世間は、三井銀行をはじめとした三井財閥が積極的にドル買いを進め、不当に利益を獲得していると批判を強めます。

『財界回顧』によれば、三井銀行は9月23日から25日の3日間に2135ドルを自衛のために購入したに過ぎず、むしろロンドンで預けていた資金に為替損失が2400万円発生していました。池田はこのとき、三井銀行に巨額の損失が発生していたことを公表して取り付け騒ぎが生じることを恐れ、沈黙を続けました（池田 1990, 120, 199頁）。しかし、三井財閥への批判が強まる中、1932年3月には三井合名理事長の団琢磨が血盟団員の菱沼五郎に暗殺されるという血盟団事件が起こるに至りました。団の暗殺後、池田は三井合名の理事および筆頭常務理事として、三井財閥の改革を進めることになります。

池田の秘策② 財閥転向

池田が筆頭常務理事として進めた三井財閥の改革は、次のようなものでした。一連の改革は「財閥転向」と呼ばれます。第1に、3000万円の資金を投じて三井報恩会という組織を設立し、文化・社会事業や農漁村発展のために寄付が行われました（三井文庫 1994,

250 頁）。一例に，ラジウムを約 100 万円購入し，「癌研究所」へ寄付したことなどがあげられます（池田 1990, 156 頁）。

第 2 に，三井財閥の傘下企業の株式公開を進めました。三井合名が保有する王子製紙の株式が 1933 年に，同じく北海道炭鉱汽船の株式が 1933 年から 1934 年にかけて，三井生命や複数の生命保険会社で構成される生保団に売却されました。また，三井鉱山の子会社である三池窒素工業や東洋高圧工業，三井物産の子会社である東洋レーヨン（東レ）の株式が 1933 年に公開され，一部分ではありましたが，一般の人たちもこれらの会社の株式を取得できるようになりました（三井文庫 1994, 252-254 頁）。池田は，株式公開の意図について，「大きな三井独占の仕事をだんだん公衆に公開して，三井の持株を減らし，その責任を軽くするという方向へ進めようとして」いたと述べています（池田 1990, 156 頁）。

第 3 に，池田は，三井家の人たちを傘下企業の社長や会長から退任させました。1934 年 1 月から 2 月にかけ，三井の一族が，三井銀行・三井物産・三井鉱山の社長などを退任します。また，社会的な批判を強く受けていた三井物産の筆頭常務・安川雄之助を辞任させました（三井文庫 1994, 254-255 頁）。

第 4 に，池田は，1936 年に停年制（定年制）を導入し，自身が第 1 号として三井合名常務理事を辞任しました。池田による停年制の意図は，『三井事業史』において，「先に実行した同族の第一線からの引退ともあわせて，人事一新による新生三井を世論にアピールすると同時に，使用人の老齢化による事業の活力の衰退と経費の増大を防ぐことにあった」と説明されています（三井文庫 1994, 257 頁）。

Ⅲ

会計実務上の貢献

(1) 東京電灯への2度目の経営介入

> 池田が直面した課題③ 東京電灯による契約条項の違反

　池田成彬は，1927年から1928年にかけて東京電灯へ経営介入し，1928年に大規模な社債を発行させ，三井銀行の東京電灯に対する貸付金を回収しました。しかし，この社債発行時に締結した減価償却会計に関する契約条項がきっかけとなり，1930年に東京電灯に対する2回目の経営介入が実施されることになりました。その内容を，北浦（2014）第4-5章を参考に見ていきましょう。

　東京電灯の業績悪化は，1928年の外債発行後も続いていました。前述の通り，同社の減価償却金額は，外債発行時の契約によって，外債が全額償還されるまでは半期ごとに減価償却費・法定準備金・維持費の合計額が，750万円と純増加財産の1.5％との合計額以上であることと定められていました。しかし東京電灯は，業績悪化にもかかわらず1928年から1929年にかけて年8％の配当を維持するため，減価償却費の計上金額を契約条項の金額以下に抑えます（『東洋経済新報』1930年5月3日）。

　図7-2は，東京電灯の減価償却計上額がどの程度契約条項を遵守していたかを分析したものです。減価償却会計条項に従うならば，減価償却費の合計金額は，契約（調整後）の金額を上回る必要があります。ところが，1928年11月期から1931年5月期にかけて，前者は後者を下回っており，東京電灯が減価償却会計条項に違反していたことがわかります。

　減価償却費の計上不足以外にも，東京電灯は，配当維持のため，支払利息を固定資産に繰り入れることで費用金額を減少させ，その

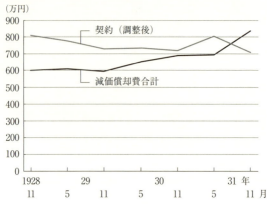

図 7-2 東京電灯の減価償却費と契約条項との関係

(注) 1) 減価償却費合計は，減価償却費・法定準備金積立額・貸付設備維持費の合計金額。
2) 契約（調整後）は，金約款ベースで修正した契約上の償却額。
3) 契約（調整後）は，1928年6月のドル円為替100円＝46ドル8分の5を基準に算定。

(出所) 北浦 (2014) 160頁より作成（原史料は東京電灯株式会社「営業報告書」；大蔵省理財局『金融事項参考書』各版）。

分多くの利益を計上していました。一般的に，固定資産に繰り入れることができる支払利息は，稼働前の固定資産に限定され，完成後の固定資産に支払利息を繰り入れる処理は容認されません。

『東洋経済新報』の計算によれば，1929年11月期において建設中の設備等は約2000万円であり，1929年5月期と同年11月期の1年間に固定資産へ計上すべき支払利息は124万円でした。しかし実際には，社債残高から推計した社債利息が2216万円であるのに対し（取引①），計上された社債利息は1929年5月期・同11月期の合計で1739万円でした。すなわち，2216万円と1739万の差額である477万円の社債利息が，固定資産に含められたことになります（取引②）。このときの仕訳は，取引①（未払利息はないものと仮定）が，

表 7-1　東京電灯の支払利息の固定資産算入割合

決算期	算入割合
1928 年 5 月	24.1 %
11 月	54.6
29 年 5 月	17.7
11 月	16.4
30 年 5 月	− 3.0
11 月	− 5.2
31 年 5 月	− 6.0

（出所）　北浦（2014）161 頁より作成（原史料は東京電灯株式会社「営業報告書」各期）。

　（借方）社債利息 2216 万円　　（貸方）現　　金 2216 万円

となり，取引②は，

　（借方）固定資産　477 万円　　（貸方）社債利息　477 万円

となります。『東洋経済新報』の計算では，固定資産に含められるべき支払利息は 124 万円であったことを踏まえると，477 万円と 124 万円の差額である 350 万円程度の支払利息が，不当に資産計上されていることとなります（北浦 2014, 159 頁）。

　表 7-1 は，1928 年 5 月期から 1931 年 5 月期までの，社債および借入金利息と，社債および借入金残高から，計算した推定利息に基づき，東京電灯の支払利息の固定資産算入割合を示したものです。算入割合とは，1928 年 5 月期から 1931 年 5 月期までの有利子負債残高から計算した推定利息のうち，資産計上されていると考えられる割合を指します。したがって，算入割合が 0 ％であれば，有利子負債残高から計算される推定利息額と同額の金額が，実際にも支払利息に計上されていることを意味します。反対に算入割合が 100 ％であれば，有利子負債残高から計算される推定利息額の全額が，資産計上されていることを意味します。同表によると，1928 年 5 月期から 1929 年 11 月期にかけて，推定利息のうち 16〜55 ％が固定

資産に計上されていたことが判明します。すなわち当該期には，支払利息の一部が不当に資産計上されていた可能性が指摘できます。

　以上２点のほか，東京電灯の子会社である東電証券が所有していた株式の多くが評価損を抱えていたにもかかわらず，実現損として認識しないといったこともあったようです。これら契約条項に違反する会計処理に加えて，1929 年には東京電灯が減債基金を滞納するという事態も発生します（北浦 2014, 161 頁）。

池田の秘策③-1　経営介入による契約条項の遵守

　1928 年から 1929 年にかけて東京電灯が，減価償却会計条項を遵守しなかったことに加え，配当金を捻出するために種々の会計処理を駆使していた状況で，1928 年の外債発行に関与した海外社債引受金融機関のギャランティ社は，1930 年４月に副社長のバーネット・ウォーカーを日本に派遣し，東京電灯側と経営改革について協議させました（梅本 2000, 194 頁；橘川 2005, 71 頁）。池田は，ウォーカー，東京電灯の郷誠之助会長，若尾璋八社長（後に各務鎌吉が加わります）とともに，協議にあたります。

　その結果，彼らの間で，①1930 年５月期・11 月期の配当率を年５％以下にすること，②その後の配当は東電証券その他の損失を填補するまで純益の 75 ％を超過しないこと，③1931 年５月期以降の建設資金および傍系会社に対する貸付金は長期借入金・社債・増資によって実施できない場合には純利益によって支出すること，④1930 年 12 月・1931 年２月支払いの減債基金は 1930 年 10 月 20 日までに三井銀行へ信託預金として送金すること，という合意に至りました（池田 1990, 196 頁）。また，会計処理に関しては，支払利息の資産繰入は今後取り止める一方，減価償却費の増加および東電証券の損失補填については今後の解決に期待するということで決着しました（『ダイヤモンド』1930 年５月 21 日）。

　合意の結果，減価償却金額については 1930 年５月期以降，実際の減価償却金額と契約（調整後）の償却費との乖離が縮小し，1931

年11月期には契約金額を上回る償却が実施されました（図7-2参照）。これは，償却金額自体の増加に加え，1930年1月の金解禁の結果，1931年11月期におけるドル円為替相場が，契約（調整後）の金額算定の基礎となる1928年6月時点の相場に比べて円高ドル安にシフトしたため，契約（調整後）の金額が損益計算書に計上されている減価償却費の合計金額より少なくなったことにもよるものです。また，表7-1を改めて見ると，1930年5月期以降の数値がマイナスになっていますが，これは，同時期には推定支払利息とほぼ同額の支払利息が計上されていたことを意味すると考えられます。

　これらから，池田らの合意に基づき東京電灯の会計処理が修正されたことがわかります。すなわち，減価償却会計条項の不履行によって以上のような経営介入を受けた結果，東京電灯は，配当率を8％から5％へと3ポイント引き下げるとともに，契約条項を遵守した減価償却を実施し，支払利息の資産繰入を中止しました。

　この池田による2度目の経営介入は，1927年から1928年にかけての1度目とは異なって配当率の引き下げを伴ったため，株主側の反発を招きました（北浦2014, 203頁）。1930年4月に，福沢桃介・大川平三郎ほか12名を世話人とする東電有志株主会（以下，東電会）は，他の株主に対して「東電改善に関する意見書」を表明します。その中で東電会は，①増加可能な収入および削減可能な経費があるため年8％配当を維持すべきこと，②会社の重役組織を改正して改革を断行することを主張しました。この提案に賛成する株主の株数は200万株にのぼり，株主は，8％配当維持，臨時総会開催，重役全員の引責辞任を，会社に対して要求しました。しかし最終的には，東電会は5％配当を承認し，臨時総会の開催請求を取り下げる代わりに，社長である若尾璋八の退任が決定されました。

　以上の1930年5月における東京電灯の会計をめぐる問題に対し，池田はギャランティ社とともに東京電灯に対して経営介入を行い，その会計処理を変更させるともに，配当率を引き下げました。一方

で，東京電灯株主（東電会）と東京電灯の問題についてはコミットしませんでした。池田が，外国の金融機関と東京電灯の間の問題には関与したのに対し，株主と東京電灯の間の問題にはコミットしなかったという事実は，三井銀行は1928年の東京電灯社債発行業務を請け負っていたことから外国の社債引受金融機関と外債発行会社である東京電灯との間を調整する責務を負っており，そのために東京電灯へ経営介入したまでで，池田に東京電灯を支配する意図はなかったことを意味しています。もし，池田が東京電灯の支配を目的に介入を行っていたのであれば，株主工作といった形で株主・会社間の調整役も買って出たものと考えられます（北浦 2014, 204 頁）。

　また，池田などの債権者側と，東電会という株主側とで，東京電灯に対して要求した事項に違いのあったことは興味深い点です。池田らは，東京電灯が1928年に締結された減価償却会計条項に違反していることをはじめとする会計処理の問題をきっかけに経営介入に踏み切り，適切な会計処理の実施を要求しました。同時に配当率を 3 ポイント引き下げさせましたが，これは，東京電灯が 8 ％という配当率を維持するために，減価償却会計条項で要求された水準の減価償却を実施しなかったり，支払利息の一部を資産に繰り入れたりしていたためでした。池田らは，配当率を引き下げさせることによって，東京電灯が適切な会計処理を行う前提をつくろうとしたわけです。さらに池田らは，介入した時点では，若尾璋八を社長から退任させることは考えていなかったようです。

　これに対して東電会は，配当率の引き下げをきっかけに，東京電灯の経営に対して発言しました。つまり，同会の当初の目的は配当率の維持でしたが，それが実現不可能になると，経営責任をとらせる形で若尾璋八を社長から退任させました。一方で東電会は，「東電改善に関する意見書」において，同社の会計処理に対しては具体的な要求をしていません。

　三井銀行（池田）のような社債発行にかかわった金融機関が，配

当計算の前提となる会計処理方法に強い関心を抱いたこととは対照的に，東電会のような株主にとっては配当率自体が重要であり，要求する配当率（8％）が維持されれば東京電灯がどのような会計処理を選択するのかという点にはほとんど関心を寄せませんでした。これは現在と異なる点であるといえ，1930年の日本において会計は，株主の投資意思決定に直接的な影響を与えていなかったことを意味しています。

池田の秘策③-2　海外の会計プロフェッションの活躍

池田が1930年にギャランティ社とともに東京電灯に対して2度目の経営介入を実施した際，介入の前提となる情報をギャランティ社に提供していたのは，海外の会計プロフェッションでした（北浦2014, 166頁）。ギャランティ社のような海外の社債引受会社は，独立の会計プロフェッションを任命して，外債発行会社の決算を会計プロフェッションに調査させ，その報告を社債引受会社および担保受託会社へ提出させていました。そして，東京電灯の減価償却会計条項のような契約条項中に記載された計算の方法や，配当に関する条項に，当該企業が違反していないかどうかを判断するのは，会計プロフェッションでした。契約違反があると会計プロフェッションが判断した場合には，社債引受会社が外債発行電力会社に対して契約条項の遵守を要求することになるため，会計プロフェッションは非常に重要な位置にあったといえます。

一般的に，社債引受会社は会計プロフェッションの意見を一般投資家に対する責任解除の安全弁とするのが，英米における慣習であったようです（師尾1940, 275頁）。実際にも，「外債を発行してゐる東電（東京電灯──引用者注），東邦，大同，日電，宇治電等何れも英，米公許会計士（イギリスの英国勅許会計士やアメリカの公認会計士──引用者注）の会計調査を受けて居た」，すなわち，外債発行時および発行後には会計プロフェッションによる会計監査が必須とされていました（同323頁）。

表 7-2　1922 年および 1932 年における英国勅許会計士の日本進出状況

事務所名	都市	1922 年	1932 年
Harold Bell, Taylor, Bird & Co.	東京	2	4
	横浜	3	0
	神戸	0	1
	小計	5	5
Maurice Jenks, Percival & Isitt	東京	1	3
	横浜	1	1
	神戸	2	1
	小計	4	5
その他	神戸	1	1
合　計		10	11

（出所）　北浦（2014）167 頁より（原史料は "The official ICAEW list of members" 1922; 1932）。

　イギリスの会計プロフェッションである英国勅許会計士は，1910年頃に日本ではじめて開業した後，人数を増加させていき，1914年頃には Maurice Jenks, Percival & Isitt, 1917 年頃には Harold Bell, Taylor, Bird & Co. という 2 つの会計事務所が日本で設立されました（"The official ICAEW list of members" 1914; 1915; 1917; 1918）。表 7-2 からわかる通り，1922 年には，これら 2 つの会計事務所を含めて 10 人の英国勅許会計士が日本で開業しています。彼らの主要な活動拠点は東京・横浜・神戸でした。そして，彼らを利用したのは主としてギャランティ社のような英米の金融機関であり，その代表的事案が東京電灯のような電力外債発行でした。

　表 7-3 は，日本の電力会社に監査を実施した会計プロフェッションを示しています。東京電灯・東邦電力・大同電力・日本電力・信越電力の 5 社については，監査を実施していた会計プロフェッションの名称が判明しています。東京電灯・東邦電力・大同電力では英国勅許会計士である Harold Bell, Taylor, Bird & Co. が監査を実施し，大同電力・日本電力・信越電力では Haskins & Sells や Price Waterhouse & Co. といったアメリカの公認会計士が監査を実施し

表 7-3　電力外債に関する会計プロフェッション監査委嘱先

会社名	会計プロフェッション名	国	関与年度
東京電灯	Harold Bell, Taylor, Bird & Co.	イギリス	
東邦電力	Harold Bell, Taylor, Bird & Co.	イギリス	1925～1940 年
大同電力	Harold Bell, Taylor, Bird & Co. Price Waterhouse & Co. Haskins & Sells	イギリス アメリカ アメリカ	1924～1925 年 1925 年 1926～1937 年
日本電力	Haskins & Sells	アメリカ	
信越電力	Haskins & Sells	アメリカ	

(注)　1)　国は，会計プロフェッションが所属する国。
　　　　2)　関与年度には，監査報告書等の史料から関与が確認できる年度だ
　　　　　　けを示した。
(出所)　北浦（2014）168 頁より（原史料は Toho Electiric Power Compa-
　　　　ny "Limited annual reports"；Great Conslidated Electric Power
　　　　Company "Limited semi-annual reports"；*The New York Times*
　　　　1924/7/18, p. 19; 1925/8/4, p. 32; 1926/7/14, p. 29; 1927/12/7, p. 44;
　　　　1928/2/9, p. 32；師尾 1940, 265-285 頁）。

ていました。

　Haskins & Sells や Price Waterhouse & Co. は，当時アメリカを
代表する公認会計士事務所でした。千代田（1984）は，1925 年 12
月 31 日現在においてニューヨーク証券取引所に株式を上場し，か
つ会計プロフェッション監査を採用していた企業を対象に，監査を
行っていた会計事務所について分析しています。具体的には，ニュ
ーヨーク証券取引所に株式を上場している企業のうち，*Commer-
cial & Financial Chronicle* 誌の株式欄に「製造業その他」として
記載されている 356 社が対象となっています。中で，Price Water-
house & Co. は最も監査先数が多く，Haskins & Sells は 4 番目に
多い事務所でした（千代田 1984, 71-72 頁）。とりわけ Haskins &
Sells は，アメリカの 8 大会計事務所（Big 8）中，唯一 1930 年以前
にアジア（1919 年の上海，1926 年のマニラ）に事務所を開設しており，
アジア諸国で発行された証券に対する監査に積極的な事務所でした
（千代田 1984, 110 頁）。

　表 7-3 において注目すべき点は，電力外債に伴う日本の電力会社

表 7-4　会計プロフェッション監査の実施が明記されている
日本の電力外債に関する広告

会社名	広告主	年月日
大同電力	ディロン・リード商会 ギャランティ社	1924 年 7 月 18 日 19 面
東京電灯	ギャランティ社 ディロン・リード商会 リー・ヒギンソン商会 ハリス・フォーブス商会	1925 年 8 月 4 日 32 面
東邦電力	ギャランティ社 リー・ヒギンソン商会 ハリス・フォーブス商会	1926 年 7 月 14 日 29 面
信越電力	ディロン・リード商会	1927 年 12 月 7 日 44 面
日本電力	ハリス・フォーブス商会 ディロン・リード商会 ギャランティ社 竹原証券株式会社	1928 年 2 月 9 日 32 面

（出所）　北浦（2014）170 頁より（原史料は *The New York Times*）。

に対する監査が，英米の会計プロフェッションによって行われ，第
4 章（各務鎌吉）で取り上げた東奭五郎のような日本の会計プロフ
ェッションによっては行われていなかったことです。これは，日本
の会計プロフェッションによる保証が，英米の社債引受会社や投資
家に信用されていなかったことを示しています。さらに表 7-4 から，
『ニューヨーク・タイムズ』に掲載された社債引受会社による広告
に，会計プロフェッション監査が実施された旨が記載されている記
事が存在していることがわかります。電力外債がニューヨーク市場
において販売される際，海外の社債引受金融機関は新聞に広告を掲
載しましたが，その広告上には電力会社の決算情報に対する会計プ
ロフェッション監査が明記されていたのです。

　『ダイヤモンド』の記事から，池田らの 1930 年における東京電灯
への経営介入については，契約条項不履行に対する会計プロフェ
ッションの関与が確認できます（『ダイヤモンド』1930 年 7 月 11 日）。

当該記事には東京電灯の会計プロフェッションの名称が記載されていませんが，表7-3から，それは英国勅許会計士の Harold Bell, Taylor, Bird & Co. であったと考えられます。東京電灯に対し，会計プロフェッションは当初，会計処理を正しく訂正するように，すなわち，減価償却会計に関する契約条項を遵守し，減価償却金額を大きくするように指導しました。会計プロフェッションによるこのような機能は，一般に指導・助言機能と呼ばれています。この機能が発揮された理由は，契約条項を遵守していない会計処理について東京電灯に修正を求め，それによってあるべき数値へ訂正されるほうが，問題点を直ちに報告されるよりも，社債引受会社にとって望ましいためです。

　ただし注意が必要なのは，会計プロフェッションに会計処理の訂正を強制する権限はなく，その権限を有しているのは，あくまでもギャランティ社や三井銀行（池田）であったという点です。実際，東京電灯が会計プロフェッションの勧告を受け入れなかったため，会計プロフェッションは，問題点をギャランティ社に報告するという，監査本来の機能である批判機能を発揮しました。会計プロフェッションのこのような機能については，当時の監査理論の代表的テキストであった Montgomery（1927）にも，監査人が誤った会計処理を修正するように会社に促していたという記述が見られます（p. 26）。

　池田による東京電灯への 2 度目の介入は，1 度目とは異なり，会計が深く関与していました。それは「減価償却会計条項の存在→英国勅許会計士によるチェック→英国勅許会計士による外国社債引受金融機関への報告→池田らによる経営介入→東京電灯による会計処理の修正」という経緯で決着を見ました。1930 年に行われたこの経営介入によって，東京電灯の減価償却会計に関する問題は解決したかに見えました。しかし，1931 年に日本が再び金本位制を停止すると，減価償却会計条項をめぐって再度問題が発生しました。こ

の問題に関しては，池田および三井銀行と，池田が東京電灯に役員として派遣した小林一三が，激しく対立します。これについては第10章（小林一三）で詳細に見ていきます。

(2) 連盟融資における会計プロフェッションの活用

池田が直面した課題④ 昭和恐慌による融資先企業の経営悪化

1930年に発生した昭和恐慌によって，多くの事業会社が経営難に陥りました。そのような事業会社の1つに，京阪電気鉄道（以下，京阪）があげられます。同社は1920年代に「積極経営」を展開し，急拡大していました。1922年に新京阪鉄道（以下，新京阪）を子会社として設立し，淀川の西岸を通る形で，京都と大阪がつながりました（京阪電気鉄道株式会社経営統括室経営政策担当 2011, 100-108 頁）。また，滋賀県や和歌山県で他の鉄道会社を合併し，1929年には，その営業範囲は京都府・大阪府・滋賀県・和歌山県に広がっていました。電鉄業と電力業を含めた京阪の固定資産金額は，1924年の3500万円から1929年には6900万円へと増加しています。電鉄業を主な事業としていた新京阪の固定資産金額もまた，1924年の800万円から1929年の4500万円へと拡大していました（京阪電気鉄道株式会社経営統括室経営政策担当 2011, 144 頁）。

京阪と新京阪は，1924年から1929年にかけて，主に負債によって投資資金を調達しました。この間，純資産の増加額が京阪で3100万円・新京阪で1200万円だったの対し，借入金および社債の増加額は京阪で3400万円・新京阪では4200万円にのぼりました。両社では，負債金額が増加した結果，総費用に占める支払利息金額の割合が上昇していきます。1924年には京阪で21.8％・新京阪で24.4％だったものが，1929年には京阪で24.0％・新京阪では38.5％に達しました。とくに新京阪において，負債金額と総費用に占める支払利息金額の割合が増大していることがわかります。そして昭和恐慌が起こると，この高い負債比率と増加する支払利息金額

によって，新京阪の経営は著しく悪化していきました。そこで京阪は1930年に新京阪を合併しますが，この合併によって京阪の業績までもがさらに悪化していくこととなります。

池田の秘策④ 産業調査協会の設立と計理士の利用

　京阪電鉄に代表される多くの事業会社が1930年の昭和恐慌によって資金難に陥ると，政府はその対策に乗り出します。1930年6月28日，井上準之助蔵相と土方久徴日銀総裁が有力銀行関係者を呼び集めました（『東洋経済新報』1930年7月5日）。その場において，各銀行間で，①すでに整理過程にある事業会社の整理を促進するために，当該会社に関係する銀行は協力するグループ（協調的連盟）をつくること，②金融機関は自治的に競争を抑制し，協調の精神に立って，金融面から事業会社の整理を達成すること，という申し合わせがなされました。

　この申し合わせによってつくられたのが，「連盟融資」という仕組みです。連盟融資によって，複数の金融機関が同じ事業会社に対し，協力して融資を行うようになりました。たとえば，1つの金融機関がある事業会社に100万円を融資した場合，その事業会社が倒産し，1円も返済できなくなれば，その銀行は100万円の損害を被ります。しかし，2行で50万円ずつ融資していれば，1つの銀行が被る損害は50万円で済みます。また，1つの事業会社に対する融資額を減らせれば，より多くの事業会社に融資できるため，リスクを分散することもできます。実際，東京電灯は1930年に1000万円を借り入れますが，それには三井銀行だけでなく，三菱銀行・第一銀行・住友銀行も含めた4行がかかわっていました（『東京朝日新聞』1930年12月6日）。

　これまで見てきた通り，1920年代に池田は，東京電灯や京阪電鉄へ積極的に貸付を行っていましたが，これらの会社の会計処理状況は，ほとんど理解していなかったようです。池田は『財界回顧』で，1920年代の東京電灯の会計処理状況について，次のように述

べています。

　　それでずっと東京電灯というものは問題がなかったのです。そ
　　れから会社は相当に儲かって，よい会社になった。銀行の取引
　　からいっても預金もあったしうまくいっておった。（略）とこ
　　ろが若尾（璋八──引用者注）という人は，松永（安左エ門──引
　　用者注）君のいわれた通り，経理という問題についてはほとん
　　ど無茶ですね。まったくの公私混同です。これは悪口をいうこ
　　とになるが，郷（誠之助──引用者注）君があの人のやったあと
　　を整理した時同君から聞いたのだが，若尾という男は箸にも棒
　　にもかからないというほどの無茶をやっていたようだ（池田
　　1990, 184-185 頁）

　池田は，1920 年代に東京電灯の社長であった若尾璋八が行って
いた会計処理について，郷誠之助から報告を受けるまではよくわか
らなかった状況にありました。京阪や新京阪についても同様であっ
たと思われます。つまり池田は1920 年代，事業会社の会計処理状
況を十分に理解しないまま資金を融資していました。
　そこで池田は，1930 年 7 月に金融機関の代表者による会議にお
いて，「事業整理のためには事業会社の収支状態を正確に知る必要
があるのでこれを調査する特別機関を設置したい」と提案します
（『神戸新聞』1930 年 7 月 20 日）。その際，池田は，事業会社の会計処
理状況を調査する機関として，①調査機関の仕事は事業会社の資金
面や会計処理に関する調査であり，銀行から依頼があった場合にそ
の事業会社の内容を調査し，もし銀行が融資すればそれ以後，毎決
算期に事業会社の会計処理の検査を行うこと，②調査機関は銀行・
信託・保険会社の出資により設立すること，③調査機関の構成員は
理事のほか計理士を含めた合計 50 名とすることを骨子とする「池
田案」を明らかにしました。

この「池田案」を叩き台として，1930年10月に産業調査協会が設立され，その会員数は，銀行15行，保険会社6社，信託会社7社に，日本銀行，日本勧業銀行を加えた，計30社にのぼりました（第一銀行八十年史編纂室1958, 94-95頁）。産業調査協会の規約において，協会は新規に事業金融を必要とする会社の資産信用に関して，帳簿ならびに実地調査をなすとともに，経営上の状態に対しても経済的および技術的考査を加え，一定条件に基づく金融の可否を判断し，調査依頼者に報告することとなりました。また，「池田案」の通り，協会の報告に基づいて融資が実行された場合は，協会は専属の計理士に定期的に会社の内容調査を行わせ，計理士が融資に伴う契約の履行状況を確認することになりました（『エコノミスト』1930年12月1日）。

産業調査協会は，1935年10月に解散するまでの間に，電力会社・電鉄会社など延べ60社を調査し，調査回数は70余回にのぼりました（八木2007, 280頁）。そうした調査に基づいて，京阪電鉄，大同電力，浅野セメント，大日本人造肥料，樺太工業，明治製糖，塩水港製糖，東京乗合自動車，東京瓦斯，日本窒素等に対して，連盟融資に基づく融資が実行されました（第一銀行八十年史編纂室1958, 95頁）。

池田は，1930年における京阪電鉄の経営難に対し，計理士による情報提供に基づいて連盟融資を実施します。これは，後に産業調査協会で利用された仕組みでした。池田と三井銀行は，三菱銀行・第一銀行・住友銀行・三井信託・三菱信託とともに1400万円の追加融資を実行しました。これにあたっては，計理士の東奭五郎が事前に京阪電鉄の資産状況を確認するとともに，その後の決算に対しても継続的に監査が実施されました（『時事新報』1930年7月17日；『大阪朝日新聞』1930年10月14日；『報知新聞』1930年12月4日）。そして三井銀行ほかは，計理士の監査結果に基づき，京阪電鉄に対して減配を要求します。京阪電鉄はその要求を受け入れ，1930年下

期に配当率を 11％から 6 ポイント引き下げて 5％とするとともに，固定資産 1500 万円を 40 年で償却する減価償却を開始しました。

IV

ま　と　め

(1)　池田成彬とは

　本章では，池田成彬による事業会社への経営介入を中心に見てきました。三井銀行は 1920 年代，事業会社，とりわけ東京電灯と京阪電鉄に対して重点的に融資を行っていました。その背景には，日露戦後期頃から，都市化が進展したことがあります。その中で，第 10 章（小林一三）で取り上げる阪急電鉄などにより，都市近郊の鉄道網が発達していきました。京阪電鉄もそのような電鉄会社の 1 つでした。都市近郊の鉄道会社は，電気を用いて鉄道を走らせる電化を進め，多くの電気を消費するようになります。また都市部では，照明用の電灯需要や工場の動力源としての電力需要が増加し，電力業は大きく成長し始めました。

　1920 年代には都市化が進んだため，不況が相次ぐ中でも電力業や電鉄業は大きく成長していきました。池田は，このような産業構造を踏まえて，東京電灯や京阪電鉄に積極的な投資をしていったのです。しかし，彼が『財界回顧』で振り返っている通り，東京電灯は，1923 年の関東大震災までは優良な貸付先でしたが，1920 年代後半になると経営が悪化し，貸付金が適切に回収できるかどうかに疑念が生じるようになります。京阪電鉄は近畿地方で事業を展開していましたが，経営悪化の状況は，基本的に東京電灯と同様であったと思われます。

　池田は，業績難に陥った東京電灯や京阪電鉄に対し，配当政策の変更や，会計処理の是正，役員交代に代表される経営介入を行いま

した。1927 年から 1928 年にかけ東京電灯に対して実施した 1 度目
の経営介入では，役員の変更や，競争相手であった東京電力との合
併を経た社債発行によって，貸付金を回収しました。この結果，図
7-1 からもわかる通り，三井銀行による東京電灯向けの貸付金は
1928 年に大きく減少します。

　その後 1930 年の 2 度目の介入では，配当率の引き下げと会計処
理の修正が行われました。同じく図 7-1 から，三井銀行による東京
電灯向けの貸付金額は，1930 年の後にはむしろ増加していること
がわかります。同様に京阪電鉄に対しても，1930 年に配当率の引
き下げと継続的な減価償却の実施を促す経営介入を行った上で，追
加融資が実行されました。このように池田は，1930 年には，事業
会社に対する貸付金が回収できるかどうかわからない状況下で，そ
の貸付金をできるだけ回収しようとするのではなく，むしろ追加で
資金を提供し，同時に経営にコミットすることによって，事業会社
の経営自体を立て直そうとしていたことがわかります。

(2)　池田成彬にとって減価償却とは

　既述の通り，『財界回顧』によれば，三井銀行は東京電灯に多額
の融資を行っていたにもかかわらず，池田は 1920 年代には東京電
灯が採用していた具体的な会計処理について理解をしていなかった
ようです。1930 年の東京電灯に対する経営介入では，同社の会計
処理が中心的な問題となりましたが，そのきっかけは，東京電灯が
1928 年に外債を発行した際に設定された減価償却会計に関する契
約条項でした。海外の社債引受金融機関は，社債発行会社が採用す
る減価償却会計に強い関心を寄せていました。それは，減価償却費
が経営者の意向によって増減可能な費用項目であり，減価償却費の
増減が配当金の増減と直接リンクしていたためでした。そのため海
外の社債引受金融機関は，あらかじめ決められた方法で，自動的に
減価償却費の金額が決定されるようにしていました。

減価償却会計に関する契約条項について興味深いのは，契約条項
で決定される減価償却費の金額が，外国の社債引受金融機関が要求
する最低限の金額であったという点です。すなわち，外国の社債引
受金融機関は，減価償却費が契約の要求する最低限の金額を上回っ
ていれば，東京電灯が減価償却費をいくら計上しても構わないと考
えていたのです。現在では，減価償却額は，会社が事前に決定した，
定率法や定額法といった方法により計算される金額を，上回っても
下回ってもいけないことになっています。しかし，1920年代から
1930年代にかけて社債引受金融機関は，減価償却費の金額は大き
ければ大きいほどよいと考えていたといえます。減価償却費の金額
が大きいほど，配当は抑制され，その分，社債の償還の原資となる
内部留保が社内に蓄積されるためです。

　一方，東京電灯の社長である若尾璋八は，減価償却会計条項を遵
守する必要性を十分に理解していなかったと思われます。当然，外
債を発行する際には若尾も契約条項の遵守を約束していたわけです
が，外債発行後に実際に資金を入手すると，契約条項の遵守よりも，
配当率の維持を重視したわけです。このように，契約の締結時には
相手が本当に契約条項を遵守するかどうかはわからず，実際若尾は
契約を遵守しませんでした。こうした行動は「モラル・ハザード」
といわれますが，外国の社債引受金融機関はあらかじめそれを疑っ
ていたように思われます。その証左として，会計プロフェッション
である英国勅許会計士に，東京電灯の会計処理を監視する役割を担
わせていた点があげられます。

　そして会計プロフェッションは，若尾が契約条項通りに会計処理
を実行していない状況に対して，最初は適切に会計処理を行うよう
東京電灯に指示しましたが（指導的機能），同社はこれに従わなかっ
たため，外国の社債引受金融機関は池田とともに，東京電灯の会計
処理に介入しました。この2度目の経営介入によって，池田は会計
処理，とりわけ減価償却会計と，事業会社の会計処理を監視する会

計プロフェッションの重要性を，認識するようになります。結果，1930年以降の京阪電鉄に対する経営介入では，池田らは京阪電鉄に対し，配当率の引き下げとセットで，継続的な減価償却の実施と，計理士による会計処理状況の監視を求めました。池田はまた，会計プロフェッションによる会計処理状況を監視するシステムとして，産業調査協会の設立を提唱しました。

　こうして池田は，会計処理に関与していくことで経営難に陥った事業会社の経営再建を進め，同時に追加的な融資を実行することで資金面からも事業会社をサポートしていくようになったのです。

第8章

平生 釟三郎

会計プロフェッションに期待した
筆まめな企業再生のエキスパート

(国立国会図書館「近代
日本人の肖像」より)

I

はじめに

　平生釟三郎は，第4章で取り上げた各務鎌吉とともに，東京海上火災保険の発展に大きく貢献した人物でした。1917年には両者とも専務取締役となり，互いに協力して同社を盛り立てていきます。しかし，1925年に各務が会長に就任したのとは対照的に，平生は同年，専務取締役を退任します。とはいえ1894年に東京海上保険に入社してから1925年までの31年間，平生は東京海上火災保険における経営の最前線でその能力を発揮しました。そして，その傍らには，いつも各務がいました。年齢的には平生が2歳上ですが，東京海上保険へは各務が3年早く入社しました。

　平生は1925年に専務取締役を退任すると，まず活躍の場を教育界に広げていきます。翌1926年には甲南学園理事長に就任し，学校運営へ本格的に乗り出します。平生はまた，「中流以下の人々のため良医の診察を受け，良剤の投与を得せしめん」という信念のもと，1934年に甲南病院を開設します（甲南学園 1999, 162頁）。そして，本章との関係において重要なのが，平生が複数の企業の立ち上

『平生釟三郎日記』
(学校法人甲南学園発行)

げや再建といった難しい状況において、それら企業の経営者に就任して尽力したことです。本章で取り上げるのは、呉羽紡績設立時の監査役就任や、川崎造船所立て直しのための社長就任です。しかも、川崎造船所の社長就任にあたって報酬を辞退するという行動をとったエピソードからもわかる通り、平生は1925年以降、社会奉仕に力を注ぐようになり、財界・教育界・政界のさまざまな役職に相次いで就任していきます。代表的なものとしては、1936年から1937年までの広田弘毅内閣における文部大臣や、1937年に就任した巨大製鉄企業・日本製鉄の会長をあげることができます。

また、経営史研究という学問分野から見た場合、平生には他の経営者にはない特徴があります。それは、彼が『平生釟三郎日記』を著し、その大部分が現存している点です。本書で取り上げる経営者の中では、ほかに池田成彬の日記が現存していますが、平生は他の日記に比べて1日当たりの執筆量が多く、自身にかかわる出来事のみならず、社会的な事件に対する自分なりの考えも書き込みました。通常、日記は、執筆時点では他人の目に触れることが想定されていないため、講演や取材とは異なり、各時点で感じた本音がそのまま記されています。平生はさまざまな世界で活躍したため、教育学者・政治学者・経営史学者などが、『平生釟三郎日記』を用いた研究を多く残しています。本章では、『平生釟三郎日記』や日記を用

いた先行研究を整理しながら，平生釟三郎が会計上に果たした貢献
を見ていきたいと思います。

II

ビジネス上の貢献

　平生釟三郎は，1866年に美濃国加納藩で生まれました。1880年
に上京し，1881年に東京外国語学校に入学します。1886年には東
京商業学校へ編入学し，同年に旧岸和田藩士であった平生忠辰の養
子となりました。改称された高等商業学校を1890年に卒業すると，
韓国・仁川海関などでの業務を経て，1893年に兵庫県立神戸商業
学校の校長に就任しました。この当時から平生は教育に強い関心を
持っていましたが，各務鎌吉を東京海上保険へ勧誘した矢野二郎が，
平生に対しても入社を勧誘します（日本経営史研究所 1979, 170頁）。
実業にも関心のあった平生は，入社を決意し，実際1894年に，東
京海上保険へ入社しました。

　第4章（各務鎌吉）で見た通り，各務は1890年代後半にロンドン
で東京海上の立て直しに尽力しましたが，[1] 平生は同社の国内営業の
拡大に貢献します。平生は，国内営業の拡大のため，商工業の中心
地である大阪に営業拠点を設けるべきと会社に提言しました。この
提言は，神戸商業学校校長としての勤務経験に基づいたものです。
その結果，1896年に大阪支店が開設され，また1898年には，三井
物産が神戸における東京海上保険の代理店事務を辞退したのをきっ
かけに，神戸支店が開設されました（日本経営史研究所 1979, 207-208
頁）。平生は，1898年に大阪支店長に，1900年には大阪・神戸支店
長に就任し，関西地方における営業事務について，大幅な権限を経

---

1)　平生もまた，各務鎌吉が一時帰国中に，ロンドンでの事業整理に関与していま
　した（日本経営史研究所 1979, 197頁）。

営陣から委譲されました（同 237 頁）。

(1)　三井物産と東京海上火災保険の橋渡し

平生が直面した課題①　三井物産による損害保険会社の設立

　日本では損害保険業が順調に発展し，1906 年から 1913 年にかけて 15 の内国損保会社が新たに設立されました（日本経営史研究所 1979, 274 頁）。また，1914 年に第一次世界大戦が勃発すると好景気となり，1917 年から 1919 年にかけては 18 社が設立されました。平生が深く関与することになる大正海上火災保険（現，三井住友海上火災保険）も，三井物産によって 1918 年に設立された保険会社です。

　日本を代表する貿易業者（商社）であった三井物産は，1876 年の創立直後から，貿易業務と関係する海上保険などの損害保険に関し，保険会社の代理店業務の取り扱いを開始します（三島 1986, 20 頁）。同社は，前述の通り，神戸においては東京海上保険の代理店事務を辞退しますが，このような代理店業務を各地で展開しました。そして第一次世界大戦の開戦により，日本の貿易は活発化しますが，損害保険会社による保険の引受能力には限界があるため，三井物産自体が損害保険会社の設立を計画するに至ります。以下では三井物産が設立しようとした損害保険会社（後の大正海上火災保険）のことを，新会社と呼びます。

　三井物産は，東京海上保険の代理店業務を扱っていたこともあり，両社は協力関係にありました。また，1897 年まで東京海上の総支配人を務めた益田克徳が，三井物産の創業者・益田孝の弟であるという，個人的な縁故もありました（甲南学園 1999, 68 頁）。しかし，三井物産が損害保険会社を設立すれば，新会社が三井物産関係の損害保険を取り扱うようになることは容易に想像できました。東京海上火災保険にとって，三井物産関係の損害保険業務を失うことは，経営に大きな影響を及ぼします。そのため，東京海上火災保険では，三井物産や新会社との間にどのような関係性を構築するのかという

点が問題となりました。

　三井物産は貿易業者であるため，社内には損害保険業務に精通した人物が存在しませんでした。大正海上火災保険設立の中心人物であった三井物産常務の小田柿捨次郎は，「事業は人なり」という信念のもとで適任者を探した結果，平生を経営者として迎えようと試みます（日本経営史研究所 1979, 352 頁）。

平生の秘策① 東京海上火災保険と大正海上火災保険の役員兼任

　平生は，三井物産が新会社を設立しようとする計画を耳にして，1916 年に各務鎌吉に対し，東京海上保険が新会社と提携し，また「三井」が東京海上保険の株式を所有することを通じた資本提携まで進んでもよいという手紙を出しました。平生は，この時点で新会社に出向してもよいと考えていたようです（三島 1986, 21-22 頁）。

　そして 1916 年末から 1917 年にかけ，東京海上保険および新会社において，平生の処遇について話が進められていきます。当初，平生は新会社の設立・経営には参画するものの，平取締役として背後から協力することを考えていました。しかし三井物産側は，平生に新会社の設立に直接かかわってもらいたいこと，また，新会社の専属ではなく，新会社と東京海上保険の橋渡しをしてもらいたいことを伝えます。それに対して東京海上保険側は，平生が新会社に関与するのは 3 年を限度とするという条件でこれを承認し，平生を各務と同時に東京海上保険の専務取締役に就任させました（三島 1986, 25, 29 頁）。

　新会社は，1918 年に大正海上火災保険として設立され，平生は同社の専務取締役に就任しました。大正海上火災保険は，設立時に，東京以外にも大阪と神戸に営業拠点を設けました。三島康雄氏は，この理由に，平生が東京海上保険の大阪および神戸支店長として営業ノウハウを持っていたこと，三井物産船舶部の拠点が神戸にあったことをあげています（三島 1986, 36 頁）。

　大正海上火災保険における平生の経営方針は，海上保険を中心と

した堅実主義であり，最初の10年間を「基礎体力の育成期」と捉えていました。大正海上火災保険の海上保険における「堅実主義」は，①低い損害率，②低い事業費率と多い責任準備金に現れています（日本経営史研究所 1996, 97-108 頁）。①に関して，1919 年から1924 年の 6 年間における大正海上火災の事故率は 53.6 ％であったのに対して，同期間の全損保会社の事故率は 74.6 ％であり，大正海上火災の事故率が業界平均を大きく下回っていたことがわかります。その要因は，大正海上火災保険の契約先が，大阪商船（現，商船三井）や三井物産といった大企業だったためでした。②に関しては，1919 年から 1922 年における大正海上火災保険の事業費率は全保険会社の平均値を 2 ポイント以上下回っており，この点が多額の責任準備金の積み立てを可能にしていました。その後，平生は，1924 年に大正海上火災保険の会長兼専務取締役を退任すると，1936 年まで平取締役を務めました（日本経営史研究所 1996, 774 頁）。

　三島康雄氏は，平生による東京海上火災保険と大正海上火災保険の役員兼任について，三菱との関係性から，各務鎌吉との立場の違いを強調しています（三島 1986, 39 頁）。各務は三菱の岩崎家と親戚関係にあったため，三井系の大正海上火災保険との関係維持に，それほど積極的ではありませんでした。それに対して，岩崎家とのしがらみのない平生は，自分の利害を度外視し，三井物産と東京海上保険の橋渡しをしようと試みました。平生は，1925 年に東京海上火災保険の専務取締役を退任すると，自分の利益よりも社会の利益を優先する形で，さまざまな事業に関与していくことになります。その 1 つが次に取り上げる，経営危機に陥った川崎造船所の再建でした。

(2)　川崎造船所の再建

平生が直面した課題② 　川崎造船所による和議申請

　川崎造船所は，明治政府から川崎正蔵に払い下げられた官営兵庫

造船所を名称変更する形でスタートしました。川崎造船所は，1896年に株式会社組織へ組織変更すると，松方正義の子である松方幸次郎が経営を担うようになります。松方は「積極経営」を実践し，川崎正蔵時代から計画されていた乾ドックを1902年に完成させるとともに，艦艇・商船の建造を進めました（川崎重工業株式会社百年史編纂委員会1997, 14-23頁）。さらに，1914年に第一次世界大戦が始まると，松方は5000総トン級の外洋貨物船を中心に，同一船型の船舶の見込み生産を開始しました（ストックボート）。この松方の経営戦略が第一次世界大戦における船舶需要の増加にうまくマッチした結果，川崎造船所は急成長を遂げます（同25-26頁）。

川崎正蔵
（国立国会図書館「近代日本人の肖像」より）

松方幸次郎
（Wikimedia Commonsより）

しかし，第一次世界大戦後の船舶需要の冷え込みは，多くの在庫を抱えていた川崎造船所に財務上の問題をもたらしました。加えて，1922年のワシントン海軍軍縮条約に伴う軍艦建造の取り止めも，同社の経営に悪影響を及ぼしました。資金難に陥った川崎造船所は，旧大名家などの華族が出資して設立された十五銀行から資金を調達するようになりました。

ところが，1927年に昭和金融恐慌が発生すると，多額の預金引き出しに見舞われた十五銀行が休業に追い込まれ，川崎造船所は経営危機に陥ります。同社は当初，政府へ救済を求めますが，政府がこれを拒否したため，債権者との間で協議が進められました。協議の結果，1927年時点では，債務の切り捨ては行われず，一部債務の支払いの繰り延べと，金利のわずかな引き下げのみが行われました（第一次整理）。すなわち，このときに根本的な解決がなされず，

問題が先送りされてしまったのです（柴 1980, 44, 49 頁）。松方は，この経営危機の責任をとる形で 1928 年に社長を辞任し，後任の社長として鹿島房次郎が就任しました。

さらに 1930 年に昭和恐慌が発生すると，川崎造船所では債務問題が再燃しました。同社は再び債権者との交渉を開始しますが，交渉は難航しました。そこで川崎造船所は，1931 年に，和議法に基づいて債権者と債務の支払方法を交渉する「和議」を，神戸地方裁判所に申請しました（第二次整理）。裁判所は，この和議申請に伴い，会社側と債権者側を調整する整理委員を選任することになりました。しかし，川崎造船所が軍艦製造を行う特殊な会社であること，また，債務金額が巨額であることから，裁判所は整理委員の人選に苦慮します（柴 1986, 81, 91 頁）。

平生の秘策②-1　債権者との粘り強い交渉

平生は神戸地方裁判所から，整理委員の 1 人に任命されました。川崎造船所の資産評価問題については次の第Ⅲ節で言及することとし，ここでは，『平生釟三郎日記』に基づいて平生による川崎造船所の和議手続きを分析した柴（1986）を用い，平生をはじめとする整理委員と最大の債権者であった十五銀行を中心とする債権者との交渉を見ていくことにしましょう。なお，債務整理の具体的な内容については，債務のうち，その支払いが完全に免除される割合である「切捨率」のみに着目することとします（整理案の全体については柴 1986 を参照）。

さて，平生をはじめとする整理委員は 1931 年 12 月，彼が作成した 33 ％の債務を切り捨てる整理案を債権者に提示しました（柴 1986, 101 頁）。この整理案に最も強硬に抵抗したのが十五銀行でした。同行もまた，日本銀行からの特別融資を受けて再建中であったため，川崎造船所向けの債権をできるだけ回収する必要があったからです（同 104 頁）。そこで整理委員は，切捨率を 33 ％から 30 ％へ引き下げることを提案しましたが，1932 年 3 月になると，日本銀

行が平生を呼び出し，債務の切捨率をさらに引き下げるよう要求します（同 109 頁）。その結果，最終的な切捨率は 8 ％と大幅に引き下げられた一方で，残りの 20.8 ％の債務は，配当率 6 ％の配当を実施した後に残った利益の中から弁済されるということで決着しました。

　このように川崎造船所の債務整理は，切捨率が何度も変更されたことからもわかる通り，すんなりとは決着しませんでした。最大の債権者である十五銀行が金融恐慌時に 1 度破綻していて再建途上にあったこと，同行による川崎造船所向けの貸付金が多額であったことから，川崎造船所の債務の切捨率は十五銀行の経営に影響を与え，そのため十五銀行や十五銀行に特別融資を行っていた日本銀行は，切捨率を引き下げようとしました。こうした中で平生は，整理委員の立場から整理案を策定し，債権者側と粘り強く交渉しました。

平生の秘策②-2　「平生イズム」の実践

　川崎造船所では，和議開始直前の 1932 年 7 月に社長であった鹿島房次郎が死去し，石井清専務取締役が社長代理として，その後の和議手続きにあたりました。和議が成立すると，株主・債権者などは，空席となっている社長への就任を平生に依頼します。これを受けて平生は，従業員や神戸市のために社長就任を決意し，①無報酬であること，および②経営を自分に任せることを条件に，社長就任を承諾しました（川崎重工業株式会社百年史編纂委員会 1997, 40 頁）。

　平生は，海軍および海運会社からの船舶発注に伴う川崎造船所の収益回復に合わせて，「正しく働く者に幸せを」をスローガンとした，「平生イズム」と呼ばれる社内改革を実行します（川崎重工業株式会社社史編さん室 1959, 112 頁）。まず，同社は和議による再建途上にあって，外部からの円滑な資金調達が難しい状況にあったことから，平生は内部留保による資金確保を目的とした予算制度を整備します（川崎重工業株式会社百年史編纂委員会 1997, 41 頁）。このとき平生は自ら予算と実績の差異を分析し，差異の原因を検討しました。川

崎造船所の専務取締役を務めた川崎芳熊は，平生のことを「こと川
崎のことになると，数字的に完全に把握しておられるので，それが
適確な判断のもとになっていた」と評価していました（川崎重工業
株式会社社史編さん室 1959, 112 頁）。

　さらに平生は，「破産寸前の会社を再建させるには，まず労務管
理を徹底させなければならない」と考えていました（川崎重工
業株式会社百年史編纂委員会 1997, 41-42 頁）。そこで平生は，1934 年
にはじめて大卒者の定期採用を開始し，入社試験を実施します。ま
た，中堅の技能者を育成するため，1936 年に開校することになる
川崎東山学校の設立を計画します。加えて，従業員の健康に留意す
るという目的から，専門家の協力のもと，栄養食配給所を創設しま
した。前述の通り，平生は 1934 年に開業した甲南病院に関与して
いましたが，川崎造船所でも，「心身を健やかに，生活を豊かに」
を信念として，「従業員と家族の健康保持」を目的に，総合病院で
ある川崎病院を 1936 年に開業しました。その後，平生は，1935 年
12 月に川崎造船所の会長に就任しますが，翌 1936 年 3 月に文部大
臣としての入閣を控え，川崎造船所関係の役職を辞任しました。同
社から 30 万円の退職慰労金を支給された平生は，15 万円を川崎東
山学校へ，15 万円を甲南病院へ寄付しました。川崎造船所は，平
生から寄付された資金をもとに，平生育英会を設立しました。

　このように，川崎造船所時代の平生は，「平生イズム」に基づい
て，従業員，とくに若い工場労働者の教育・待遇・健康を重視しま
した。これは，平生自身が若い頃に学資で苦労した経験があったた
めでした。「川崎を更生させて，全従業員の安住の地にしたい」と
いう理想のもと，「真面目な青少年工員に会社の費用で勉強させた
い」という平生の考えで開校した川崎東山学校は，1939 年度まで
に 6211 名の「教修生」を輩出しました（川崎重工業株式会社社史編さ
ん室 1959, 112 頁；川崎重工業株式会社百年史編纂委員会 1997, 41 頁）。

Ⅲ

会計実務上の貢献

(1) 監査役監査のための会計プロフェッションの利用

平生が直面した課題③ 伊藤忠兵衛による呉羽紡績の監査役就任依頼

　日本を代表する総合商社である伊藤忠商事と丸紅の設立にかかわった2代目・伊藤忠兵衛は，平生釟三郎と深い交流があった人物です。伊藤は，『日本経済新聞』の「私の履歴書」で，平生のことを次のように述べています（日本経済新聞社 1980, 343-392 頁）。まず，伊藤が「私が証明するのだから確かだが，この方ほどの悪筆家も珍しい。天下に名をなした私の乱筆以上なのだから驚く」と表現しているように，平生は読みにくい字を書いていたようです。伊藤がアメリカにいた 1918 年に平生から長文の手紙を受け取った際も，伊藤は平生の字が「泣きたいほど読めない」と表現しています。それでも，この手紙をきっかけに伊藤は甲南学園の理事に加わり，平生とともに学校経営に携わっていきました。伊藤は平生のことを，「ずいぶん気が短くて，がんこおやじ」であり，「ずいぶん，人がおそれたが，根はよい人であった」と評しています。

　伊藤は，1921 年の富山紡績に加え，1929 年には呉羽紡績を富山県に設立します。しかし，1929 年は世界大恐慌が発生し，また浜口雄幸内閣の井上準之助蔵相のもとで緊縮財政（井上財政）が実施されていた年で，伊藤は「いくたの先輩からは，こんなときにと延期の忠告を受け」ますが（日本経済新聞社 1980, 374 頁），平生は伊藤による呉羽紡績の設立を応援しました（呉羽紡績株式会社社史編集委員会 1960, 53 頁）。このようにして平生は，設立計画時から相談に乗っていたために，伊藤や呉羽紡績の関係者から監査役として会社をサポートしてもらいたいと依頼されます（平生 2014, 506 頁）。平生

は呉羽紡績の経営陣が自分に比べて若い人たちであったこともあり，会社の「目付役」として監査役を引き受けます。

平生の秘策③　監査役監査における計理士の活用

平生は，監査役に就任する条件として，計理士の監査を定期的に受けることを会社に要求しました（平生 2014, 506 頁）。平生は，何も監査をせずに，判子を押すことがその職掌であると認識している従来の日本の監査役は間違っていると考えていました。そして，真に監査役の職責を果たすためには，自分の「手先」として計理士に依頼をし，会社の会計数値をすべて精査する必要があると考えます。

平生は，1927 年に法制化された計理士を，次のように評価していました（平生 2014, 554-555 頁）。平生は，欧米では，そもそも監査役（auditor）は，日本のように株主から選出されるものではなく，第三者である勅許会計士から選出されていると指摘しています。その上で平生は，日本の計理士も法律によって認可されたものであるから，計理士が会社の内容を審査し，取締役が提出した計算書が正確であると保証すれば，株主もまた安心して会社の決算書を承認できると考えました。ここから，平生が現在にも通ずる会計プロフェッション監査の本質を理解していたことがわかります。

平生は会計プロフェッション監査を予防医療にたとえています。日本でも従来，事業会社や銀行で財務状態に問題がある場合に，株主から検査委員を選び，計理士に依頼して調査する例がありました。しかし平生は，計理士を，問題が発生したときにそれを解決する医師ではなく，問題が発生する前にその原因を見つけ出す「健康医」であると表現しています。平生は，会計プロフェッション監査の目的を，常に身体の検査をして病気の有無などを調べ，もし何か病気が見つかればそれを指摘して，注意を促すことであると認識していました。平生の分析によれば，その当時，計理士が一般的に用いられていなかった理由は，計理士によって「病気」が発見され，それが世間一般に発表されるのを，会社が恐れているためでした。しか

し平生は，会計上の問題は病気と同じで，早期に発見されれば解決はさほど難しくないのにもかかわらず，それを隠して「姑息な手段」で処理しようとするために，問題が大きくなるのだと考えていました。そこで平生は，呉羽紡績の役員に対して積極的に会計プロフェッションを活用すべきと主張し，他の役員たちもその提案に賛同します。

　また平生は，計理士を活用することによって，監査役の業務が省力化できると考えていました（平生 2015a, 176-177 頁）。知人から，遠方に在住しているために監査役として会社になかなか行けないという相談を受けた際，平生は，計理士に月 1, 2 回監査をさせれば，監査役は株主総会前に 1 回ずつ出張して，帳簿と計理士の監査調書を突き合せれば十分であると助言しています。そして計理士のことを，公的な認可を受けた資格で，「中立不偏」の立場にあることから，ありのままの会社の実態を報告して，事業家の経営を保証する存在であり，事業経営に干渉するわけではないため歓迎されるべきであると評価しています。

　計理士が信用できる点として平生があげている，計理士が「中立不偏」であることは，現在の公認会計士に第三者からの独立性が求められている点と類似していると評価できます。

　『平生釟三郎日記』からは，彼の呉羽紡績の監査役としての活動内容を知ることができます。同社において監査役と計理士は，計理士が毎月の帳簿に対して監査を行い，監査役は簡略化した形で帳簿上の監査を実施するという形で役割分担していました（平生 2016, 454 頁；北浦 2014, 230 頁）。平生は，元帳（総勘定元帳と考えられます）と貸借対照表や損益計算書の突合をしていました。また，工場における棚卸しの際には，平生ではない監査役と計理士がともに工場に赴き，工場の製品に対して手続きを行っていました。さらに，1934年の呉羽紡績と富山紡績の合併時には，計理士が富山紡績の財産および貸借対照表を検査しました（平生 2016, 588 頁）。

(2) 川崎造船所の資産査定時における会計プロフェッションの利用

平生が直面した課題④ 厳密な資産査定の必要性

　第Ⅱ節で述べた通り，川崎造船所の再建は，債権者の利害が複雑に絡み合っていたため，一筋縄ではいきませんでした。平生は『平生釟三郎日記』の中で，1931年8月に開かれた第1回整理委員会の時点で，平生に提出された川崎造船所作成の整理案は，将来予測について数字的な根拠が不明確であったと述べています（平生2015b, 404頁）。

　平生はそもそも，川崎造船所が提出した財産目録の評価が正確かどうかを調査する必要があるとも考えていました。前述の通り，債権者との協議の中で問題となったのは，川崎造船所の債務のうち，どの程度の割合を切り捨てるのか，また残りの債務をどのようにして債権者に返済するのかという点でした。そのためには，川崎造船所が所有する財産の価値を正確に評価することが必要でした。当時，債権者は，「川崎造船所が自己の義務をないがしろにして債権者に負担を転化しようとしている」と考えており，会社に不信感を抱いていました（柴 1986, 85-86頁）。このような債権者を説得する上でも，厳密な資産査定が必要とされていました。

平生の秘策④ 計理士による財産調査

　平生は，財産目録の評価を専門家（expert）に依頼することにしました（平生2015b, 404頁）。たとえば，造船所の土地や機械などは，造船所として使用される場合の価値を示さなければ意味がないため，その評価は，造船業の経営経験のある公正な人物に任せなければならないといったことです。併せて必要な帳簿などの調査には計理士を起用しなければならないため，平生は，各務鎌吉が支援して会計プロフェッションとなった，東奭五郎に調査を依頼しました。

　平生は1931年11月22日に，東奭五郎の事務所である東計理士事務所（東・渡部会計事務所）から報告結果を聞き，川崎造船所の全

財産の実価格は関係会社の日本車両と川崎汽船を含めて9000万円であり，無担保の負債が1億4600万円であったことを把握しました。これはすなわち，川崎造船所の財務状況が，負債が資産に比べて6000万円程度多い債務超過の状態にあることを意味しています。その後，11月29日時点で無担保の債務は1億3500万円に修正されますが，平生は債務の33％（4500万円）を切り捨て，会社の資本金を10分の1に減資する必要があると判断します（平生2015b，566，576頁）。このように，1931年12月に平生が債権者に提出した整理案である「平生案」は，会計プロフェッションによる調査結果を踏まえたものでした。

　しかし，債務の33％を切り捨てたとしても，残りの債務（9000万円）と会社の資本金1000万円の合計である1億円は，会社の資産価値の9000万円を，1000万円上回ります。平生はこの1000万円を，「老舗料」（無形固定資産としての「のれん」）として認識しました。このようなのれんに価値があるのかについては平生自身も疑問であったようですが，整理の結果，川崎造船所を存続させるためには，会計上のれんを用いて処理する方法しかないと考えました（平生2015b，576頁）。整理委員の中からは，さらに資産を厳しく評価し，のれんの金額を大きくすべきであるという意見が出されましたが，平生は，そのような処理は世間が納得しないため実現不可能であると反対しました。この時点で平生は，のれん計上後に，のれんを償却するのかには言及していません。

　最終的に東計理士事務所の渡部義雄が11月30日，前期考課状の資産負債金額，和議申し立てのために作成された金額，東計理士事務所において作成した金額，3者の差異を整理委員に説明しました（平生2015b，578頁；北浦2014，230頁）。平生は，渡部の報告に基づき，のれんの金額を1500万円であると推計しました。

　営業報告書を見ると，川崎造船所は，1932年11月期に資産の整理をしています。「減資並基金繰入及整理益金」が収益として1億

表 8-1　川崎造船所の債務整理の状況

(単位：円)

	項　目	1932 年 5 月期 (A)	1932 年 11 月期 (B)	差　額 (A − B)
資　産	土　地	38,567,252	25,255,297	13,311,955
	船　舶	23,001,506	779,207	22,222,299
	有価証券	37,860,625	24,977,420	12,883,205
	半製品	44,741,007	11,878,706	32,862,301
	合　計	275,510,965	140,270,207	135,240,758
負債・純資産	資本金	90,000,000	18,000,000	72,000,000
	社債・借入金・支払手形	129,821,982	114,822,320	14,999,662
	仮受金	27,386,925	2,154,503	25,232,422

(出所)　株式会社川崎造船所「営業報告書」1932 年 5 月期・11 月期より作成。

1669 万円計上され，「諸機械其他償却金」が費用として 1 億 1437 万円計上されました。表 8-1 が示す通り，1932 年 11 月期の総資産額は 1 億 4027 万円であり，1932 年 5 月期から 1 億 3524 万円減少しました。1932 年 11 月期の総資産は，平生が推計した総資産額 1 億 500 万円（資産価値 9000 万円とのれん 1500 万円）を 3500 万円上回ったものの，それほど大きく異なっていませんでした。切下金額が大きい資産項目は「半製品」「船舶」「土地」「有価証券」であり，この 4 項目で減少金額全体の 60 ％を占めました。平生が推計したのれん（老舗料）は，独立した資産項目としては計上されておらず，各資産項目の金額に含まれる形で計上されたと推定できます。

　負債および純資産項目を見ると，資本金額は 1932 年 5 月期の 9000 万円から 1932 年 11 月期の 1800 万円へと，80 ％の減資が実施されました。『平生釟三郎日記』によれば，平生は資本金 1000 万円への減資を考えていましたが，結局は 1800 万円へ増加したことがわかります。負債項目については，事情は不明ですが，仮受金が 2523 万円減少し，社債・借入金・支払手形勘定の合計値も 1499 万円減少しています。減少率は，仮受金が 92 ％，社債・借入金・支払手形は 11.6 ％でした。

Ⅳ

ま　と　め

(1)　平生釟三郎とは

平生釟三郎は，東京海上保険時代から一貫して，特定の勢力に肩入れせずに，社会にとってどのように行動することが望ましいのかという点を重視していました。各務鎌吉が，三菱の岩崎家と親戚関係にあった関係から，三菱の重鎮として三菱系企業の経営者となっていったのに対し，平生は東京海上保険のみならず，三井系企業の専務取締役にも就任します。さらには，造船業や鉄鋼業といった製造業企業の経営にも関与していきました。

『平生釟三郎日記』を見ると，実にさまざまな人たちが，アドバイスをもらいに平生を訪ねていたことがわかります。平生もまた，1920年代後半以降は，人生の先輩としてアドバイスをしつつも，自分自身はあまり表に出ないようにしようとしていました。しかし，多くの人たちが頼り，懇願した結果，平生はやむをえず社長や役員になるケースも見られました。

知人から見た平生の特徴は，『平生釟三郎日記』と特徴的な筆蹟でした。呉羽紡績の伊藤忠兵衛にせよ，川崎造船所の川崎芳熊にせよ，平生が日記をこまめにつけ，暇があると日記を読み直していたこと，平生の字が独特で，他の人には解読が困難であったことに言及しています（川崎重工業株式会社史編さん室 1959, 112頁）。多忙な平生にとって，ほぼ毎日，その日にあった出来事を細かく日記に記載するのが負担だったことは，容易に推察できます。しかし日記には，平生が当時どのような考えで経営上の意思決定を行ったのかや，その根拠となった数値が細かく記載されています。平生は，日記のおかげで，客観的に経営上の意思決定を行うことができたといえるで

しょう。また、後世に生きる私たちにとっても、日記から事後的に平生の意思決定過程を知ることができ、『平生釟三郎日記』は貴重な歴史史料となっています。

(2) 平生釟三郎にとって会計プロフェッションとは

平生は、呉羽紡績の監査役監査や川崎造船所の和議手続きにおいて、積極的に会計プロフェッションを利用していました。『平生釟三郎日記』によれば、平生が会計プロフェッションである計理士を高く評価していた理由が、①計理士が計理士法という法律によって資格を付与され、②公正な立場で誰かに肩入れすることなく会社の会計をチェックすることが期待できるためでした。

①に関しては、第4章（各務鎌吉）で言及した通り、戦後の公認会計士法とは異なって計理士法はあくまで資格付与のための法律で、計理士はとくに独占業務を認められなかった点に限界がありました。平生はそれでも計理士という資格を高く評価していたことが、『平生釟三郎日記』から判明します。計理士の将来的な発展を期待して、温かい目で計理士を見ていたからかもしれません。

②に関しては、計理士が公正な立場で業務を行う職業であるという平生の評価は、現在の公認会計士にもつながるものです。東京海上保険に勤務していた時期にも三菱・岩崎家に肩入れせず、損害保険業界の発展に尽力した点からもわかる通り、平生は公正な立場で企業経営を遂行したいと考えていました。学校・病院の設立や、企業家・実業家では稀有な文部大臣への就任を踏まえると、平生は公共に奉仕する意識が強かったといえます。公正な立場からの業務遂行という計理士の特徴は、こうした自らの経営者としての意識と共通する部分があったため、平生は計理士を高く評価したのでしょう。

平生は、計理士の業務とは、取締役が提出した計算書が正確であることを保証するものだと考えていました。しかし、呉羽紡績の営業報告書の監査役による監査報告書には、計理士が関与している旨

が記載されてはいるものの，計理士による計算書に対する監査の実施内容や意見表明の根拠は確認できず，当時の会計プロフェッションの業務は，現在の公認会計士による財務諸表監査のような段階には至っていなかったといえます。

　各務は1920年前後に，平生は1930年前後に，会計プロフェッションを積極的に活用していましたが，その活用方法はともに，現在とは少し異なるものでした。これは，第7章（池田成彬）で見た通り，株式市場において配当情報が重要視され，会計情報が相対的に重要ではなかったことに起因しています。このような戦前日本における株式市場の特徴が，会計プロフェッション監査の発展の限界になっていたといえるのです。

第9章

結城 豊太郎

継続的な減価償却を推進した
社債市場の改革者

(南陽市立結城豊太郎記念館提供)

I

はじめに

　結城豊太郎は，1930年に日本興業銀行（以下，興銀）の総裁に就任し，同年に発生した昭和恐慌によって大きな打撃を受けた，社債市場を立て直した人物です。また1930年代前半に，経営危機に陥った融資先企業へ役員（経営者）を派遣し，それら企業の経営を再建しようとしました。融資先企業は，興銀による役員派遣をきっかけにして，減価償却を継続的に実施するようになります。

　結城は，以上の興銀の総裁就任，社債市場の立て直し，役員派遣の実施にあたって，人脈（コネ）を活用しました。現在でも人脈は，良くも悪くも，仕事を円滑に進める際に欠かせない要素であり，代表的なものとして学校や職場の先輩・後輩・同僚などがあげられます。結城にとっても職場の人脈は重要なものでしたが，彼の人脈を見る上でもう1つの重要な要素が，地縁（同郷）でした。薩長閥や藩閥という用語があるように，明治時代には，同郷であることが人々にとって重要なつながりだったことがわかります。結城は山形県の出身ですが，同じ山形県出身の経営者たちと協力することで，

1930年代の企業金融の再建を果たしていきます。

II
ビジネス上の貢献

　結城豊太郎は、1877年に山形県で生まれ、1903年に東京帝国大学法科大学政治学科を卒業しました。非常に優秀な学生でしたが、職探しに苦労し、人づてに横浜正金銀行の副総裁であった高橋是清を紹介してもらい、高橋の口添えで1904年に日本銀行（以下、日銀）に就職します。結城は、日銀で人生の師匠とも呼ぶべき人物・井上準之助に出会います。井上と結城は、ともに仙台の第二高等学校と東京帝国大学法科大学の卒業生で、井上のほうが8歳年上でした。結城は日銀時代、自身のキャリアに関する相談のため、井上にしばしば手紙を送っています（八木 2007, 72, 318-320頁）。そして1919年、井上が日銀総裁に就任すると、その推薦により、結城は42歳の若さで理事に就任しました。

　1921年に創業者の初代安田善次郎が亡くなった安田財閥では、外部経営者の招聘を決定し、大蔵大臣であった高橋是清に適任者の紹介を依頼します。高橋から相談を受けた井上準之助は、結城を推薦しました（八木 2007, 202頁）。結城は、安田保善社という安田財閥における持株会社の専務理事に就任し、組織改革を実行しようとしましたが、安田家の反対に遭い、1929年に同職を辞任します。結城はそれから1年半ほど、特定の役職に就任することなく、過ごしました。彼が興銀総裁に就任し、再び金融の世界に戻ってくるきっかけとなったのは、1929年に井上準之助が浜口雄幸内閣の大蔵大臣に就任したことでした。

高橋是清
（国立国会図書館「近代日本人の肖像」より）

(1) 昭和恐慌での緊急融資

結城が直面した課題① 昭和恐慌における事業会社の資金難

　井上は，大蔵大臣に就任すると，金本位制への復帰を目指して，緊縮財政政策を中心とした井上財政を展開しました。しかし，1929年にニューヨークでの株価暴落をきっかけに世界大恐慌が生じると，日本経済にも影響が及び，1930年に昭和恐慌と呼ばれる不況へと陥ります。多くの企業が経営難に陥る中，誰かがそれらの企業を資金面から救済する必要がありました。

結城の秘策① 資金難に陥った事業会社への緊急融資

　井上は，昭和恐慌により資金難に陥った事業会社への緊急資金援助を，興銀に委ねようとしました。しかし，当時の興銀総裁であった鈴木嶋吉は緊急資金援助に慎重で，消極的な態度に終始します（日本興業銀行臨時史料室 1957, 331 頁）。そこで井上は，1930 年 9 月に結城を新しい興銀総裁に起用しました。井上は結城の能力を高く評価していたのです（『東京朝日新聞』1930 年 9 月 12 日）。結城は興銀総裁に就任すると，経営難に陥っていた事業会社に対して積極的に融資を実行します。この融資は「産業特別資金」と呼ばれました。興銀は 1930 年末までに，34 社に対し産業特別資金として 7400 万円を供給しました（日本興業銀行臨時史料室 1957, 334-335 頁）。

　日本経済が悪化し，どの金融機関も事業会社に対して資金供給をしたがらない中，結城はあえてそれを実行しました。それは結城が，当時は国営銀行であった興銀の，社会的な役割を重要視していたためでした。しかし，これは興銀にとって，大きな方針転換でした。『日本興業銀行五十年史』は，結城による融資方針の変更を，以下のように評価しています。

　　　最後にこの期間（1930〜1937 年——引用者注）を通ずる融資活動に於て見逃し得ないことは，融資適否判断の基礎が「物から

人」へ，即ち担保主義金融から事業本位の金融に転換したことである。これは結城総裁が本行に残された大きな功績の一つであるが，従来，ともすると偏しがちな「質屋」的金融態度を排し，企業そのものを経営者，設備，事業の将来性等を一体とした観点から有機的に判断せんとするもので，この態度は現在に至るまで，本行融資・審査活動の拠点として重きをなしている（日本興業銀行臨時史料室 1957, 342 頁）

(2)　社債市場の再建

結城が直面した課題②　社債市場の混乱

　第2章で言及した通り，1920 年代から社債が日本企業の重要な資金調達手段となります。社債は大きく，担保付社債と無担保社債に分類できます。担保付社債においては，社債発行会社が社債の利息や元金を支払うことができなくなった場合，担保となる土地などの財産を売却し，その売却金が社債の所有者（社債権者）へ優先的に支払われます。これに対して，優先的に支払われる対象となる会社の財産がない無担保社債は，他の一般負債と同等に取り扱われます。したがって，社債の安全性という観点からは，社債権者にとって，無担保社債よりも担保付社債のほうが好ましいといえます。一方で，担保付社債を発行するために，社債発行会社は担保の設定を行う必要がありますが，それにはコストも手間もかかりました。

　そのため，1920 年代の社債市場においては，多くの社債が無担保社債でした（公社債引受協会 1980, 64 頁）。しかも，担保付社債は，発行会社に信用力がなく，無担保社債を発行できないがゆえに発行されるものと市場から評価されてしまっていました。その結果，担保付社債は，安全性の面から社債権者にとって望ましいにもかかわらず，あまり発行されていませんでした。

　1930 年に昭和恐慌が発生すると，このことが問題を引き起こします。恐慌によって，発行会社が利息や元金を支払うことができな

くなる（デフォルトする）社債が見られるようになり，1930年末までに，20の会社が発行した28銘柄の社債がデフォルトしました（公社債引受協会1980, 64頁）。そして，デフォルトした社債の多くが無担保であったために，被害が大きくなりました。

社債のデフォルトに際しては，社債を発行した会社のみならず，興銀をはじめとする社債引受金融機関が，社会的な批判を受けました。社債引受金融機関は，社債発行会社から社債の販売を請け負い，それに伴って手数料を受け取っていました。当時，社債の信用力を担保していたのは，社債発行会社以上に社債引受金融機関であり，多くの投資家がどの金融機関が社債を引き受けているのかを重視していました。にもかかわらず，昭和恐慌により社債がデフォルトすると，多くの社債引受金融機関が，自分たちは社債発行会社の信用力を評価する能力を持っていないと開き直ってしまいます（『ダイヤモンド』1930年8月21日）。その結果，1928年には11億円であった社債の発行額は，1930年には2億円に減少してしまいました（志村1969, 291頁）。

結城の秘策② 担保付社債発行の推進

昭和恐慌時の社債市場の混乱を受け，結城は，興銀をはじめとする社債引受金融機関が責任を持って，社債発行市場の健全化を図るべきであると考えました。そして結城は，社債市場の再建にあたり，興銀単独ではなく，他の社債引受金融機関を巻き込んでいきます。1930年には愛国生命保険社長らと金融機関の懇談会（五日会）を設立しました（八木2007, 293頁）。五日会などで結城とともに金融機関のとりまとめにあたっていたのは，同じ山形県出身である三井銀行の池田成彬でした。結城と池田は，五日会のみならず，電力会社のカルテルである電力連盟においても，ともに顧問に就任し，財界を牽引しました。結城は1931年1月に，社債引受方針として，①興銀は引き受けた社債については償還まで社債引受金融機関の責任を果たす，②担保付社債を引き受けることによって社債を保有する

投資家の利益を守る，という点を決定します（『銀行通信録』1931 年
1 月 20 日）。

　当時の社債の担保設定に関する法制度も，担保付社債の円滑な発
行を妨げていました。同じ担保を用いて担保付社債を複数回発行す
る場合，先に発行されたほうが優先して担保からの弁済を受けるこ
とになっていました。これを「クローズド・モーゲージ」といいま
す。クローズド・モーゲージにおいては，後から発行される担保付
社債は，先に発行されたものに比べて不利な取り扱いを受けるため，
追加的な担保付社債の発行が難しくなります。結城は，信託大会に
おいて法制度の改正を求め，後から発行される担保付社債も先に発
行された社債と同じ扱いを受ける「オープンエンド・モーゲージ」
を導入するように主張しました（栗栖 1967, 205-206 頁）。このような
結城の要求もあって，1933 年 4 月に法律が改正され，オープンエ
ンド・モーゲージが採用されました。これら担保付社債を推進する
動きは，「社債浄化運動」と呼ばれています。社債浄化運動の中で，
社債の発行額は 1930 年の 2 億円から 1934 年の 14 億円と増加し，
社債発行額に占める担保付社債発行額の割合も 1930 年の 11.6 ％か
ら 1934 年の 67.9 ％へ上昇しました（志村 1969, 291 頁）。

　結城は 1936 年に，新聞紙面において担保付社債の重要性を説い
ています。そこにおいて，1920 年代によく見られた「一流会社に
は無担保社債がよい」という考えは誤っていると強く批判していま
す。結城は，発行時には，その会社の業績がたとえ好調であっても，
それが永続に続く保証はないため，償還期間が 10 年や 20 年となる
長期社債においては，担保付社債が必要不可欠であると考えていま
した。そして，長期社債における担保設定は，社債の発行者にとっ
ては義務であり，社債の所有者にとっては権利なので，社債引受金
融機関は企業の長期資金調達のため，担保付社債発行に尽力すべき
であると主張しました（『東京朝日新聞』1936 年 2 月 22 日）。

Ⅲ

会計実務上の貢献

役員派遣に伴う継続的な減価償却の開始

　前述の通り，結城豊太郎は 1930 年に興銀総裁に就任すると，経営難に陥った企業に対して積極的に融資を行いました。また，担保付社債の積極的な引き受けを決定した 1931 年 1 月の興銀重役会において，「深く会社の内部に立ち入って，会社の会計又は経営の上に干渉する必要があるため，万一経営者が不適任であると認められる場合は，進んで銀行側に適任者を派遣し，事業会社に対する監視監督にあたらせる」ことを打ち出します（『銀行通信録』1931 年 1 月 20 日）。

　この方針のもとで，興銀は融資先企業の経営再建のために，役員派遣を行いました。『東京朝日新聞』『読売新聞』といった新聞の記事や『ダイヤモンド』『東洋経済新報』といった経済雑誌の記事から，興銀が 1930 年から 1935 年にかけて，少なくとも 14 社に役員を派遣していたことがわかります（北浦 2022, 71 頁）。その 14 社とは，伊勢電気鉄道（伊勢），伊那電気鉄道（伊那），樺太工業（樺工），樺太汽船（汽船），沖縄製糖（沖縄），静岡電気鉄道（静岡），神戸有馬電気鉄道（神戸），明治製革（明治），相模鉄道（相模），北九州鉄道（北九州），三河鉄道（三河），盛岡電灯（盛岡），西武鉄道（西武），大同電力（大同）です（以下では，各社を（　）内の略称で表記）。表 9-1 は，興銀から 14 社へ役員派遣を開始および終了した決算期を示しています。

　取締役や監査役は，通常，株主総会で株主によって選任されます。そのため，投資家が自分自身や自身の関係者を他社の役員にしようと思ったら，その会社の株式を多く取得する必要があります。しか

表 9-1　興銀による役員派遣の状況

	派遣開始決算期	派遣終了決算期
伊　勢（伊勢電気鉄道）	1933 年下期	1936 年上期
伊　那（伊那電気鉄道）	1931 年下期	1934 年上期
樺　工（樺太工業）	1930 年下期	1932 年上期
汽　船（樺太汽船）	1934 年上期	1936 年上期
沖　縄（沖縄製糖）	1932 年	1943 年
静　岡（静岡電気鉄道）	1931 年下期	1936 年上期
神　戸（神戸有馬電気鉄道）	1931 年上期	1947 年上期
明　治（明治製革）	1932 年下期	1937 年上期
相　模（相模鉄道）	1931 年下期	1939 年上期
北九州（北九州鉄道）	1931 年下期	1937 年下期
三　河（三河鉄道）	1930 年下期	1940 年下期
盛　岡（盛岡電灯）	1931 年上期	1941 年下期
西　武（西武鉄道）	1935 年上期	1936 年下期
大　同（大同電力）	1934 年上期	1938 年下期

(注)　1)　伊勢へは，1932 年下期にも 1 度役員を派遣している
　　　　　が，半期で終了したため除外。
　　　2)　沖縄は 12 カ月決算，その他は 6 カ月決算。
(出所)　北浦（2022）表 2・表 3 より（原史料は各社「営業報告
　　　書」各期）。

し，興銀，もしくは結城は，1930 年代前半に役員を派遣した融資先企業の大株主ではありませんでした。

　まず，全株主の名前と保有株式数が記載された「株主名簿」が残っている融資先企業を見ると，1932 年上期の伊勢，1932 年上期の相模，1930 年下期～1932 年上期の樺工の株主名簿に，興銀の名前は見当たりません。また，大企業の情報が記載されている雑誌『株式年鑑』には，1930（昭和 5）年度版以降，興銀による役員派遣先企業 10 社（伊勢，伊那，樺工，汽船，沖縄，静岡，神戸，相模，西武，大同）の大株主リストが掲載されていますが，1936（昭和 11）年度版まで興銀は含まれていませんでした。

　これらから，興銀は派遣先企業の株式を保有していなかったか，保有していたとしても，大株主として役員選任に大きな影響を与えるほどの保有割合ではなかったと推測されます。すなわち興銀は，

大株主の立場から役員を派遣したわけではなかったのです。そこで以下では，大株主でもなかった興銀が，どうして融資先企業に役員を派遣した（できた）のか，役員派遣が融資先企業の経営にどのように影響を与えたのか，役員派遣において結城が果たした役割はどのようなものであったのかについて見ていきましょう。

結城が直面した課題③　融資先企業の高配当と低償却に伴う経営難

　ここでは，興銀の融資先企業の中でも役員派遣の状況がよくわかる，盛岡（盛岡電灯）を事例に考えます。盛岡の前身である盛岡電気は，1904年に金田一勝定によって，盛岡で最初の電力会社として設立されました（盛岡市ウェブサイト）。言語学者で有名な金田一京助は，勝定の甥です。勝定は，盛岡電気以外に，岩手軽便鉄道や盛岡銀行の設立にも関与していました。

　1920年代になると，勝定の養子であった金田一国士（くにお）が，盛岡の拡大路線を進めます。同社は1919年から1930年にかけて，8つの電力会社を合併しました。国士はまた，高配当政策をとり，盛岡の配当率は1926年1月の7％から1930年12月の10％へと上昇しました。しかし，配当に必要な資金の調達を銀行からの借入に依存する結果となり，中には高金利の借入金も含まれていました。地方銀行からの高金利の有利子負債は，1926年6月の700万円から1930年12月には1300万円へ増加しました（『東洋経済新報』1934年3月10日）。これに伴い，支払利息金額は，1926年の22万円から1930年には41万9000円へ増加しています。この支払利息金額の増加が，盛岡の経営を圧迫していきます。

　高配当によって影響を受けたのが，減価償却でした。盛岡では，1928年から1929年にかけて，減価償却が実施されていませんでした。盛岡だけでなく，1930年代に興銀が役員を派遣した融資先企業は，役員派遣前には，減価償却の実施に積極的ではありませんでした。図9-1は，役員派遣前後の決算期における派遣先企業の利益償却率（減価償却前の利益に対する減価償却額の割合）および総資産償

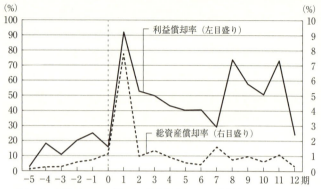

図 9-1 派遣先企業における役員派遣前後の利益償却率・総資産償却率の推移

(注) 1) 横軸（−5〜12期）は，役員が派遣された決算期を0期とし，−1は派遣した決算期の1期前の決算期，1は派遣した決算期の1期後の決算期を示す。
2) 派遣後の決算期については，役員の派遣終了決算期が1936年下期以前である場合には，派遣終了の決算期までの状況を，1936年下期以降の場合には，1936年下期までの状況を反映。
3) 利益償却率・総資産償却率の計算対象となった派遣先企業は，−5〜−3期と1〜1期については14社，−2期（明治を除く）と2〜3（伊那を除く）は13社。4期は伊那・樺工・西武を除く11社，5期は樺工・汽船・西武を除く11社，6〜7期は静岡・神戸・明治・相模・北九州・三河・盛岡の7社，8〜9期は静岡・神戸・相模・北九州・三河・盛岡の6社，10期は神戸・相模・北九州・三河の4社，11期は神戸・三河の2社，12期は三河。
4) 決算期間の長さを考慮せず，単純に平均値を計算している。
5) 各企業の具体的な動向については，北浦（2022）の表2・表3を参照のこと。
(出所) 北浦（2022）表2・表3より作成（原史料は各社「営業報告書」各期）。

却率（総資産額に対する減価償却額の割合，年ベース）の単純平均値を示しています。ここから，派遣前の5期間（−5〜−1期）において，単純平均した利益償却率は3.2〜25.1％，総資産償却率は0.1〜0.7％であったことが判明します。各社について見ると，派遣前5期間に減価償却を実施していなかった会社は，9社にのぼりました。うち，伊勢・神戸・相模は5期間，汽船・沖縄・明治・三河は4期間，静岡・盛岡は3期間にわたって，減価償却を実施していませんでした。

結城の秘策③ 融資先企業への役員派遣と継続的な減価償却の実施

興銀は1930年12月末時点で盛岡に対して104万円を貸し付けており，興銀からの借入金は，盛岡の借入金総額の33.8％を占めていました（盛岡電灯株式会社「営業報告書」1930年12期）。高配当率維持のために高金利の借入金を増加させて経営の悪化した盛岡に対し，興銀は1931年6月期に役員を派遣します。新社長として派遣されたのは，福島県令などを務めた加勢清雄でした（『東洋経済新報』1931年7月4日）。加勢は結城にとって同郷の後輩であり，加勢を推薦したのは結城自身でした。結城が融資先企業への役員派遣において地縁によるネットワークを利用していたことがわかります。

役員派遣がきっかけとなり，1933年6月末時点の盛岡における興銀からの借入金金額は，1930年12月末と比較して2.7倍の，279万5000円にまで増加しました（盛岡電灯株式会社「営業報告書」1933年6月期）。同時点で，盛岡の借入金総額に占める興銀からの借入金の割合は64.9％に達しました。しかし，盛岡の営業報告書から，一方で興銀が，役員派遣をする直前の決算期である1930年12月期に，盛岡に対して配当率の引き下げを要求していたことが判明します。その際，興銀は，盛岡が内部留保を蓄積し，財務を強化し，将来にわたってより合理的な方法で経営するように努めるべきであると主張しました。こうした要求もあって，盛岡の配当率は，1932年6月期には0％（無配）となります（盛岡電灯株式会社「営業報告書」1932年6月期）。

盛岡の株主構成は史料を確認できないために不明ですが，興銀は，おそらく他の役員派遣先企業の場合と同様に，盛岡の大株主ではなかったと思われます。それにもかかわらず同行は1930年代前半，社長を派遣し，盛岡の配当政策に影響を与えることができました。その理由として，①1930年代前半の盛岡においては興銀借入金の割合が高まっており，興銀の要求を受け入れないと新規の資金調達が困難になると予想されたこと，②盛岡の当時における主たる経営

課題は，高利率であった地方銀行からの借入金の減少であり，そのためには興銀の協力が必要不可欠であったこと，があげられます（北浦 2022, 76 頁）。そして，興銀が盛岡に対して要求した，内部留保を蓄積し，財務を強化するための手段として，減価償却が利用されます。

盛岡以外にも，新聞や雑誌から何人かの派遣役員の経歴が判明します。そのほとんどが派遣前には興銀の従業員でした。たとえば，静岡の監査役と大同の常務は興銀の課長，相模の監査役は興銀の業務課次長でした（北浦 2014, 212, 214 頁；『東洋経済新報』1931 年 7 月 4 日）。興銀から，鑑定課長であった永松利熊が大同の常務へ派遣された経緯は，新聞報道によれば以下のようでした（『読売新聞』1933 年 12 月 8 日）。大同は，経営悪化に伴い，1933 年 12 月に経営再建計画（「更生計画」）を策定し，その計画に基づいて新規の国内社債を発行しようとします。そこで興銀・住友銀行・三井信託といった社債引受予定金融機関は，今後大同との関係性をさらに緊密化するために，主幹事の社債引受予定会社である興銀から常務取締役 1 名を派遣することを決定します。そして，結城と大同の社長である増田次郎との間で協議がなされ，人選が行われました。盛岡や，この大同の事例からわかる通り，結城は役員派遣に際して，その人選にコミットしていました。

役員派遣先企業は，興銀による役員派遣に伴って，その減価償却会計を変更していきます。図 9-1 で役員派遣後の決算期における減価償却の状況を見ると，派遣後 1 期において，利益償却率および総資産償却率の単純平均値が，それぞれ 92.0 ％，7.8 ％へと急上昇しています。以降の期も含めて，役員派遣後の決算期における利益償却率・総資産償却率は，派遣前の決算期に比べて上昇していることがわかります。

各社の動向を個別に見てみると，伊勢・汽船・沖縄・明治・盛岡は 1 期後から，三河は 2 期後から，継続的な減価償却を開始しまし

た。伊那・樺工・北九州・盛岡は，その経緯は不明ですが，派遣前より継続的な減価償却を開始しています。その後，役員派遣に伴い，伊那・樺工・北九州では当該の0期に，盛岡では1期後に減価償却額が増加し，利益償却率・総資産償却率が上昇しました。

このように，興銀による役員派遣先企業では，役員派遣後に，毎期継続的に減価償却が実施されたり，利益償却率や総資産償却率が上昇したりしました。一方で，これらの償却率は多くの場合において，一定ではなく，一定の割合で継続的に増減したわけでもありませんでした。ここから，図9-1の期間内には，派遣先企業における減価償却は，定額法や定率法のように規則的に減価償却を実施する「正規の減価償却」という段階に至らず，過渡的な状況であったと評価できます。

IV

ま と め

(1) 結城豊太郎とは

結城豊太郎は，1930年代前半，昭和恐慌によって事業会社が経営難に陥るとともに，社債発行市場が事実上消滅する中で，興銀総裁として，事業会社へ緊急融資（産業特別資金）を実施し，社債浄化運動を通じて社債発行市場の立て直しにあたりました。結城は，自身の社会的な使命を意識しており，社債浄化運動においては一貫して，社債権者保護の立場から担保付社債の発行を推進していきました。担保付社債は手続きが煩雑で発行会社に敬遠されることもありましたが，長期的な資金を調達しやすいという点で発行会社にとってもメリットがあると，結城は考えていました。

事後的には，結城の処世術は，人脈をうまく利用した結果のように見えます。最初の就職先であった日本銀行へ入行する際には，高

橋是清のサポートを受けました。同行で，人生の師匠とも呼べる井上準之助と出会います。井上は結城を日銀理事に抜擢し，その後，安田財閥の専務理事や興銀総裁へ推挙しました。また，結城の人脈を考える上で欠かせない要素に，「山形県」という地縁がありました。結城と同郷の池田成彬は1930年代，ともに社債発行市場や財界の立て直しに尽力しました。融資先である盛岡電灯に対しては，同じく山形県出身の加勢清雄を社長として送り込み，盛岡の経営再建を委ねました。

(2)　結城豊太郎にとって減価償却とは

　結城豊太郎自身が減価償却会計をどのように考えていたのかについて正確にはわかりませんが，加勢を派遣した盛岡における興銀の経営介入から，ある程度推察することが可能です。低収益であったにもかかわらず高配当を維持していた盛岡に対して，興銀は，内部留保を蓄積し，財務を強化し，将来にわたってより合理的な方法で経営するように努めるために，配当率の引き下げを要求しました。減価償却は，配当率を引き下げ，内部留保を進めることを可能にする手段でしたので，役員派遣先企業では，興銀からの要求によって継続的な減価償却が実施されるようになったと考えられます。

　興銀は，役員派遣先企業の大株主ではなく，あくまで債権者の立場から役員を派遣し，減価償却の拡充を促しました。本章の事例は，経営者が減価償却をどのように行うのかという会計処理の選択が，企業統治論における株主と経営者というプリンシパル・エージェント関係からのみ決定されるわけではなく，債権者などの多様な利害関係者から影響を受けることを教えてくれます。

第10章

小林 一三

配当と減価償却のバランス重視で
古巣を見返したプロ経営者

（国立国会図書館「近代日本人の肖像」より）

I
はじめに

　小林一三といえば，阪急電鉄の創業者として有名であり，歴史上人気の高い経営者です。ターミナル駅（たとえば，新宿駅・渋谷駅・池袋駅や大阪梅田駅）における百貨店や沿線における遊園地など娯楽施設の建設，私鉄沿線の住宅開発やスーパーマーケットの出店というような，日本の都市近郊私鉄に見られる多角的な企業経営モデルは，小林が生み出したものでした。また小林は，1940年には第2次近衛文麿内閣の商工大臣を，1945年には幣原喜重郎内閣の国務大臣・戦災復興院総裁を務め，財界の立場から政治の世界にかかわりました。とりわけ商工大臣時代，後に首相となる岸信介との間に生じた対立は，政治史上でも有名です。

　小林の経歴において，阪急電鉄の創業や大臣としての活動に比して，意外と知られていないのが，阪急電鉄の前身である箕面有馬電

岸信介
（国立国会図書館「近代日本人の肖像」より）

気軌道の設立前に勤務していた三井銀行で池田成彬と接点があった
ことや，1930年代前半に東京電灯の社長および副社長として同社
の経営を立て直したことです。第7章（池田成彬）で言及しました
が，三井銀行の経営者であった池田成彬は，1920年代に経営が悪
化した東京電灯へ小林を送り込みます。小林は1927年に東京電灯
の取締役に，翌1928年には副社長に就任しました。

　同社では，しかし，神戸挙一の後任として1926年に社長に就任
した若尾璋八が，1930年まで経営権を握っていました。若尾は
1928年に発行された東京電灯社債の契約条項に違反した会計処理
を選択し，結果，東京電灯は，1930年に外国社債引受金融機関や
池田らの経営介入を受け，配当率を前年の8％から5％へ引き下げ
ました。この減配に不満を持った株主会の東電会は，若尾の経営責
任を問い，若尾は1930年に社長を退任します。

　若尾の退任後，社長職は会長であった郷誠之助が兼務しましたが，
東京電灯の経営は小林が主導するようになります。小林は，1933
年に社長に就任して名実ともに東京電灯の最高責任者となり，1940
年までその地位にとどまりました。

　1930年代前半に東京電灯の財務および経営で最大の問題になっ
たのが，「電力外債問題」でした。第6章（松永安左エ門）と第7章
（池田成彬）で言及した通り，東京電灯をはじめとする電力会社は，
1920年代にアメリカおよびイギリスで積極的に外貨建て社債（外
債）を発行しました。とくに東京電灯は，1928年に大型の社債を
日米英3カ国で発行しています。電力会社が1920年代に外債を発
行した理由を再度確認すると，①外債の利率が株式の配当率より低
く，有利な資金調達方法であったこと，②外債の償還期間が国内債
の償還期間に比べて長いため，調達した資金の一部を発電所などの
固定資産投資に使用していた電力会社にとって，望ましい資金調達
方法であったこと，③当時のドル円相場が円高ドル安に進んでいた
ため，将来的には為替差益が期待できたことでした。

1930年代前半に東京電灯の経営を悪化させた最大の要因であった電力外債問題は，円ドル為替相場の急変によるものでした。国内の金融市場から円建てで資金調達をしているだけならば，為替相場の変化が経営に影響を与えることは基本的にないと考えられますが（海外との貿易を除く），1920年代に積極的に外貨による資金調達を行った東京電灯は，為替相場の影響を大きく受けることになりました。1931年12月の金輸出再禁止以降，円ドル為替相場が円安ドル高にシフトしたために，同社は大きな損失を抱えることになります。

　また1933年から1935年にかけては，東京電灯が1928年に池田や外国社債引受金融機関と締結した減価償却会計条項の取り扱いが問題となりました。これを「減価償却問題」といいます。本章では，小林が1930年代の東京電灯における電力外債問題や減価償却問題へ，どのように立ち向かったのかを見ていきましょう。

Ⅱ
ビジネス上の貢献

　小林一三は，1873年1月3日に山梨県で生まれます。名前の一三は，誕生日から名づけられたものでした。小林は1888年に慶應義塾に入学し，1892年に卒業します（老川2017, 327-328頁）。

　卒業後，小林は1893年に三井銀行へ入行しました。同年，大阪支店へ転勤となり，そこで大きな影響を受ける人物に出会います。それが，1895年に大阪支店長として赴任してきた岩下清周でした。

　岩下は積極的な融資方針をとり，小林は岩下のもとで貸出係を担当しました（老川2017, 38-40頁）。しかし，三井銀行の経営陣が，そ

岩下清周
（国立国会図書館「近代日本人の肖像」より）

の積極的な融資方針を警戒したため，岩下は銀行設立を計画し，
1896 年に三井銀行を退職します。そして 1897 年に北浜銀行を開業
しました。

　岩下の辞職後に，大阪支店の次長として赴任してきたのが，池田
成彬でした。小林は，大阪支店の支店長より，北浜銀行に移るのか，
それともこのまま三井銀行に残るのかの決断を迫られます（小林
1990, 57 頁）。このときは後者を選択し，その後，名古屋支店や再び
大阪支店へ赴任しました。1900 年には東京へ転勤となりますが，
同行を退職する 1907 年までの時期が，「一生のうち，私の一番不遇
時代」であったと小林は述べています（同 111 頁）。

　まず，1900 年に三井銀行の東京深川支店所属の倉庫を分離して
設置された支店である箱崎倉庫の主任の内示を受けましたが，実際
に赴任してみると，主任の下の次長であったというトラブルがあり
ました。その約 1 年半後，箱崎倉庫の主任に追い出される形で，小
林は東京本店の調査課に左遷されます（小林 1990, 108 頁）。当時，
三井銀行の東京本店では，池田が営業部長として大きな力を持って
いました。小林が所属していた調査課は，「三井銀行の参謀本部」
でありながら，「いつも池田営業部長に押しまくられる」状態でし
た。小林は，池田の部下なら出世できるが，調査課に所属している
自分は出世できないと考えていました（同 110 頁）。

　このように小林は，三井銀行時代から池田のことを知っていまし
たが，あまり快く思っていなかったように見えます。一方で小林は，
岩下清周とは，彼が三井銀行を退職した後も交流を続けていました。
そうした中で岩下は，三井物産の飯田義一らと証券会社を設立する
計画を立て，その支配人として小林を迎え入れようとします。三井
銀行での待遇に満足していなかった小林は，この誘いに応じて，三
井銀行を退職しました。

　ところが，1907 年以降株価が暴落したため，証券会社の設立計
画は消滅してしまいます（小林 1990, 141 頁）。三井銀行を退職した

小林は，失業状態になりました。このとき，三井物産の飯田から再び，阪鶴鉄道の監査役への就任依頼がきたため，小林はこれに応じます。とはいえ阪鶴鉄道自体は，1906年の鉄道国有法で政府に買収されることが決まっていたため，小林をはじめとする同社の経営者たちは，大阪梅田から箕面および宝塚，そして宝塚から西宮をつなぐ鉄道会社の設立を計画し，小林自身もこの箕面有馬電気軌道の設立にかかわっていきます。

　しかし，株価が暴落していたことも相俟って，箕面有馬電気軌道は過半数の株式が払い込まれない状態に陥ってしまい，設立が危ぶまれることとなりました。そこで小林は，自らが箕面有馬電気軌道の設立および経営を一手に行うことを，他の発起人たち（会社の設立者たち）に提案します。このような提案をしたのは，彼がこのときすでに沿線の住宅開発がうまくいくと考えていたためでした（小林 1990, 151 頁）。株式は，自身と交流のあった実業家たちに引き受けてもらい，残りも一時的に岩下の北浜銀行に引き受けてもらうことになりました（同 161-162 頁）。

　こうして 1910 年に箕面有馬電気軌道が開業すると，小林は早速，「最も有望なる電車」や「住宅地御案内」というパンフレットを作成し，大阪市内で配布しました。このときの住宅販売の特徴は，分割払いで購入できるようにした点です。たとえば，池田室町においては，5〜6 室を有する 2 階建ての家屋を 2500〜3000 円で販売しましたが，売値の 20 ％を頭金として，残りを月 24 円・10 年間支払いという仕組みをつくりました（小林 1990, 180-181 頁）。

　さらに，小林は沿線に娯楽施設を建設します。最初に箕面動物園を開業しましたが，周囲の自然環境との関係から閉園せざるをえなくなります（小林 1990, 196-198 頁）。次に取り組んだのが，1911 年の宝塚新温泉の開業でした。そして 1913 年には，現在の宝塚歌劇団につながる宝塚少女歌劇が組織され，翌 1914 年に初舞台が行われました。

小林によれば，この当時鉄道経営は順調で，配当も7％を支払うことができました。ところが，同時期に，小林の最大の理解者であった岩下清周をめぐって「北浜銀行事件」が発生します（小林1990, 219頁）。事件の発端は，1914年に『大阪日日新聞』に掲載された岩下批判の記事でした。これによって北浜銀行は大打撃を受け，1914年8月に支払停止に追い込まれます。

　北浜銀行の整理にあたって，同行が保有する箕面有馬電気軌道の株式が問題になりました。小林は，資金がないにもかかわらず，借金をして可能な限りの株式を引き受けました（小林1990, 223頁）。このように積極的に株式を取得した理由は，自身が大株主にならなければ，北浜銀行に代わる別の大株主の意向に従った経営をしなければならなくなると考えたためでした。自らが大株主になれば，箕面有馬電気軌道は，小林にとって「誰にも遠慮もいらない私の会社」になります（同224頁）。北浜銀行事件をきっかけにした小林による株式取得からは，当時の企業における大株主の権限の大きさが窺えます。

　名実ともに箕面有馬電気軌道の経営権を獲得した小林は，1918年に社名を阪神急行電鉄（阪急電鉄）へ変更しました。また1920年には，大阪と神戸を結ぶ神戸線が開通しました。その後，小林は，百貨店ビジネスに進出していきます。1920年，梅田駅に阪急電鉄本社ビルができると，1階に老舗百貨店であった白木屋を誘致し，2階に阪急食堂をオープンしました。1925年に白木屋との賃貸借契約の期限がくると，直営の阪急マーケットを開業しました。阪急マーケットは1929年，梅田郵便局跡地に場所を変えて，阪急百貨店として営業を続けます（老川2017, 108-112頁）。小林はその後も，映画会社（現，東宝）などの設立に関与していきました。

　このように小林は，阪急電鉄において，鉄道事業のみならず，住宅開発，娯楽施設，百貨店など，多様な事業を展開していきました。1つの会社がさまざまな事業を展開していくことを「多角化」とい

いますが，小林が阪急電鉄において実行した多角化戦略には，次の2つの意味があったと考えられます。

1つはリスクヘッジです。鉄道事業には，あまり景気の影響を受けない安定的な推移が見込めるのに対し，住宅開発業や娯楽，百貨店は，鉄道に比べると景気の影響を受けやすい事業です。事業間ではリスクの内容も異なります。多様な事業を展開することにより，1つの事業がうまくいかない時期にも，他の事業によって利益を獲得することができます。

もう1つはシナジー効果です。阪急電鉄が運営していた事業は，1つの事業が他の事業にプラスの効果をもたらすものでした。たとえば，阪急電鉄沿線の住宅購入者の多くは，阪急電鉄に乗って，大阪の中心地まで通勤していました。また，宝塚温泉に行こうとすると，阪急電鉄を利用する必要がありました。住宅開発や娯楽施設が，電車の乗客者数を増加させる要因になったのです。

阪急電鉄の経営が成功したことは，小林を著名な経営者にしました。そして小林はプロ経営者として，ヘッドハンティングされる形で東京電灯の経営を任されることになったのです。

(1) 「電力外債問題」の解決

小林が直面した課題① 電力外債問題の発生

第7章（池田成彬）で述べた通り，小林は池田に勧誘される形で，1927年に東京電灯の取締役に，1928年には副社長に就任しました。池田は，三井銀行時代の小林をほとんど評価していなかったか，もしくは，評価はしていたがライバル部署の社員であったため冷遇していたものと思われます。しかし，阪急電鉄での活躍が小林の経営能力の高さを証明し，池田が小林に東京電灯の立て直しを依頼せざるをえなくなったというのは，大変興味深い経緯です。池田は，小林を東京電灯の取締役に就任させるのに苦労し，会長に郷誠之助を据えることで，ようやく承諾させました。小林が池田の勧誘をすぐ

には受け入れなかった理由として，小林が三井銀行時代に池田のことを必ずしも快く思っていなかった点があげられるかもしれません。いずれにしても，小林が1927年に役員に就任したことが，1930年代の東京電灯の経営再建にとって重要な意味を持ってきます。

　1920年代に東京電灯が発行した外貨建て社債は，将来的な円高ドル安を期待したものでした。第7章（池田成彬）でも見た通り，1930年1月に立憲民政党の浜口雄幸内閣が金解禁政策を実行すると，ドル円為替相場はいったん円高ドル安にシフトしました。しかし，1931年9月にイギリスが金本位制から離脱したことによって，金融機関によるドル買いが進みました。浜口内閣を引き継いだ第2次若槻礼次郎内閣が同年12月に総辞職すると，代わって同月に誕生した立憲政友会の犬養毅内閣において大蔵大臣を務めた高橋是清が金輸出再禁止を行い，日本は金本位制から離脱しました。この金輸出再禁止によって，円ドル為替は，急激に円安ドル高へと進みました。

　金輸出再禁止の結果，1932年11月には100円＝20ドルを割り込むことになります。1930年に始まった昭和恐慌から，日本が国際比較の観点では比較的早く回復した要因として，急速な円安が輸出産業にプラスの影響を与えた点が考えられます。一方，電力業は，それによって最もマイナスの影響を受けた産業の1つであるといえます。というのも，円安によって外債の為替差損が大きく膨らんだからです。

　為替差損の内容は，利息の支払い，および減債基金と呼ばれる元金返済資金をプールするための基金への送金によるものでした。外債には，金ベースによる外貨建ての利息支払いと減債基金への送金が義務づけられていました。これを金約款条項といいます。すなわち電力外債は，利息の支払いと元本の償還を，当時金とリンクしていたドル・ベースで行わなければなりませんでした。ドルに対する円安の進行は，円建てでの支払利息の計上額を増加させました。加

図 10-1　東京電灯における有利子負債の推定利回り推移

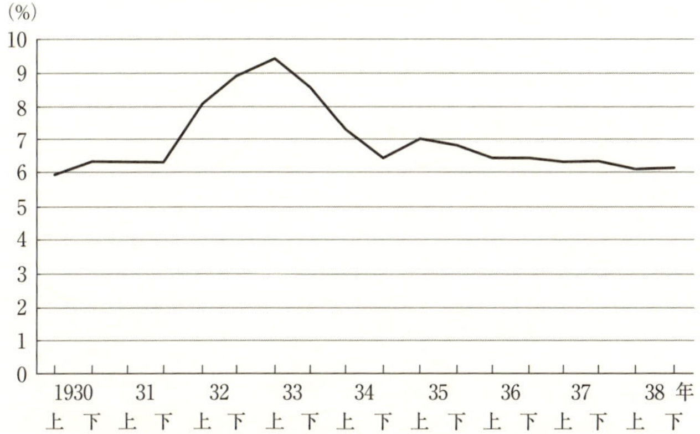

(注)　推定利回り＝支払利息（半期×2）/［(前半期末有利子負債残高＋今半期
有利子負債残高)÷2］。

(出所)　北浦（2014）182 頁（原史料は東京電灯株式会社「営業報告書」各期）。

えて，減債基金による外債償還金額も増加させましたが，外債の簿
価は発行時の円ドル為替レートで計算されていたため，その差額で
計算される為替差損が発生したのです。

　たとえば，外債の利息が 1000 ドルであった場合，金解禁下にお
ける円ドル為替に近似する 100 円＝50 ドル（正確ではありませんが，
説明の便宜上 100 円＝50 ドルにしておきます）だと 2000 円の支払いに
なりますが，100 円＝20 ドルだと 5000 円となります。すなわち，
1931 年 12 月から 1932 年 11 月にかけてのわずか 1 年弱の間に，外
債の利息支払金額が 2.5 倍に増加したわけです。

　実際に，東京電灯の支払利息金額を有利子負債残高（社債と借入
金の合計金額）で割った推定利回りは，図 10-1 の通り，1930 年上期
の 6.0 ％から 1933 年上期の 9.4 ％へと上昇しました。東京電灯にお
ける推定利回りの変化は，日本銀行の公定歩合（現在の「基準割引率
および基準貸付利率」）が 1930 年 10 月の 5.11 ％から 1933 年 7 月の
3.65 ％へと低下したのとは対照的でした（図 10-2）。

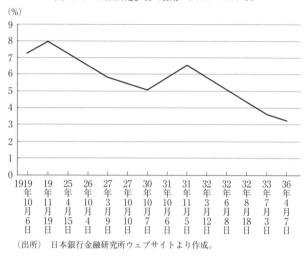

図 10-2　日銀公定歩合の推移（1919〜1936 年）

（出所）日本銀行金融研究所ウェブサイトより作成。

小林の秘策①　電力外債の買入償還

　電力外債問題への対応としては，外債の買入償還が最も有効な手段でした。外債の買入償還とは，東京電灯自体が投資家の保有している東京電灯外債を有償で取得することです。これが有効な手段となる理由は，将来利息を支払う必要がなくなるのに加え，東京電灯の収益悪化に伴って外債の価額が低下した結果，外貨ベースでは買入償還益が発生したためでした。東京電力の「電気の史料館」が所蔵する史料から，東京電灯の 1929 年から 1933 年までの償還状況が判明します。1929 年に米貨債の買入平均単価が額面 100 に対して 90.89 であったものが，1932 年 7 月においては 33.84 まで低下し，1933 年でも 37.57 でした。英貨債の買入平均単価も，1929 年に 95.66 であったものが，1933 年には 70.17 にまで低下しています。外債価額の急落は，外債市場が電力外債の信用リスクが高いと評価し，その信用リスクの増大が発行時には想定できないものであったことを意味しています。東京電灯では，1929 年から 1933 年にかけ

て，買入償還に伴う為替差損が，米貨債については398万円，英貨債については32万円発生しましたが，一方で償還益が，米貨債に648万円，英貨債に57万円発生しました（北浦 2014, 184-185頁）。このようにして東京電灯における外債買入償還は，会計上，差し引き275万円の利益を同社にもたらすとともに，将来の支払利息を節約しました。

しかし，東京電灯による外債買入償還には，解決すべき次の2つの課題が伴いました。1つは，外債購入のために必要となる外国為替送金の問題です。1932年7月に制定された資本逃避防止法の結果，減債基金以上の外債買入償還のためには，政府による許可が必要となっていました（東京電灯株式会社 1936, 204-207頁）。これに対しては，松永安左エ門が経営する東邦電力がいち早く123万ドルの為替送金許可を申請し，認可を受けています（東邦電力史編纂委員会 1962, 179頁）。その後1932年には，大手電力会社5社が共同で外債買い入れを申請し，東京電灯に対しても1933年5月17日から1年間に1750万円の送金が認可されました（東京電灯株式会社 1936, 206頁）。続いて1934年にも，1500万円の第2次買い入れが許可されました。

もう1つは，外債買入償還資金の資金調達問題です。政府から外債買入償還を認められても，資金がなければそれを実行できません。そのために行われたのは，減価償却費の計上と国内債の発行でした。東京電灯の資金調達の全体像とその中での減価償却費の役割については後述することとし，ここでは1930年代の東京電灯における国内債の発行状況を見ておきましょう。表10-1に，設立から1938年までに東京電灯が発行した国内債を示しています。

1930年代に発行された内債は，それ以前に発行された内債との関係から，次の2つの特徴を有していました。第1に，その多くが担保付社債でした。それに対して，1920年代に発行された国内債は，基本的に無担保社債でした。担保付きか無担保かは，表10-1

表 10-1　設立から 1938 年までの

発行高 （千円）	発行日	年数	応募者利回り （%）
5,000	1915 年 4 月 15 日	7	7.9
29,289 （3,000 千ポンド）	1923 年 6 月 27 日	25	6.6
15,000	1924 年 5 月 15 日	3	8.6
5,857 （0.6 百万ポンド）	1925 年 2 月 13 日	23	7.8
48,144 （24 百万ポンド）	1925 年 8 月 1 日	3	6.5
30,000	1926 年 11 月 1 日	6	7.2
20,000	1927 年 5 月 10 日	7	7.0
20,000	1928 年 5 月 28 日	10	6.4
60,000	1928 年 6 月 15 日	25	7.0
140,420 （70 百万ドル）	1928 年 6 月 15 日	25	7.0
43,933 （4.5 百万ポンド）	1928 年 6 月 15 日	25	7.1
30,000	1929 年 3 月 23 日	10	6.0
15,000	1930 年 12 月 20 日	5	6.0
40,000	1932 年 10 月 25 日	5	6.8
30,000	1934 年 4 月 10 日	10	5.0
32,500	1934 年 4 月 20 日	10	5.0
30,000	1934 年 5 月 3 日	10	4.8
30,000	1934 年 7 月 25 日	10	4.5
38,000	1934 年 9 月 15 日	10	4.5
50,000	1935 年 12 月 12 日	10	4.3
30,000	1936 年 7 月 10 日	12	4.3
32,500	1936 年 8 月 15 日	12	4.1
30,000	1937 年 4 月 15 日	12	4.2
27,500	1938 年 10 月 25 日	10	4.3

（出所）　日本興業銀行特別調査室（1970）より作成。

に担保受託会社が記されているかどうかによって知ることができます。1928 年 6 月に日米英で発行された社債はいずれも担保付きでしたが，1930 年までは，これ以外はすべて無担保社債でした。一方，1932 年以降に発行された東京電灯の国内債はいずれも担保付社債で，1938 年まで担保受託会社はすべて三井銀行でした。

東京電灯の社債発行状況

引受会社	担保受託会社
第一銀行，第百銀行，三井銀行，三菱合資銀行部，十五銀行	な　し
ザ・ホワイトホール・トラスト	な　し
三井銀行	な　し
ザ・ホワイトホール・トラスト	な　し
ニューヨーク・ギャランティ・トラスト	な　し
三井銀行	な　し
三井銀行，安田銀行	な　し
三井銀行	な　し
三井銀行，安田銀行	三井銀行
ニューヨーク・ギャランティ・トラスト	同　上
ラザート・ブラザーズ商会ほか	同　上
三井銀行，安田銀行	な　し
東電証券	な　し
三井銀行，興銀	三井銀行
三井銀行，興銀，安田銀行，三菱銀行，第一銀行，住友銀行，（川崎）第百銀行，三井信託，安田信託	同　上
同　上	同　上
同　上	同　上
同　上	同　上
同　上	同　上
同　上	同　上
同　上	同　上
同　上	同　上
同　上	同　上
同　上	同　上

　第2に，1920年代に発行された社債に比べて，低利率，償還年数の長期化，発行額の大型化が見られました。まず，低利率という点に関して，1929年までに発行された社債（外債および1928年6月発行の国内債を除く）の平均利率は7.2％でしたが，1930年以降に発行された国内債の平均利率は4.8％へ低下しました。1930年代に国

内債の利率が低下した理由は，高橋是清による経済政策（高橋財政）のもとで公定歩合が引き下げられたためでした。改めて図10-2で1919年から1936年までの公定歩合の推移を見ると，1920年代から1930年代にかけて，公定歩合は一貫して低下傾向にあったことがわかります。1度1930年10月から1931年11月にかけてに5.1％から6.6％へ引き上げられますが，以後は低下を続けました。とりわけ1932年は，3月（6.6％→5.8％），6月（5.8％→5.1％），8月（5.1％→4.4％）の3度にわたって引き下げられ，5カ月の間に，2.2ポイントの低下が見られました。

次に，償還年数の長期化に関して，1929年までに発行された社債（外債および1928年6月発行の国内債を除く）の平均償還年数は7.2年でしたが，1930年以降発行分では9.7年に延びました。また，発行額の大型化に関しても，1930年までの平均発行額は1800万円だったものが，1930年以降には3212万円に増加しています。これら償還年数の長期化と発行額の大型化の背景には，1930年代の東京電灯社債をめぐる2つの変化を見出すことができます。

1つは，前述した1920年代の無担保社債から1930年代の担保付社債へという発行形態の変化に伴うデフォルト・リスクの低下です。東京電灯が倒産した場合，無担保社債の社債権者（社債の保有者）は，他の一般債権者と同列で，会社の財産から資金の弁済を受けることになります。一方，担保付社債の場合，社債権者は他の一般債権者より優先的に，担保として設定された財産から資金の弁済を受けることができました。したがって，担保付社債の社債権者は，東京電灯が倒産したとしても，自身が提供した資金を回収できる可能性が高いといえます。

通常，償還年数が長いほど，デフォルト・リスクは高くなります。また，デフォルト・リスクが高くなるほど，社債に投資する投資家は少なくなります。担保付社債発行によるデフォルト・リスクの低下が，社債発行業務を行う社債引受金融機関や社債に投資する投資

家に，償還年数の長期化や発行金額の大型化を受け入れさせる素地をつくったのです。

　もう1つは，1934年以降に発行された社債に見られるようになる，社債引受金融機関数の増大です。この頃，社債は金融機関の引き受けによって発行されるのが一般的でした。1932年まで，東京電灯発行の国内債（1915年・1928年・1930年発行分を除く）は，三井銀行1社か，三井銀行と安田銀行もしくは日本興業銀行の合計2社によって引き受けられていました。ところが，1934年以降に発行された国内債は，三井銀行を含めた9社によって引き受けられています。

　社債引受金融機関は，引き受けという仕組みのもとで，売れ残った社債を自ら取得する必要はあったものの，発行手数料を受け取ることができました。同じ金額の社債を多くの金融機関で引き受けると，1社で引き受ける場合に比べて，それぞれの金融機関が受け取れる手数料は減少しますが，売れ残った社債もそれら複数の金融機関で分配して取得することになる分，取得しなければならない社債の金額も小さくなります。複数の金融機関で社債を引き受けることを共同引き受けといいますが，これによって，1社で引受可能な金額より，はるかに大きな額の社債発行が可能になると考えられます。また，共同引き受けによって社債引受リスクが低下したことで，社債引受金融機関は，よりデフォルト・リスクが高くなる償還期間の長期化にも対応できるようになったと推察されます。

　第7章（池田成彬）や第9章（結城豊太郎）で詳述した通り，1930年代において社債の担保化や共同引き受けは，複数の金融機関が共同で事業会社に貸付を行う連盟融資，計理士や産業調査協会による社債発行会社や融資先企業に対する調査，金融機関による事業会社への役員派遣，減配要求，減価償却費など内部留保の増額要求とセットで進められた，一連の改革でした。この改革によって，東京電灯は大型で償還期間の長い国内社債を発行できるようになったとい

えます。このような資金調達市場における一連の改革を，小林はお
おむね高く評価していました。

　小林は1930年12月に「銀行のいわゆる融資連盟は，借り手の立
場から見てもよいことだと考へる。貸附け先に対して銀行が共同調
査をやり，共同的に融通し，事業に必要な監督干渉を加えるといふ
ことは，実は今頃になつてやるのは遅過ぎてゐるといふべきだ」と
述べ，国内金融機関の協調体制による電力会社への監督を歓迎して
います（小林 1930, 14頁）。小林のいう通り，経営状態に関する情報
を銀行に知らせることは，東京電灯にとってもメリットがありまし
た。東京電灯に対する調査は，銀行と東京電灯の間の情報の非対称
性を緩和することにつながるため，銀行が東京電灯の経営状態が不
明であることによって資金を提供しなくなる逆選択（アドバース・
セレクション）を防ぐことができます。小林は，自社の内部情報を
銀行に提供することで，1930年の経営介入のように経営に関し金
融機関から要求を受けることになったとしても，銀行が融資や社債
引き受けを行ってくれるほうが，東京電灯にとってメリットが大き
いと考えていたといえます。

　1933年4月にアメリカが金本位制から離脱した結果，為替は100
円＝30ドル台で安定していきました。上述のような内債発行およ
び後に述べる減価償却費計上による外債買入償還に加え，こうし
た為替の影響もあって，東京電灯の推定利回りは，1933年上期の
9.4％から1934年の下期には6.4％へと低下し，その後は7.0％以
下を推移することとなりました（図10-1）。

(2)　1930年代の個人株主対策

小林が直面した課題②　「物言う」個人株主の存在

　第7章（池田成彬）で見た通り，1930年における池田成彬らの経
営介入によって，東京電灯の配当率は8％から5％へと低下しまし
た。これに不満を持った株主たちは，減配に反対しました。彼らは，

要求が受け入れられないことがわかると，社長であった若尾璋八の経営責任を問い，退任にまで追い込みました。このように，当時の個人株主たちは積極的に会社の経営に口を出し，自身の利害に添った要求を行いました。小林は，北浜銀行事件をきっかけに箕面有馬電気軌道の株式を取得したことで，大株主の意向とは関係なく，自身の理念に基づいた経営が実践できました。小林は，大株主の会社に対する影響力の大きさを，身をもって知っていたのです。

1930年代の東京電灯における株主対策にとって先駆的なモデルとなったのが，第6章（松永安左エ門）で取り上げた，減価償却会計のための東邦電力の100％子会社・東邦蓄積でした。松永は減価償却費として認識した金額と同額を東邦蓄積へ出資し，東邦蓄積にその資金を用いて主として東邦電力の株式を取得させました。その結果，1927年10月期に東邦蓄積は東邦電力の最大株主になっていました。この期に松永は，東邦蓄積が東邦電力に対して持つ議決権を利用する形で，配当率を12％から10％へと引き下げることに成功します。松永が1920年代後半に実行した，このような株主対策が，1930年代には小林のもとで東京電灯においても見られるようになります。

小林の秘策② 東電証券による東京電灯株式の取得

表10-2は，1930年と1938年の東京電灯における株主の状況を示したものです。持株数上位15名が保有する持株数の合計が全株式数に占める割合は，1930年の19.3％から1938年の30.4％へと拡大しました。これは，この間，同社の株式所有構造が，大株主へ

表10-2　1930年および1938年における東京電灯の大株主の持株割合

（単位：%）

	東電証券	個　人	上位15名
1930年	3.3	5.7	19.3
1938年	12.4	2.0	30.4

（注）　持株割合とは，各大株主の所有株式数を総株式数で割った割合を指す。

（出所）　『株式年鑑』昭和5年度版；昭和13年度版より作成。

図 10-3　東電証券所有の東京電灯株式数の推移（1930～1938年）

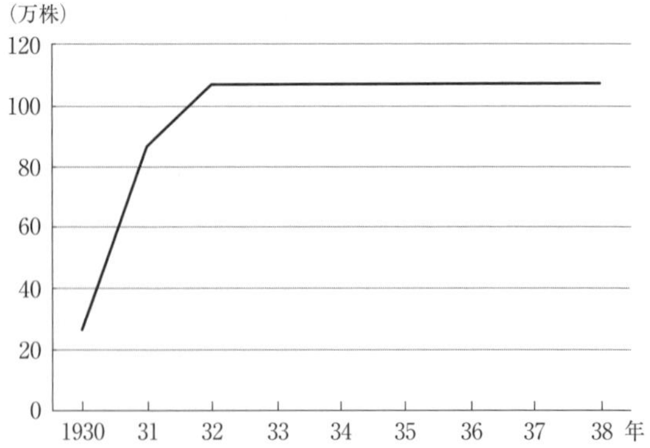

（万株）

（出所）『株式年鑑』各年度版より作成。

の集中へと進んだことを意味します。大株主の中でも，子会社（東電証券）が所有する持株数が総株数に占める割合は，3.3％から12.4％へと上昇しました。対照的に，持株数上位15名に含まれる個人株主の持株割合は，5.7％から2.0％へと低下しています。東電証券は，1930年から1938年に東京電灯株式の持株比率を増大させた結果，1938年時点で東京電灯の筆頭株主になっていました。

　東電証券は，東京電灯が所有する証券管理を目的とした子会社でした。図10-3は，1930年から1938年にかけての東電証券による東京電灯株式の持株数を示したものです。ここから，東電証券は1930年から1932年にかけて，東京電灯の株式取得を進めたことがわかります。これには次の2つの方法が用いられました。1つは，東京発電（東発）と東京電灯の合併に伴い，東電証券が保有していた東発株式を東電株式に交換したことです。東電証券は，1930年時点で東発の株式を71万5360株保有していました（『株式年鑑』昭和5年度版，438頁）。東発と東電の合併によって東発株2株が東電株1株と交換されたため（東京電灯株式会社「営業報告書」1931年5月期），上述の持株数に変化がなかったとすれば，東電証券は35万7680株の東電株を取得したことになります。

もう1つは，東京電灯の整理の一環として，東電証券に額面50円の東電株20万株を30円で生命保険会社をはじめとする金融機関から購入させ，将来的には東電証券と東京電灯を合併し，減資および減資差益を計上するという計画に基づいて実行されたものです（『読売新聞』1930年12月4日）。東京電灯は，この東電証券による株式買い入れに伴って1500万円の社債を発行し，株式と交換に同額（30円×株数）の東京電灯社債を金融機関に交付する予定でした。計画に則って東京電灯は，1930年12月に東電証券引き受けの社債1500万円を発行しています（表10-1）。東電証券はおそらく，引き受けという形で取得した東電社債1500万円分を，生命保険会社との間で東京電灯株式と交換したと考えられます。しかし，当初の計画とは異なって1938年まで東電証券と東京電灯は合併せず，東電証券は東京電灯の株式を保有し続けました。これは，当初計画の目的であった減資差益の計上よりも，東電証券を用いた株主対策が小林にとって重要だったことを示唆しているのかもしれません。

　東電証券が保有する東京電灯株式の金額が，東電証券の保有する総資産金額に占める割合は，1933年時点で22.3％であったと推計されます（北浦 2014, 192頁）。ただし，この推計で，東電証券が保有する東京電灯株式の金額は，取得原価が不明のため，1933年における東京電灯株式の平均株価に東電証券の持株数を乗じた時価ベースで計算しています。また，1933年5月期以前には，東京電灯の貸借対照表に「東電証券会社勘定」という勘定科目があり，東京電灯の東電証券に対する投資額が判明します。1933年5月末時点における東京電灯の東電証券会社勘定が，確認できる最も近い決算期である同年11月末時点の東電証券の総資産額に占める割合は，46％でした。東電証券は，主に東京電灯からの資金提供によって資金調達をしていたのです。そして東京電灯は，東電証券に自己資金を提供し，自社株式を購入させていました。

　東電証券が東京電灯の筆頭株主になったことによって，小林は個

表 10-3　1930～1938 年における東京電灯役員の就任および退任状況

(単位：名)

	大株主	金　融	内部昇進	その他	不　明	合　計
新任	0	3	3	2	1	9
退任	3	1	1	5	1	11

(出所)　東京電灯株式会社「営業報告書」；『人事興信録』；『株式年鑑』各版より作成。

人株主の意向を気にせず，東京電灯の経営にあたれるようになったと思われます。その影響として，次の 2 点が考えられます。1 つは，後述するように，1933 年から 1934 年にかけて，東京電灯の配当率を 0 にできた点です。東電会の例に見られるように，個人株主は減配に敏感でしたが，1933 年の時点では個人株主の影響力が小さくなっていたと考えられます。

　もう 1 つは，役員の属性の変化です。表 10-3 は，1930 年から 1938 年における東京電灯役員の就任および退任状況を示したものです。就任に関しては，東京電灯の社員からの昇進を意味する「内部昇進」と，金融機関の出身者である「金融」が，3 名ずつで最も多かったことがわかります。対照的に，「大株主」には新任者がおらず，3 名の退任者がいました。ここから，役員構成という面においても，大株主の影響力が低下し，内部昇進役員の割合が増加していったことがわかります。

Ⅲ
会計実務上の貢献

(1)　最大の資金調達手段としての減価償却費

小林が直面した課題③　1930 年代の東京電灯における資金調達構造の変化

　前節(1)項で言及した通り，1930 年代前半において，電力外債の買入償還の主要な原資の 1 つとなっていたのが，減価償却費でした。

各期に計上される減価償却費は，費用として認識され，その分，配当支払いの原資となる利益金額を小さくします。一方で，減価償却費を費用計上しても，現金が社外に支出されるわけではないため，計上した分だけ社内に留保されます。

　ここでは，東京電灯において減価償却費が資金調達手段としての役割の変化させていったことを見ていきましょう。同社は営業報告書で，貸借対照表と損益計算書を開示していました。貸借対照表は決算日現在の財政状態を，損益計算書は決算期における経営成績を示す資料です。しかし，貸借対照表と損益計算書からのみでは，会社の収支状況を把握できません。なぜなら，収益の計上時期と現金の収入時期，費用の計上時期と現金の支払時期は常に一致するわけではないからです。そこで，以下でキャッシュフロー表を作成し，減価償却費の資金調達手段としての役割を分析していきます。

　キャッシュフロー表の作成にあたっては，「間接法」と呼ばれる方法を採用しました。この方法をとると，「損益計算書の利益額から出発して，これに所定の調整を加えることにより，利益額から収支尻への変換が行われる」こととなります（桜井 2012, 106 頁）。間接法に基づくキャッシュフロー表の作成では，利益額から収支尻に変換する際に，資金増加を意味する加算項目（キャッシュイン）と資金減少を意味する減算項目（キャッシュアウト）を加減算します。キャッシュフロー表は，①当期純利益，②配当金の支払額，③減価償却費，④営業債権の増減（増がキャッシュアウト，減がキャッシュイン），⑤棚卸資産の増減（増がキャッシュアウト，減がキャッシュイン），⑥営業債務の増減（増がキャッシュイン，減がキャッシュアウト），⑦有価証券売買による収入・支出（純），⑧固定資産取得による支出，⑨借入金借入・返済による収入・支出（純），⑩社債発行・償還による収入・支出（純），⑪株式払い込みによる収入，⑫その他キャッシュフローの増減，⑬現預金勘定の増減額・期首残高・期末残高という項目によって構成されています。なお，項目中の（純）とは，

表 10-4　東京電灯の資金収支状況（1925〜1938 年）

（単位：円）

	1925〜1929 年	1930〜1934 年	1935〜1938 年
当期純利益（A）	162,282,924	59,544,644	151,606,129
配当金の支払額（B）	− 145,058,199	− 60,279,589	− 122,387,704
A − B	17,224,725	− 734,945	29,218,425
減価償却費	25,100,000	74,154,534	63,205,925
営業債権の増減	− 13,598,951	3,462,348	2,286,144
棚卸資産の増減	3,306,982	− 1,407,063	− 7,407,106
営業債務の増減	156,219	2,217,259	786,958
有価証券売却・取得による収入・支出（純）	− 6,101,116	− 51,871,088	− 48,627,792
固定資産取得による支出	− 480,695,689	− 98,324,031	− 75,822,543
借入金借入・返済による収入・支出（純）	− 20,857,135	14,286,578	5,432,891
社債発行・償還による収入・支出（純）	314,026,108	29,147,151	5,938,886
株式払い込みによる収入	178,543,712	22,413,000	0
その他キャッシュフローの増減	− 17,505,525	4,637,899	23,624,711
現預金勘定の増減額	− 400,670	− 2,018,358	− 1,363,501
現預金勘定の期首残高	6,967,408	6,566,738	4,548,380
現預金勘定の期末残高	6,566,738	4,548,380	3,184,879

（出所）　東京電灯株式会社「営業報告書」各期より作成。

収入金額から支出金額を控除したネットの金額を指します（各項目の内容については，北浦 2014, 69-73 頁を参照のこと）。

　表 10-4 に，1925 年から 1938 年までの東京電灯の資金収支状況を示しています。このキャッシュフロー表において，プラスの数値は資金調達手段を，マイナスの数値は資金支出先を意味します。

　まず，1925〜1929 年には，1928 年に発行した社債の影響もあって 3 億円以上の資金を社債発行によって調達し（「社債発行・償還による収入・支出（純）」），4.8 億円の設備投資を実施しました（「固定資産取得による支出」）。これに対して 1930 年以降は，外債を買入償還しながら国内債を発行したため，純額での社債発行金額は大きく減少しました。同時期には設備投資金額も，それ以前に比べて小さくなりました。

　対照的に減価償却費は，1925〜1929 年の 2510 万円から，1930〜

1934年の7415万円へと増加しています。そして，1930～1934年および1935～1938年には，減価償却費が最大の資金調達手段であったことが表からわかります。

さらに，減価償却費と配当金の関係性を見ると，1925～1929年と1935～1938年には配当金の金額が減価償却費を上回っているのに対して，1930～1934年には減価償却費のほうが配当金の金額を上回っています。ここから，1930～1934年に東京電灯は，配当金の金額を引き下げながら減価償却費を増大させていったことがわかります。

小林の秘策③ 減価償却による「徹底的な内部留保」

東京電力株式会社（2002）は，「1930年代初頭に直面した経営の困難を乗り越えるために，東京電灯は社長の小林一三を中心に全社一丸となって再建・整理に取り組んだ。電力外債問題への対応をはじめとするさまざまな施策については，すでに述べたとおりであるが，このような再建・整理を前提に，東京電灯は財務面においても戦略的な意図を提起し，その実現に邁進した。戦略的意図とは，東京電灯の歴史において例をみないという意味で，革新的なポリシーである内部留保の徹底による財務の再生であった」と表現しています（459頁）。このように，小林を中心とした東京電灯における1930年代前半の財務政策は，画期的なものでした。

図10-4が示している通り，東京電灯では，1930年から1934年にかけて，配当率が低下したのとは対照的に，償却前利益に占める減価償却費の割合である利益償却率は一貫して上昇していきます。とりわけ無配に転落した1933年5月期（1933年上期），減価償却費1222万円は償却前利益1257万円の97.2％に及びました。1933年11月期（1933年下期）と1934年5月期（1934年上期）にも同社の無配は続き，減価償却費と償却前利益が一致した結果，減価償却後の利益は0となりました。償却後の利益が0になるように減価償却費を計上したことは，東京電灯において最大限可能な減価償却額を計

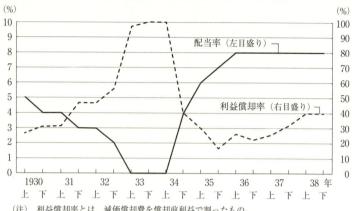

図 10-4 東京電灯における利益償却率と配当率の推移

(注) 利益償却率とは、減価償却費を償却前利益で割ったもの。
(出所) 東京電灯株式会社「営業報告書」各期より作成。

上していたことを意味します。1933年から1934年にかけての, このように急激な利益償却率の上昇には, 次に述べる「減価償却問題」が影響していました。

(2) 「減価償却問題」の発生

小林が直面した課題④ 池田成彬による東京電灯への3度目の経営介入

ここでは, 池田成彬による東京電灯への3度目の経営介入とそれに対する小林の対応を通じて, 1934年から1935年にかけての小林の減価償却会計に対する見解を見ていきます。まず, 第7章 (池田成彬) で説明した, 池田による1927年・1928年 (1度目) と1930年 (2度目) の東京電灯に対する経営介入を, 簡単に振り返りましょう。池田は, 1927年に東京電灯の経営に介入し, 小林らを役員として派遣しました。また, 東京電灯と東邦電力の子会社であった東京電力とを1928年に合併させ, 電力戦を終焉させました (1度目の経営介入)。東京電灯は, この経営介入によって1928年に日米英で大規模な社債発行に漕ぎ着けますが, その際に減価償却会計や会

図10-5 1931年から1935年までの東京電灯における契約上と実際の減価償却費の関係

(注) 1) 減価償却費合計とは，減価償却費，法定準備金積立額，維持費の合計金額。
2) 契約（調整後）とは，金約款ベースで修正後の契約上の償却額。
(出所) 東京電灯株式会社「営業報告書」；大蔵省理財局『金融事項参考書』各版より作成。

計プロフェッションに関する契約条項が設定されました。ところが，社長の若尾璋八によって契約条項に違反する会計処理が継続されたことがきっかけとなり，1930年に池田らによる2度目の経営介入が実行されました。同年の経営介入を受け，東京電灯は1931年11月期には契約条項を遵守した減価償却費を計上しました。

しかし東京電灯は，1932年5月期以降，再び契約条項を遵守した減価償却費の計上が実施できなくなります。その理由は，図10-5からわかる通り，1932年5月期より契約上計上しなければならない減価償却費の金額が急増したためでした。この背景にあったのが，1931年12月の金輸出再禁止です。

東京電灯における減価償却会計には，金ベースでの計算を必要とする，金約款条項が定められていました。外債が発行された1928年時点において，日本は金本位制を採用していなかった一方，アメ

リカは金本位制へ復帰していたので，金とリンクしているドル・ベースでの減価償却金額を維持するため，減価償却に金約款条項が付けられたのです。

　減価償却費による内部資金は，外国社債の元金および利息の支払原資としての役割が求められており，ドル・ベースでの減価償却額の維持は必要不可欠でした。にもかかわらず，1931 年 12 月に日本が金本位制から離脱しても，アメリカは引き続き金本位制を維持したため，これ以降，一気に円安が進みました。すでに説明した通り，東京電灯は 1933 年 5 月期に配当率を 0 にし，減価償却後の利益もほぼ 0 にして，円ベースでの減価償却費金額を増加させましたが，それでも契約上の減価償却費金額を上回ることはできませんでした。

　さらに，1933 年 4 月にアメリカが金本位制から離脱すると，1928 年に外債が発行された日米英の 3 カ国がともに金本位制から離脱したこととなり，金ベースで減価償却を実施する意義がなくなってしまいました。前述の通り金約款条項は，東京電灯における減価償却会計条項だけでなく，外債の償還金および利息に対しても一般的に設定されていました。外債の元利金に対する金約款条項問題は，1933 年 6 月にアメリカ議会が廃棄を決議することで解決しました（公社債引受協会 1980, 51 頁）。一方，減価償却会計条項に関しては，三井銀行と池田成彬は，信託証書に「英，米，日共に金本位停止の場合は第三国の金貨幣による事」という規定のあることから，金本位制を維持していたフランスの通貨であるフランに基づいて減価償却を実施するように要求しました（『東京朝日新聞』1933 年 12 月13 日）。

小林の秘策④　減価償却会計条項の破棄

　これに対して東京電灯側は，アメリカが金本位制から離脱した後に，金ベースでの減価償却会計の契約条項を適用すべきではないと主張します。主張の論拠は，①金約款条項はもともと日米ともに金本位下であることを前提として契約したものであり，現在両国とも

に金本位を離脱しているため，法律観念上減価償却会計の金約款条項は無効である，②日本では現在金本位制を離脱しているため，強制通用力を有する紙幣ベースの円をもって償却すべきものである，③金約款条項適用に関しては，ベルギーの電力会社がイギリス銀行団との間の訴訟で勝訴しているという3点で，これをもって同社は円ベースでの減価償却を実施しようとしました（『報知新聞』1933年12月1日）。しかし東京電灯は，池田や三井銀行からの要求もあって，1933年11月期と1934年5月期において，無配および減価償却後利益が0となる水準での減価償却費の計上を実施します。そのように高水準の減価償却費を計上したにもかかわらず，実際の減価償却費が，契約上の減価償却費を満たす水準にまで到達することはありませんでした（図10-5）。

　小林は，減価償却会計条項を遵守するために，減価償却費を可能な限り計上する状態が続けば，東京電灯が再び配当を支払うことは難しいと考えます。そこで小林は，1931年の金輸出再禁止による急激な円安の進行は，1928年の外債発行に伴う減価償却会計契約の締結時には予期されていなかったことであり，これによって株式会社の生命というべき配当を脅かすのは，株式会社の本旨を没却するものであると主張しました（『ダイヤモンド』1934年9月1日；『中外商業新報』1934年10月17日）。そして，条項の存在にもかかわらず，1934年11月期に減価償却費の計上額を減少させることによって，4％の配当を実施しました。

　さらに小林は，三井銀行や外国の社債引受金融機関と，減価償却会計条項の見直しに関する交渉を始めます。そのために自ら渡米し，先頭に立って交渉にあたりました（『中外商業新報』1935年6月14日）。結果，東京電灯・三井銀行・外国社債引受金融機関の間で新しい減価償却方法に関する合意に至ったのは，1935年12月のことでした（『中外商業新報』1935年12月9日）。

　合意に基づいて東京電灯は，それ以後，発電・送電・変電・営業

に関する設備に対しては各担保物件の耐用年数を考慮した定額法により，配電線・需用者屋内工作物に対しては取り替えに要した費用を減価償却の代わりとする取替法により，減価償却を実施することとなりました（東京電灯株式会社 1936, 209 頁）。また，東京電灯の配当率は 1934 年 11 月期より上昇し続けて，1936 年 5 月期（1936 年上期）には 8 ％に達し，その水準は以降，1938 年 11 月期（1938 年下期）まで維持されました（図 10-4）。

Ⅳ
ま と め

(1)　小林一三とは

　本章では，現在の阪急電鉄・宝塚歌劇団・東宝の創業者として著名な経営者である小林一三を取り上げましたが，主要なテーマは彼の東京電灯の経営者としての活動でした。小林をめぐって非常に興味深いのは，池田成彬との関係です。小林は，慶應義塾卒業後，三井銀行に入行することから職業人としてのキャリアをスタートさせます。小林と池田の間には，小林が勤務していた大阪支店に池田が次長として赴任したことで，本格的に関係性が生じました。その後，2 人はともに東京の本店で勤務するようになりますが，そこでの両者の待遇は対照的でした。池田が営業部長として出世街道を進んでいったのに対し，小林は池田のライバル部署で燻り続けます。池田が目をかけた人物しか出世できず，おそらく自らは目をかけてもらえなかった三井銀行の東京本店時代を，小林は人生で最も不遇な時期であったと回顧しています。

　三井銀行を退職した小林は，鉄道会社の経営に参画し，阪急電鉄を日本有数の私鉄の 1 つにまで成長させることによって，経営者としての名声を高めました。とくに，小林が生み出した多角化モデル

は，現在まで私鉄経営のお手本となっています。第7章（池田成彬）で述べた通り，対照的に，同時期に池田成彬は，東京電灯の経営難に伴って三井銀行による東京電灯への融資の回収が難しくなったため，行内における自身の立場を悪化させます。そこで池田は，東京電灯を立て直すために，経営能力の高い人物を派遣する必要に迫られました。池田がその際に頼ったのが，ともに三井銀行に在籍していた頃には見向きもしなかった小林でした。

　小林は池田からの誘いに直ちには応じませんでした。その理由として，①東京電灯の経営悪化が著しく，経営の立て直しが難しいこと，②社長の若尾璋八が東京電灯の経営の実権を握っており，小林が役員に就任したとしても，阪急電鉄のように自由に会社を経営できなかったことが考えられます。これらに加えて，両者における三井銀行時代からの関係性も影響していたのかもしれません。

　こうした2人の関係性は，小林が，池田からの依頼で東京電灯の役員に就任したにもかかわらず，1930年代に入って本格的に同社の経営に携わるようになると，池田や三井銀行の意向とは関係なく，自身の信念に基づいて経営にあたった点からもわかります。その代表的な出来事が，1933年から1935年にかけて発生した減価償却問題でした。

　小林一三に関してもう1つ強調したいのが，彼が経営にコミットする大株主との関係性に苦慮した点です。小林は箕面有馬電気軌道の設立時，株式の引き受けがうまくいかなかったために，岩下清周が経営する北浜銀行の支援のもとで鉄道会社を設立します。その結果，小林は北浜銀行の意向を気にしながら経営にあたることになりました。さらに，北浜銀行事件に伴う同行の倒産により，北浜銀行が保有していた箕面有馬電気軌道の株式が第三者に処分されてしまう可能性が生じました。そうなると，新しい大株主が経営に口出ししてくる危険があったため，小林は自身で借金をして箕面有馬電気軌道の株を取得し，大株主になりました。こうして箕面有馬電気軌道は，

小林にとって「誰にも遠慮もいらない私の会社」になりました。小林は，北浜銀行からの金融支援と北浜銀行事件を通じて，大株主による経営介入の恐ろしさを身をもって知っていたのです。

東京電灯においても，1930年まで社長を務めた若尾璋八は，個人大株主であった若尾一族を代表する形で社長に就任した人物でした。その若尾を退陣に追い込んだのも，東電会と呼ばれる中小の個人株主の会でした。このように1930年までは，東京電灯においても個人大株主の力は大きなものでした。

しかし1930年代に，証券子会社の東電証券が，親会社である東京電灯の株式を取得することにより，東電証券が東京電灯の筆頭株主になりました。親会社の経営者が子会社に自社の株式を取得させる方法は，すでに，東邦電力の松永安左エ門によって実施されていました。これによって小林は，個人大株主の意向を気にせずに，東京電灯の経営を行うことができるようになったと考えられます。役員構成の面でも，1930年代には，個人大株主の役員の退任が相次ぐ一方，それに代わって小林のもとで働いていた従業員出身の役員が増加しました。

小林による，箕面有馬電気軌道と東京電灯の株式取得を通じた経営権拡大には，次のような異同を見出すことができます。共通しているのは，小林が筆頭株主から個人資産家もしくは特定の企業を排除したことです。箕面有馬電気軌道においては北浜銀行が，東京電灯においては甲州財閥である若尾一族が，それぞれ大きな権力を持っていました。前者は北浜銀行事件によって，後者は東電会によって失脚しましたが，小林の株主安定工作により，その後に第2の北浜銀行や若尾一族が出てくることはありませんでした。

一方で，両者には相違点もあります。箕面有馬電気軌道では，借金をして株式を取得することによって，小林自身が大株主になりました。それに対して東京電灯では，子会社の東電証券が東京電灯の株式を取得したため，大株主になったのは小林ではなく東電証券で

した。そして，東電証券が東京電灯の株式を取得するための資金を提供したのは，ほかならぬ東京電灯でした。すなわち東京電灯のケースでは，小林自らが会社に資金提供する必要はなかったのです。

(2) 小林一三にとって減価償却とは

　小林は1930年12月に，金融機関が東京電灯などの事業会社に対して減価償却費の拡充などを要求する経営介入を実施することは，資金の借り手にとっても望ましいことであると評価しています。小林自身も減価償却会計を重視しており，1931年の金輸出再禁止をきっかけに発生した電力外債問題に対応するため，減価償却費の拡充と配当率の段階的な引き下げを実施しました。その結果，減価償却費は，1930年代の東京電灯で一貫して最大の資金調達方法となります（表10-4）。

　ところが，1933年から1935年にかけて三井銀行と池田成彬が「減価償却問題」をきっかけに東京電灯に対して3度目の経営介入を実行すると，1934年より小林の減価償却会計に対する見解は大きく転換していきます。この背景には，電力外債問題の解決が見えてきたことがあったと考えられます。

　小林は1934年以降，減価償却費と株主配当のバランスを重視するようになります。そして，適切な水準の配当を実施することは，株式会社の使命であると主張しました。小林は，減価償却会計条項が金本位制を前提に設計されたものであったにもかかわらず，日米英の関係3カ国がともに金本位制から離脱した状況で，減価償却会計条項に添った減価償却費を計上し続け，配当を実施できない状態が長く続くことは，会社にとって望ましくないと考えました。この考えは，あくまで減価償却会計条項の遵守を主張した池田や三井銀行とは異なったものでした。

　そして小林は，自身の信念に従い，1934年11月期より，池田や三井銀行が要求する方法による減価償却会計の実施を独断で取り止

めてしまいます。さらに，三井銀行や外国社債引受金融機関と粘り
強く交渉し，減価償却会計条項の変更を勝ち取ることに成功しまし
た。1930年代の小林一三による減価償却会計観は，減価償却費の
資金調達方法としての側面や，減価償却会計と配当政策の表裏一体
性を示す，興味深い事例といえるでしょう。

章

会計イノベーションが
果たした役割

I
会計イノベーションの意義

(1) 会計イノベーションにおけるネットワークの重要性

　第2部の第3～10章で8人のビジネスリーダーを取り上げてきました。彼らがビジネスや会計処理を進めていく上で，ビジネスリーダー同士のネットワークは重要な意味を持ちました。図終-1に，ビジネスリーダーたちの関係性を，共通の人物を介した間接的なものも含めて示しています。

　図終-1を用いて，ビジネスリーダーの関係性を会計イノベーションという観点から説明すると，各務鎌吉（第4章）・池田成彬（第7章）・平生釟三郎（第8章）の3名は，戦前日本を代表する会計プロフェッション・計理士であった東奭五郎と，東の後を継いだ渡部義雄が，ハブとなってつながっていました。各務鎌吉は，東奭五郎の会計事務所設立を支援し，自身が経営する東京海上火災保険にかかわる監査業務を委託していました。平生釟三郎は，東京海上火災保険で，この各務と長くともに働き，川崎造船所の再建時には，そ

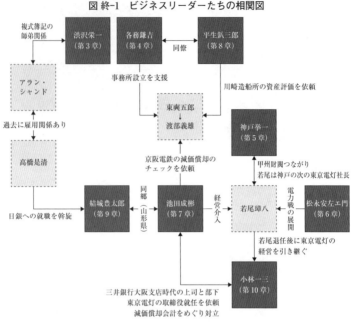

(注) 実線枠・白文字の人物は本書で取り上げたビジネスリーダー，点線枠・黒文字の人物は，関係人物。
(出所) 筆者作成。

の資産評価を東と渡部に依頼していました。また池田成彬は，京阪電鉄への連盟融資に際し，東に事前の資産状況を確認させるとともに，継続的な監査を実施させていました。

神戸挙一（第5章）・松永安左ヱ門（第6章）・池田成彬（第7章）・小林一三（第10章）は，経営者として，もしくは取引先として，東京電灯に関与したビジネスリーダーですが，彼らを結びつけたのが，東京電灯社長の若尾璋八でした。神戸挙一と若尾璋八は同じ山梨県出身の，「甲州財閥」の経営者でした。若尾は，神戸の後任として東京電灯の社長に就任し，会計に関しても神戸の方針を引き継いで，さらに強化していきます。神戸は，減価償却の一部停止などを実施しましたが，若尾も高配当を維持するために，債権者が満足する水

準の減価償却額を計上しませんでした。

　池田成彬は，若尾の会計処理に対して経営介入を行い，会計処理方法を変更させるとともに，中小株主会の東電会が若尾を社長退任へと追い込むきっかけをつくりました。松永安左エ門は，東邦電力の子会社である東京電力を設立し，若尾の東京電灯との間で電力戦を展開しました。この電力戦は東京電灯と東京電力の合併により収束し，松永は東京電灯の取締役に就任します。なお，東邦蓄積を用いて減価償却を充実させていったという点で，松永の行動は若尾とは対照的でした。

　小林一三は，若尾退陣後，1930年代の東京電灯における事実上の最高経営責任者となります。池田と小林は，同時期に三井銀行大阪支店に在籍していましたが，その後小林は池田のライバル部署へ異動になり，昇進ができず，同行を退職しました。池田は東京電灯の立て直しのため，阪急電鉄の経営に成功した小林を東京電灯の取締役に招こうとします。最初は固辞していた小林でしたが，最終的にはこれを承諾し，東京電灯の役員となりました。しかし小林は，1930年代前半に，同社の減価償却会計をめぐって，池田や古巣である三井銀行と対立しました。

　渋沢栄一（第3章）と結城豊太郎（第9章）は，西洋式複式簿記を紹介したアラン・シャンドと大蔵大臣を務めた高橋是清によって，つながっています。渋沢は，シャンドが関与した銀行用の西洋式複式簿記解説書である『銀行簿記精法』を，自身が経営する第一国立銀行へ導入しました。シャンドは，横浜で外国銀行の支配人をしていたときに，高橋是清を雑用係として採用していました。後に高橋が日露戦争外債を発行するためロンドンに赴いた際には，高橋を手助けしました。そして結城豊太郎は，高橋是清の推薦で日銀に入行し，そのキャリアをスタートさせました。

　このようにビジネスリーダーたちは，人的ネットワークの中でビジネスに勤しみ，また会計イノベーションを生み出しました。

図 終-1 には盛り込みませんでしたが，第2部の各章では言及した
ものも含めると，ビジネスリーダーの間の関係性に，いくつかのパ
ターンを見出すことができます。1つ目は，各務鎌吉と平生釟三郎
（東京海上火災保険），池田成彬と小林一三（三井銀行），結城豊太郎と
井上準之助（日本銀行）のように，同じ職場で構築される関係性で
す。その中には，池田と小林のように，必ずしも良好ではなさそう
な関係性も見られました。

　2つ目は，松永安左エ門と福沢桃介（慶應義塾）のような，同じ
大学で学んだ同窓生という関係性です。結城豊太郎と井上準之助
（東京帝国大学→日銀），各務鎌吉と平生釟三郎（高等商業学校→東京海
上保険）のように，同窓でかつ，同じ勤務先という場合もありまし
た。

　3つ目は，池田成彬と結城豊太郎，加勢清雄（山形県），神戸挙一
と若尾璋八（山梨県）といった地縁です。時代を経るに従い地方か
ら都市部へ人が移ってくるようになりましたが，こうした中で同郷
出身者のつながりは強いネットワークになっていました。第5章
（神戸挙一）で紹介した山梨県出身の実業家集団・甲州財閥は，三井
財閥や三菱財閥のような財閥とは異なる性質のものでありながら，
「財閥」と表現されるくらい強い同郷者ネットワークが存在してい
たことを，その呼称が示しています。

(2)　会計イノベーションが生み出された要因

　戦前日本において，ビジネスリーダーたちが会計イノベーション
を生み出すことができたのは，どうしてでしょうか。第3章から第
10章までの考察から，次の3つの要因を指摘できます。1つ目は，
渋沢栄一の銀行業や各務鎌吉の損害保険業のように，ビジネス自体
を欧米諸国から導入したため，それに合わせて，簿記システムや会
計プロフェッション・システムを整備する必要性が出てきた点です。
とりわけ各務が勤務していた東京海上保険では，会計システムによ

って大きな損害が発生し，事業継続が危ぶまれる事態にまで発展しています。そこで，渋沢はアラン・シャンドの銀行簿記制度から，各務は英国勅許会計士制度から，システムを構築していきましたが，彼らは海外からそれらのシステムをそのまま導入したわけではありませんでした。渋沢は振替伝票の活用，各務は日本人である東奭五郎による会計事務所設立の支援といった，当時の状況に合わせた形でのアレンジが進められました。

　2つ目は，第5章（神戸挙一）・第6章（松永安左エ門）・第7章（池田成彬）・第9章（結城豊太郎）・第10章（小林一三）で見たように，株式市場や負債（社債，借入金）市場といった資本市場からの要請に基づくものです。日本最大の電力会社であった東京電灯は，株式市場においても，社債市場においても，重要な調達主体でした。株式市場において資金を提供した東京電灯の個人株主は，より多くの配当を好みました。神戸は，高配当を維持するために，裁量的な減価償却会計を実行したのです。一方で池田は，負債市場における資金提供者である債権者の立場から，東京電灯に会計に関する契約条項の遵守を求めました。小林は，株式市場と負債市場において対立する配当と減価償却に対する見解を調整し，配当政策と減価償却会計のバランスを重視しました。東京電灯以外にも，松永は，東邦電力における外債発行のために，減価償却の専門子会社である東邦蓄積を設立しました。また結城は，融資先企業に対して，債権者の立場から，配当の抑制と継続的な減価償却の実施を要求しました。

　3つ目は，第5章（神戸挙一）や第8章（平生釟三郎）に見られたように，合併や企業再生といった組織再編の中で生み出されたものです。東京電灯が1920年代に相次いで実施した合併において，神戸は，配当政策とリンクする形で収益を計上するという合併会計処理を実施しました。平生は，川崎造船所の再生を任される中で，盟友である各務鎌吉が支援した東奭五郎や渡部義雄の会計事務所に，川崎造船所の資産査定を厳格に実施させました。

以上を踏まえると，本書の分析範囲の限りでは，新たなビジネスの導入，積極的で多様な外部資金調達方法の利用，組織再編などが，戦前日本において会計イノベーションを生み出した要因であるといえそうです。

(3) 会計イノベーションの到達点と戦後への影響

本書では主に複式簿記・減価償却・会計プロフェッションについての会計イノベーションを取り上げましたが，ここで戦前におけるそれらの到達点と戦後への影響を確認していきましょう。まず指摘しておきたいのは，日本では（西洋式）複式簿記と減価償却が，明治期において同時に海外から導入されたという点です。ヨーロッパにおいては，複式簿記が 15 世紀末には確立していたのに対して，減価償却は「1830 年代のイギリスにおける鉄道会社の固定資産会計実務の中で生成され普及した」といわれています（佐々木 2020, 66頁）。すなわちヨーロッパでは，複式簿記と減価償却会計の間に約300 年の時間差がありました。それに対して日本では，減価償却会計も，本書で見た複式簿記と同様に明治初期に渋沢栄一が運営する第一国立銀行において導入されました（高寺 1974, 34 頁）。第一国立銀行が複式簿記・減価償却会計を採用したことが契機となり，その後，多くの株式会社において両者が採用されていきました。

株式会社は，商法によって貸借対照表や損益計算書などの作成が義務づけられました。第 1 章で確認した通り，貸借対照表と損益計算書の作成には複式簿記が必要となります。そのため日本では，1900 年前後から多くの株式会社が設立されたのに伴って，複式簿記も広く普及していったと考えられます。

減価償却会計も，第一国立銀行で採用された後に，日本郵船が1887 年には減価償却方法として定額法を採用していたことが明らかになっています（高寺 1974, 181 頁）。しかし，本章で取り上げた企業では，定額法などの規則的な減価償却が実施されるケースは稀

でした。これらの企業のビジネスリーダーたちは、定額法や定率法といった償却方法を理解しながら、意図的にそれを採用しませんでした。

第5章（神戸挙一）で言及した通り、東京電灯の場合、明治期には減価償却前利益の10％もしくは20％を自動的に減価償却積立金（諸減損補填元金）として積み立てていました。つまり、神戸挙一が社長に就任する前の東京電灯は、規則的に減価償却を実施していたといえます。しかし神戸は、意図して規則的な減価償却の実施を停止しました。第9章（結城豊太郎）のケースでは、興銀が役員を派遣した融資先企業で継続的な減価償却を実施させますが、規則的な減価償却が実施されるまでには至りませんでした。

さらに興味深いのは、第7章（池田成彬）で見た通り、池田成彬・三井銀行や外国社債引受金融機関は、東京電灯へ積極的に減価償却を実施するよう要求しましたが、契約条項で示された減価償却費は最低限の金額であり、彼らは減価償却費の金額が大きければ大きいほどよいと考えていた点です。これは、減価償却費の金額が大きいほど、配当が抑制され、その分、内部留保が大きくなるためです。本書では取り上げられませんでしたが、東邦電力の松永安左エ門が1930年以降、それ以前の時期に比べて、より多くの減価償却を実施するようになったのも、同様の意図からと推測されます（橘川 1995, 327 頁；北浦 2014, 175 頁）。

このように、本書で見た限り、戦前の段階では、規則的に減価償却を実施する「正規の減価償却」は一部の企業でしか採用されていなかったと評価できます。日本における「正規の減価償却」の普及には、戦時から戦後にかけて制定された1942年の「会社固定資産償却規則」や1949年の「企業会計原則」の影響が大きかったと考えられます（中村 2020, 69 頁）。

会計プロフェッションについては、複式簿記や減価償却会計とは異なり、政府が主導的にシステムを海外から導入することはありま

せんでした。1927年の計理士法も，すでに日本国内で会計プロフェッションが活動していた現状を踏まえて，追認的に整備されたものでした。また，現在の会社法監査のように，株主向けの営業報告書に会計プロフェッションの監査報告書が添付されることもありませんでした。

　しかし，各務鎌吉が支援した東奭五郎や渡部義雄のような会計プロフェッションが，川崎造船所に対する資産査定や京阪電鉄に対する会計監査を実施していました。また第8章（平生釟三郎）で述べた通り，平生は計理士に，公正な立場で誰にも肩入れせずに業務を遂行することを期待していました。これは，現在の公認会計士に求められる「公正不偏の態度」に類似した見解であると考えられます。

　明治期における西洋からの複式簿記の導入は，江戸時代における「帳合法」とは断絶しており，0からのスタートでした。それに対して，後述する通り現在の公認会計士監査は，ビジネスリーダーによって法制度に先んじて整備された戦前の会計プロフェッション・システムの上で，1951年からスタートしたのです。

II

会計イノベーションは現在どのように役立っているのか

　最後に，本書で取り上げた戦前日本の会計イノベーションが，現在どのように役立っているのかを見ていきましょう。

　まず，複式簿記について，渋沢栄一が創立した第一国立銀行は，シャンドの『銀行簿記精法』における入金伝票と出金伝票（当時の呼び名は入金手形と出金手形）に振替伝票を加えた，3伝票制を確立しました。3伝票制は，現在の簿記教育でも，代表的な伝票制度として取り上げられています。シャンドと第一国立銀行によって形成された簿記システム（シャンド・システム）は，銀行だけにとどまらず，多くの事業会社でも採用されました。黒澤（1990）は，シャン

ド・システムが「日本特有の簿記システムを形成した」と評価し，銀行においては「昭和40年代頃」まで採用されていたと述べています（68頁）。

　日本商工会議所が開催する日商簿記検定は，商業高校の生徒や大学生にとても人気のある資格です。2023年度の日商簿記1〜3級の受験者数（申込者数）は，50万人を超えます（「日本商工会議所・各地商工会議所ウェブサイト」）。これは，それだけ簿記が私たちの経済活動に欠かすことのできないものになっていることを意味していますし，簿記検定が学生にとって就職活動に有利な資格になっていることの現れでもあります。約150年の年月を超えて，今日も誰かが，渋沢栄一と同様に，複式簿記の借方・貸方に悩まされていることでしょう。現金を受け取った場合，現金勘定は借方に記載すべきか，貸方に記載すべきか。そもそも，借方は左側か，それとも右側か。

　次に，減価償却会計については，減価償却が1930年代に資金調達手段として重要な役割を担うようになったことを強調しましたが，この傾向は戦後の高度成長期にさらに高まりました。武田（2021）は，1951年から1990年までの主要企業における長期資金の調達方法を分析しています。全産業の主要企業における減価償却費の長期資金調達総額に占める割合は，1951〜1955年には約25％でしたが，1956〜1990年まで安定的に30％を超える水準を維持しました（11頁）。1955年から1973年までの高度成長期には，「投資が投資を呼ぶ」と表現される民間企業による活発な設備投資が日本経済の発展に大きく貢献しましたが，減価償却費は，資金面から設備投資を支えていたのです。

　本書で主に取り上げた電力業においても，高度成長期には，減価償却費による資金調達が設備投資に大きく貢献しました（橘川2004，344-352頁；武田2021，17頁）。電力会社は，減価償却などによって得た資金を用いて，効率的に電気を生み出す大規模な火力発電所を相次いで建設します。このような発電所によって，高度成長期に電気

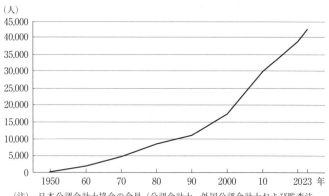

図 終-2 1950〜2023 年の公認会計士数の推移

(注) 日本公認会計士協会の会員（公認会計士，外国公認会計士および監査法人）と準会員の合計数。
(出所) 日本公認会計士協会ウェブサイトより作成。

料金は低く抑えられました（橘川 2004, 339-340 頁）。安価で安定的な電気の供給は，テレビ・電気洗濯機・電気冷蔵庫といった，娯楽や家事時間短縮のための家電製品の普及に貢献しました。これらの家電製品は，現在では，スマートフォン・全自動洗濯乾燥機・ロボット掃除機へと進化を遂げ，電気はますます私たちの生活に欠くことができないものになっています。

最後に，会計プロフェッションについて，各務鎌吉の支援のもと 1920 年から 2 年間イギリスへ留学した渡部義雄は，計理士法制定に伴って発足した社団法人日本計理士会の理事長を務めました。また，戦後に公認会計士制度が確立すると，公認会計士試験第三次試験委員や，日本公認会計士協会相談役などを歴任し，制度の発展に貢献しました（北浦 2014, 228 頁）。

図 終-2 は，1950 年から 2023 年にかけての公認会計士数の変遷を示しています。1950 年にはわずか 285 名しかいなかった公認会計士（日本公認会計士協会の会員および準会員の合計数）は，2023 年には 4 万 2529 名と 4 万人を上回る規模に達し，公認会計士は一大専門家集団になっています。近年は会計に関する不祥事がたびたび取

り沙汰されますが，そのたびに公認会計士や公認会計士監査に対する社会的な期待は大きくなっています。また，2008 年に NHK 土曜ドラマ「監査法人」が放映されたことによっても，公認会計士に対する注目は高まりました。

　戦前の日本においてビジネスリーダーたちは欧米諸国から仕組みを導入し，試行錯誤しながら，会計システムを企業に定着させていきました。それら複式簿記・減価償却・会計プロフェッションといったシステムは，今や日本の経済活動において不可欠なものとなっているのです。

あ と が き

　まず，本書を読んでくださった読者のみなさまに御礼申し上げます。本書では，戦前日本のビジネスリーダーたちが，複式簿記・減価償却・会計プロフェッションなどの会計システムを用いて，直面した課題にどう対応したのかを明らかにしてきました。研究者だけでなく，ビジネスパーソンや大学生のみなさんにも読みやすいように，可能な限りわかりやすく執筆することを心がけました。読みやすさのために，本文の文体も「である調」でなく，「ですます調」で統一しました。

　第1章で述べた通り，会計史をわかりやすく解説した文献は数多く出版されていますが，その多くが欧米を対象にしていたり，日本を対象としていても，時期が江戸時代以前であったりしています。会計ルールが存在していない中で，複式簿記・減価償却・会計プロフェッションといった会計システムが発展していった戦前日本をターゲットとする文献は，相対的に少ない状況にあります。その理由は，戦前日本の会計実務が十分に解明されていないためであると思われます。この状況が，本書を執筆する大きな動機になっています。

　本書を執筆するきっかけとなったのは，本務校である明治学院大学経済学部において，藤田晶子経済学部長（当時）が主宰した会議でした。筆者は，この会議を通して，自分がこれまで行ってきた研究を多くの人たちにわかりやすく伝え，面白いと思ってもらえるにはどうすればよいのかということを強く意識するようになりました。このようなきっかけを与えてくださった藤田先生に感謝申し上げます。

　本書は，ビジネスリーダーの貢献を，ビジネスと会計実務という2つの側面から説明しています。両者は密接に結びついているため，

ビジネスリーダーの会計実務における貢献を考える上でも，まずは
ビジネス上の貢献に触れる必要がありました。幸いなことに，本書
で取り上げた8名のビジネスリーダーたちが成し遂げたビジネス上
の貢献については，数多くの自叙伝・伝記・社史や先行研究が存在
するため，それらに依拠して執筆しています。それぞれの文献につ
いては，本文で細かくお示ししたつもりです。そして，本書のオリ
ジナリティは「会計実務上の貢献」のほうにあるといえると思い
ますが，これらには，2014年に出版された『企業統治と会計行動
——電力会社における利害調整メカニズムの歴史的展開』（東京大学
出版会）を中心とする，筆者の一連の研究成果を盛り込んでいます。
加えて，執筆の際にはビジネスリーダーたちの回顧録・日記・講演
録を再度見直し，必要に応じて本文に反映させました。

　本書の出版を思い立って，最初に相談をしたのが，野口昌良先生
と金容度先生です。とくに野口先生には，共同研究で会計史につい
てご指導いただくのみならず，出版社もご紹介いただきました。普
段から気にかけてくださっている両先生に心より御礼申し上げます。
企業家研究フォーラムには，2023年に設立20周年記念シンポジウ
ムで，本書の基礎となる考えを報告する機会をいただきました。報
告の機会をお与えくださった岡室博之会長（当時）と粕谷誠副会長
（当時）に感謝申し上げます。また，角裕太先生（会計学・会計史）
と棚井仁先生（日本経済史）には，本書の原稿に丁寧に目を通して
いただき，非常に有益なコメントをいただきました。ただ，もちろ
ん，本書における誤りはすべて筆者の責に帰するものです。

　本書の出版にあたっては，2024年度明治学院大学学術振興基金
から出版補助を受けました。また，本書に関する研究の遂行におい
ては日本学術振興会科学研究費補助金（基盤研究(c)：研究課題番号
21K01607; 24K04994）の交付を受けました。本書を出版できたのは，
有斐閣の得地道代さんのサポートによるところが大きいと思います。
なかなか書籍が売れない状況で，本書のテーマに興味を持ってくだ

さり，筆者を励ましてくださいました。厚くお礼申し上げます。

最後に，いつも研究活動を支えてくれる家族に心より感謝します。

2024 年 10 月

北 浦 貴 士

参 考 文 献

第**1**章 ● ビジネスリーダーによる会計イノベーション

磯田道史（2003）『武士の家計簿――「加賀藩御算用者」の幕末維新』（新潮新書）新潮社。

伊丹敬之（2010）『本田宗一郎――やってみもせんで，何がわかる』ミネルヴァ書房。

伊藤邦雄（2022）『新・現代会計入門（第5版）』日経BP日本経済新聞出版本部。

小栗崇資（2020）「刊行にあたって」野口昌良・清水泰洋・中村恒彦・本間正人・北浦貴士編『会計のヒストリー80』中央経済社，1頁。

粕谷誠（2023）「経営史における企業家と革新」『企業家研究』第21号，55-59頁。

関西学院大学会計学研究室編（2017）『基本簿記論（新版第3版）』中央経済社。

グリーソン-ホワイト，J.／川添節子訳（2014）『バランスシートで読みとく世界経済史――ヴェニスの商人はいかにして資本主義を発明したのか？』日経BP社。

ゲーテ，J. W. von／山崎章甫訳（2000）『ヴィルヘルム・マイスターの修業時代』上（岩波文庫）岩波書店。

小林一三（1990）『逸翁自叙伝』（経済人叢書）図書出版社。

シュンペーター，J. A.／清成忠男編訳（1998）『企業家とは何か』東洋経済新報社。

ソール，J.／村井章子訳（2018）『帳簿の世界史』（文春文庫）文藝春秋。

田中靖浩（2018）『会計の世界史――イタリア，イギリス，アメリカ500年の物語』日本経済新聞出版社。

千代田邦夫（1984）『アメリカ監査制度発達史』中央経済社。

中村恒彦（2020）「はじめに」野口昌良・清水泰洋・中村恒彦・本間正人・北浦貴士編『会計のヒストリー80』中央経済社，2-3頁。

本田技研工業ウェブサイト「本田技研工業75年史」第I章（https://global.honda/jp/guide/history-digest/75years-history/chapter1/section1/）。

宮本又郎・阿部武司・宇多川勝・沢井実・橘川武郎（2023）『日本経営史（第3版）――江戸から令和へ・伝統と革新の系譜』有斐閣。

山本博文（2012）『「忠臣蔵」の決算書』（新潮新書）新潮社。

リトルトン，A. C.／片野一郎訳（1978）『リトルトン会計発達史（増補版）』同文舘出版。

第2章 ● 両大戦間期における資金調達の多様化と減価償却

Kitaura, T.（2016）"The dividend policies and depreciation approaches of Japanese companies in the 1930s," *Japanese Research in Business History*, vol. 33, pp. 33-60.

青地正史（2002）「戦前日本企業のコーポレート・ガバナンスと法制度」『経営史学』第 37 巻第 4 号，49-75 頁。

青地正史（2014）『戦前日本の企業統治——法制度と会計制度のインパクト』日本経済評論社。

小野武美（2021）『企業統治の会計史——戦前期日本企業の所有構造と会計行動』中央経済社。

片岡豊（2006）『鉄道企業と証券市場』（近代日本の社会と交通 7）日本経済評論社。

北浦貴士（2014）『企業統治と会計行動——電力会社における利害調整メカニズムの歴史的展開』東京大学出版会。

北浦貴士（2015）「1930 年前後の日本における株式会社の配当維持と会計処理」『明治学院大学経済研究』第 150 号，29-44 頁。

橘川武郎（1995）『日本電力業の発展と松永安左ェ門』名古屋大学出版会。

橘川武郎（2004）『日本電力業発展のダイナミズム』名古屋大学出版会。

齊藤直（2011）「戦間期日本企業の減価償却——1930 年代における減価償却の定着」『国際交流研究——国際交流学部紀要』（フェリス女学院大学）第 13 号，131-157 頁。

志村嘉一（1969）『日本資本市場分析』東京大学出版会。

高寺貞男（1974）『明治減価償却史の研究』未來社。

高村直助（1996）『会社の誕生』吉川弘文館。

武田晴人（2012）「戦間期日本企業の資金調達と投資行動——産業別企業財務データベースに基づく再検討」『金融研究』（日本銀行）第 31 巻第 1 号，105-179 頁。

寺西重郎（2011）『戦前期日本の金融システム』岩波書店。

『東洋経済新報』1930 年 5 月 3 日，「東京電灯の解剖」。

藤野正三郎・寺西重郎（2000）『日本金融の数量分析』東洋経済新報社。

南亮進（1965）『鉄道と電力』（長期経済統計——推計と分析 12）東洋経済新報社。

宮島英昭（2004）『産業政策と企業統治の経済史——日本経済発展のミクロ分析』有斐閣。

宮本又郎（2010）『日本企業経営史研究——人と制度と戦略と』有斐閣。

三和良一（2002）『概説日本経済史——近現代（第 2 版）』東京大学出版会。

結城武延（2012）「資本市場と企業統治——近代日本の綿紡績企業における成長

戦略」『社会経済史学』第 78 巻第 3 号，403-420 頁。

第**3**章 ● 渋沢 栄一

大江清一（2011）『銀行検査の史的展開』自潮社。

小倉榮一郎（2008）『江州中井家帖合の法』（ミネルヴァ・アーカイブズ）ミネルヴァ書房。

片岡泰彦（2020）「15 世紀に至るまでの簿記の生成」野口昌良・清水泰洋・中村恒彦・本間正人・北浦貴士編『会計のヒストリー 80』中央経済社，10-11 頁。

片岡豊（2006）『鉄道企業と証券市場』（近代日本の社会と交通 7）日本経済評論社。

北浦貴士（2009）「日本における株式会社の成立と会社規制──旧商法施行前における地方官庁の果たした役割」『経営史学』第 44 巻第 1 号，58-77 頁。

北浦貴士（2014）『企業統治と会計行動──電力会社における利害調整メカニズムの歴史的展開』東京大学出版会。

木村昌人（2020）『渋沢栄一──日本のインフラを創った民間経済の巨人』筑摩書房。

黒澤清（1990）『日本会計制度発展史』財経詳報社。

渋沢栄一（1997）『渋沢栄一──雨夜譚／渋沢栄一自叙伝（抄）』（人間の記録 41）日本図書センター。

渋沢栄一記念財団ウェブサイト「渋沢栄一略歴」（https://www.shibusawa.or.jp/eiichi/eiichi.html，最終アクセス：2024 年 4 月 22 日）。

渋沢青淵記念財団竜門社編纂（1955）『渋沢栄一伝記資料』第 4 巻，渋沢栄一伝記資料刊行会。

志村嘉一（1969）『日本資本市場分析』東京大学出版会。

白坂亨（2013）『わが国会社財務制度の形成過程に関する研究』大東文化大学経営研究所。

鈴木淳（2009）「ものづくりと技術──断絶」宮本又郎・粕谷誠編著『経営史・江戸の経験──1600～1882』（講座・日本経営史 1）ミネルヴァ書房，135-169 頁。

鈴木恒夫・小早川洋一・和田一夫（2009）『企業家ネットワークの形成と展開──データベースからみた近代日本の地域経済』名古屋大学出版会。

高村直助（1971）『日本紡績業史序説』上，塙書房。

高村直助（1996）『会社の誕生』吉川弘文館。

武田晴人（2021）『渋沢栄一──よく集め，よく施された』ミネルヴァ書房。

土屋喬雄（1966）『シャンド──わが国銀行史上の教師』東洋経済新報社。

津村怜花（2016）「国立銀行の設立と銀行簿記──シャンド・システムの形成過程に関する一考察」『日本簿記学会年報』第 31 号，29-37 頁。

東洋紡績株式会社社史編纂室編（1986）『百年史——東洋紡』上，東洋紡績。

中野常男（2020）「イギリスへの複式簿記の伝播と展開——理論と実践」野口昌良・清水泰洋・中村恒彦・本間正人・北浦貴士編『会計のヒストリー80』中央経済社，14-15頁。

西川登（1993）『三井家勘定管見——江戸時代の三井家における内部会計報告制度および会計処理技法の研究』白桃書房。

橋本武久（2020）「ネーデルランドの簿記書とオランダ東インド会社」野口昌良・清水泰洋・中村恒彦・本間正人・北浦貴士編『会計のヒストリー80』中央経済社，12-13頁。

宮本又郎編著（2016）『渋沢栄一——日本近代の扉を開いた財界リーダー』（日本の企業家 1）PHP研究所。

宮本又郎・阿部武司・宇多川勝・沢井実・橘川武郎（2023）『日本経営史（第3版）——江戸から令和へ・伝統と革新の系譜』有斐閣。

第4章 ● 各務 鎌吉

新井益太郎（2005）『私の知る会計学者群像』中央経済社。

太田哲三（1956）『会計学の四十年——我が半生の記』中央経済社。

岡崎哲二（1999）『持株会社の歴史——財閥と企業統治』（ちくま新書）筑摩書房。

北浦貴士（2014）『企業統治と会計行動——電力会社における利害調整メカニズムの歴史的展開』東京大学出版会。

木村禎橘（1960）「昭和前期における職業監査人を論ず」『コウナンケイエイケンキュウ』第1巻第4号，241-253頁。

友岡賛（2020）「スコットランドにおける会計プロフェッションと会計士監査制度の成立」野口昌良・清水泰洋・中村恒彦・本間正人・北浦貴士編『会計のヒストリー80』中央経済社，152-154頁。

内閣府ウェブサイト「『関東大震災100年』特設ページ」（https://www.bousai.go.jp/kantou100/index.html，最終アクセス：2023年9月8日）。

日本会計学会編（1935）『会計監査』（東奭五郎先生・下野直太郎先生古稀記念論文集 3）森山書店。

日本経営史研究所編（1979）『東京海上火災保険株式会社百年史』上，東京海上火災保険。

日本経営史研究所編集（2005）『東京海上百二十五年史』東京海上日動火災保険。

日本公認会計士協会25年史編さん委員会編（1975）『公認会計士制度二十五年史』日本公認会計士協会。

日本電気株式会社社史編纂室編（1972）『日本電気株式会社七十年史——明治32年-昭和44年』日本電気。

長谷川直哉（2008）「各務鎌吉——近代会計手法による損害保険事業の改革者」

法政大学イノベーション・マネジメント研究センター＝宇田川勝編『ケース・スタディー　日本の企業家群像』文眞堂，31-41頁。

東奭五郎／渡辺宗熙編（1977）『ある会計人の半生──東奭五郎自伝』私家版。

平生釟三郎／甲南学園平生釟三郎日記編集委員会編（2013）『平生釟三郎日記』第7巻，甲南学園。

三島康雄編（1990）『平生釟三郎日記抄──大正期損害保険経営者の足跡』上，思文閣。

水島銕也（1917）「創刊之辞」『会計』第1巻第1号，i-ii頁。

第5章 ● 神戸 挙一

加藤健太（2006）「東京電灯の企業合併と広域電気供給網の形成」『経営史学』第41巻第1号，3-27頁。

北浦貴士（2014）『企業統治と会計行動──電力会社における利害調整メカニズムの歴史的展開』東京大学出版会。

北浦貴士（2015）「1930年前後の日本における株式会社の配当維持と会計処理」『明治学院大学経済研究』第150号，29-44頁。

橘川武郎（1995）『日本電力業の発展と松永安左ヱ門』名古屋大学出版会。

小山強次（1918）「再び評価差益及減価償却償金を論じて五十川税務官に答ふ」『会計』第3巻第3号，79-91頁。

齋藤康彦（2009）『地方財閥の近代──甲州財閥の興亡』岩田書院。

『週刊ダイヤモンド』2011年4月30日・5月7日合併号，「東電株で巨額損失の生保業界」。

東京電灯株式会社編（1936）『東京電灯株式会社開業五十年史』東京電灯。

「東京電灯株式会社株主各位に謹告」，東京電力ホールディングス株式会社「電気の史料館」所蔵。

東京電力株式会社編纂（2002）『関東の電気事業と東京電力──電気事業の創始から東京電力50年への軌跡』東京電力。

『東洋経済新報』1924年2月9日，「考課状面に現れたる諸会社の震災損害額と其補塡（1）」。

『東洋経済新報』1924年2月16日，「考課状面に現れたる諸会社の震災損害額と其補塡（2）」。

『東洋経済新報』1930年5月3日，「東京電灯の解剖」。

船田勇（1934）『税務会計』（会計学全集 21）東洋出版社。

第6章 ● 松永 安左エ門

加美和照（2007）『新訂 会社法（第9版）』勁草書房。

北浦貴士（2014）『企業統治と会計行動──電力会社における利害調整メカニズ

ムの歴史的展開』東京大学出版会。

橘川武郎（1995）『日本電力業の発展と松永安左エ門』名古屋大学出版会。

橘川武郎（2004a）『日本電力業発展のダイナミズム』名古屋大学出版会。

橘川武郎（2004b）『松永安左エ門——生きているうち鬼といわれても』ミネルヴァ書房。

東邦蓄積株式会社（1925）「東邦蓄積株式会社に就て」。

東邦電力史編纂委員会編（1962）『東邦電力史』東邦電力史刊行会。

『日本経済新聞』2023年1月30日，「電気代値上げどうなる？ 東電の申請巡り13日に公聴会」。

『日本経済新聞』2023年2月24日，「家庭向け電気料金値上げ『厳格審査を』岸田首相が指示」。

『日本経済新聞』2023年5月19日，「6月の電気代値上げ 経済産業相が認可」。

若林茂信・斎藤進（1955）『電気事業会計』日本電気協会。

第7章 ● 池田 成彬

Montgomery, R. H. (1927) *Auditing Theory and Practice* (*4th ed.*), Ronald Press.

池田成彬／柳沢健編（1990）『財界回顧』（経済人叢書）図書出版社。

梅本哲世（2000）『戦前日本資本主義と電力』八朔社。

『エコノミスト』1930年12月1日，「事業資金難の分析」。

『大阪朝日新聞』1930年10月14日，「融資条件としての京阪の整理内容」。

北浦貴士（2014）『企業統治と会計行動——電力会社における利害調整メカニズムの歴史的展開』東京大学出版会。

橘川武郎（1995）『日本電力業の発展と松永安左エ門』名古屋大学出版会。

橘川武郎（2005）「東京電灯の『放漫経営』とその帰結」宇田川勝・佐々木聡・四宮正親編『失敗と再生の経営史』有斐閣，58-84頁。

京阪電気鉄道株式会社経営統括室経営政策担当編集（2011）『京阪百年のあゆみ』京阪電気鉄道。

『神戸新聞』1930年7月20日，「懸案の産業助成会社愈よ設立に決す」。

『時事新報』1930年7月17日，「金融協調の具体化事業整理の一新例」。

第一銀行八十年史編纂室編（1958）『第一銀行史』下巻，第一銀行。

『ダイヤモンド』1930年5月21日，「東京電灯はどうなるか」。

『ダイヤモンド』1930年7月11日，「東電問題の経緯（六）」。

千代田邦夫（1984）『アメリカ監査制度発達史』中央経済社。

『東京朝日新聞』1930年12月6日，「1000万円の東電融資」。

『東洋経済新報』1930年5月3日，「東京電灯の解剖」。

『東洋経済新報』1930年7月5日，「整理促進銀行連盟」。

『報知新聞』1930 年 12 月 4 日,「融資連盟（四）」。

三井文庫編（1994）『三井事業史』本篇　第 3 巻　中, 三井文庫。

師尾誠治（1940）『事業金融人物——大同電力二十年金融史考』私家版。

八木慶和（2007）『日本銀行総裁結城豊太郎——書簡にみるその半生』学術出版会。

第 8 章 ● 平生 釟三郎

川崎重工業株式会社社史編さん室編さん（1959）『川崎重工業株式会社社史』川崎重工業。

川崎重工業株式会社百年史編纂委員会編纂（1997）『夢を形に——川崎重工業株式会社百年史 1896-1996』川崎重工業。

北浦貴士（2014）『企業統治と会計行動——電力会社における利害調整メカニズムの歴史的展開』東京大学出版会。

呉羽紡績株式会社社史編集委員会編集（1960）『呉羽紡績 30 年——1929-1959』呉羽紡績。

甲南学園編（1999）『平生釟三郎——人と思想』甲南学園。

柴孝夫（1980）「昭和恐慌下における企業整理の進展——川崎造船所の再整理をめぐって」『大阪大学経済学』第 30 巻第 2・3 号, 184-202 頁。

柴孝夫（1986）「川崎造船所和議事件と平生釟三郎——整理委員としての活動をめぐって」『経済経営論叢』第 20 巻第 4 号, 79-111 頁。

日本経営史研究所編（1979）『東京海上火災保険株式会社百年史』上, 東京海上火災保険。

日本経営史研究所編（1996）『三井海上火災保険株式会社七十五年史』三井海上火災保険。

日本経済新聞社編（1980）『私の履歴書——経済人 1』日本経済新聞社。

平生釟三郎／甲南学園平生釟三郎日記編集委員会編（2014）『平生釟三郎日記』第 10 巻, 甲南学園。

平生釟三郎／甲南学園平生釟三郎日記編集委員会編（2015a）『平生釟三郎日記』第 11 巻, 甲南学園。

平生釟三郎／甲南学園平生釟三郎日記編集委員会編（2015b）『平生釟三郎日記』第 12 巻, 甲南学園。

平生釟三郎／甲南学園平生釟三郎日記編集委員会編（2016）『平生釟三郎日記』第 14 巻, 甲南学園。

三島康雄（1986）「平生釟三郎と大正海上火災の設立——日記を通してみた経営者心理」『甲南経営研究』第 26 巻第 1・2 号, 17-39 頁。

第 **9** 章 ● 結城 豊太郎

北浦貴士（2014）『企業統治と会計行動——電力会社における利害調整メカニズムの歴史的展開』東京大学出版会。

北浦貴士（2022）「1930 年代前半における日本興業銀行の役員派遣先企業の減価償却」『会計プログレス』第 23 号，69-83 頁。

『銀行通信録』1931 年 1 月 20 日，「日本興業銀行の事業金融方針」。

栗栖赳夫（1967）『商法・社債法の研究』（栗栖赳夫法律著作選集 2）有斐閣。

公社債引受協会編／志村嘉一監修（1980）『日本公社債市場史』公社債引受協会。

志村嘉一（1969）『日本資本市場分析』東京大学出版会。

『ダイヤモンド』1930 年 8 月 21 日，「三井銀行の横着」。

『東京朝日新聞』1930 年 9 月 12 日，「興銀総裁更迭」。

『東京朝日新聞』1936 年 2 月 22 日，「起債市場の合理化（下）結城豊太郎」。

『東洋経済新報』1931 年 7 月 4 日，「興銀の目付重役」。

『東洋経済新報』1934 年 3 月 10 日，「整理なりたる盛岡電灯」。

日本興業銀行臨時史料室編（1957）『日本興業銀行五十年史』日本興業銀行臨時史料室。

盛岡市ウェブサイト「金田一勝定（きんだいちかつさだ）」（https://www.city.morioka.iwate.jp/kankou/kankou/1037106/1009526/1024995/1024997/1025230.html，最終アクセス：2023 年 8 月 25 日）。

八木慶和（2007）『日本銀行総裁結城豊太郎——書簡にみるその半生』学術出版会。

『読売新聞』1933 年 12 月 8 日，「大同電力常務に興銀から入社」。

第 **10** 章 ● 小林 一三

老川慶喜（2017）『小林一三——都市型第三次産業の先駆的創造者』（日本の企業家 5）PHP 研究所。

北浦貴士（2014）『企業統治と会計行動——電力会社における利害調整メカニズムの歴史的展開』東京大学出版会。

公社債引受協会編／志村嘉一監修（1980）『日本公社債市場史』公社債引受協会。

小林一三（1930）「融資連盟と借手の立場」『エコノミスト』1930 年 12 月 1 日，14 頁。

小林一三（1990）『逸翁自叙伝』（経済人叢書）図書出版社。

桜井久勝（2012）『財務諸表分析（第 5 版）』中央経済社。

『ダイヤモンド』1934 年 9 月 1 日，「東電の配当復活有望」。

『中外商業新報』1934 年 10 月 17 日，「『金円償却なんてどこにも書いてないよ』小林東電社長の気焔，さて配当復活は？」。

『中外商業新報』1935 年 6 月 14 日，「外債の話し合いに東電の小林氏外遊 配当

復活の諒解を求む」。

『中外商業新報』1935 年 12 月 9 日，「東電外債償却問題解決 今期から経理法を変更」。

『東京朝日新聞』1933 年 12 月 13 日，「金円条項否認は配当復活の工作」。

東京電灯株式会社編（1936）『東京電灯株式会社開業五十年史』東京電灯。

東京電力株式会社編纂（2002）『関東の電気事業と東京電力——電気事業の創始から東京電力 50 年への軌跡』東京電力。

東邦電力史編纂委員会編（1962）『東邦電力史』東邦電力史刊行会。

日本銀行金融研究所ウェブサイト「歴史統計 1. 日本銀行関連統計 (4) 公定歩合 全店 (1906 年 7 月-1941 年 7 月)」(https://www.imes.boj.or.jp/jp/historical/hstat/hstat.html，最終アクセス：2024 年 3 月 1 日)。

日本興業銀行特別調査室編（1970）『社債一覧——第 1 回：自明治 23 年至昭和 44 年 3 月』日本興業銀行特別調査室。

『報知新聞』1933 年 12 月 1 日，「東電『金貨条項』の否認を決意」。

『読売新聞』1930 年 12 月 4 日，「東電証券で買入」。

終 章 ● 会計イノベーションが果たした役割

北浦貴士（2014）『企業統治と会計行動——電力会社における利害調整メカニズムの歴史的展開』東京大学出版会。

橘川武郎（1995）『日本電力業の発展と松永安左ヱ門』名古屋大学出版会。

橘川武郎（2004）『日本電力業発展のダイナミズム』名古屋大学出版会。

黒澤清（1990）『日本会計制度発展史』財経詳報社。

佐々木重人（2020）「減価償却」野口昌良・清水泰洋・中村恒彦・本間正人・北浦貴士編『会計のヒストリー 80』中央経済社，66-68 頁。

高寺貞男（1974）『明治減価償却史の研究』未來社。

武田晴人（2021）「日本の産業発展——高度成長期を中心に」武田晴人編『高成長期日本の産業発展』東京大学出版会，1-43 頁。

中村将人（2020）「日本における減価償却」野口昌良・清水泰洋・中村恒彦・本間正人・北浦貴士編『会計のヒストリー 80』中央経済社，69 頁。

日本公認会計士協会ウェブサイト「会員・準会員数の推移（10 年毎及び最新年度，12 月末日現在）」(https://jicpa.or.jp/about/0-0-0-0-20240124.pdf，最終アクセス：2024 年 6 月 4 日)。

日本商工会議所・各地商工会議所ウェブサイト「受験者データ」(https://www.kentei.ne.jp/bookkeeping/candidate-data，最終アクセス：2024 年 6 月 4 日)。

索　引

事項索引

数字・アルファベット

3伝票制　019, 067, 069, 252
4大財閥　032, 035
5大銀行　031
5大電力　133
6カ月決算　018
8大会計事務所〔Big 8〕　167
GAAP　→一般に公正妥当と認められる
　企業会計の基準
ROA　043, 104

あ　行

アドバース・セレクション　→逆選択
安定配当額　041
池田案　172
一般株主　062
一般に公正妥当と認められる企業会計の
　基準〔GAAP〕　024, 038
井上財政　189, 201
イノベーション〔革新〕　004, 010
インカムゲイン〔配当収入〕　036,
　126
営業報告書　101
英国勅許会計士　027, 080, 166
営利社団法人　048
営利性　048
益　金　040
大株主　206, 218, 229, 232
　個人——　034
　法人——　035
オープンエンド・モーゲージ　204

か　行

会　計　004
　——情報　197
　——制度　075
　——不正　024
　——ルール　012, 038
会計イノベーション　005, 008, 248,
　252
会計監査　→監査
会計基準　024, 083
会計史研究　011, 014
会計システム　004, 008, 014, 248
会計士団体　084
会計事務所　167
会計処理　012, 039, 094, 162, 164,
　171, 212
会計プロフェッション〔職業会計人〕
　011, 014, 023, 080, 165, 192, 236,
　251, 254
　——監査　026, 167, 190, 197
　——制度　073
外国為替送金　223
外国社債〔外債〕　134, 153, 214, 220
　——買入償還　222, 232
　——発行会社　165
　——引受金融機関　239, 251
開示情報　101
会　社　048
会社固定資産償却規則　251
会社弁　062
会社法　080

海上保険　074, 182, 183
開示ルール　038
革　新　→イノベーション
額面金額　049
火災保険　077
貸　方　016, 068
カスタマー・オーナーシップ　134
寡占化　061
華族共同資本　058
合　併　031, 092, 097, 119, 132, 135,
　154, 207
　——会計処理　124
　——条件　098
　——に伴う諸費および整理費　123
　——比率　120
合本主義　048
株　価　035, 036, 060, 126
株　式　049
　——公開　158
　——所有構造　229
　——発行　032
株式会社　015, 032, 038, 047, 048,
　057, 061, 250
　——制度　030
株式合併差益　122, 123
株式市場　197, 249
株式売買益　→キャピタルゲイン
株　主　048
　——構成　034
　——対策　143, 229, 231
　——保護　026
株主総会提出書類　101
株主有限責任　049
貨幣制度　029
借　方　016, 068
火力発電（所）　132, 135, 253
為替差損　220
為替相場　215, 220
監査〔会計監査〕　083, 165, 173
監査意見　024

監査基準　083
監査役　080, 189, 191
勘定科目　015
間接法　109, 233
関東大震災　077, 092, 112, 151
　——の損失処理　114, 117
乾ドック　185
管理通貨制度　156
機械制綿紡績業　055
期間損益計算　021, 075
企業会計原則　251
企業家史研究　010
企業統治論　212
企業勃興期　029
基　金　139
北浜銀行事件　218
記　帳　015
逆選択〔アドバース・セレクション〕
　026, 228
キャッシュアウト　233
キャッシュイン　233
キャッシュフロー表　233, 234
キャピタルゲイン〔株式売買益〕
　036, 126
吸収合併　132
業界統制構想　135
共同引き受け　227
切捨率　186
金解禁　156, 220
金貨円　156
緊急資金援助　201
銀　行　047
　——検査　071
　——制度　029, 052
銀行簿記（システム）　063, 065
銀行簿記精法　050, 066, 252
金本位制　156, 169, 201, 228, 237
銀本位制　029
金約款条項　220, 237, 238
金融恐慌　→昭和金融恐慌

金輸出再禁止　157, 215, 220, 237
クローズド・モーゲージ　204
経営介入　150, 159, 163, 228, 236, 237
経営再建　150
計理士　027, 173, 190-192, 196, 227
計理士法　026, 081, 252, 254
決算（手続）　018
決算期間　018
決算書　067
決算整理仕訳　018
決算日　018
血盟団事件　157
減価償却　011, 014, 020, 034, 035, 039-042, 044, 094, 099, 109, 110, 130, 134, 138, 162, 174, 199, 207, 210, 240, 250, 251
　　——の自己金融〔ファイナンス〕効果　022
　　——方法　145
　　——問題　215, 236
　　正規の——　021, 211, 251
減価償却会計　009, 084, 103, 141, 150, 154, 159, 229, 236, 253
　　——条項　238
減価償却準備金　109
減価償却積立金　251
減価償却費　018, 125, 145, 176, 223, 227, 232, 234, 237, 239
減価償却率　043
現計計算方式　075
減債基金　162, 220, 223
減債基金法　→複利償却法
減　資　100, 194
　　——差益　231
堅実主義　184
減　配　227
権利義務の主体　048
公益事業　050
工業化　→産業化

興業費償却積立金　099
甲州財閥　091, 248
工場電化　→電化
公正不偏の態度　252
公定歩合　221, 226
高度成長期　253
公認会計士　023, 191, 196, 254
　　——監査　023, 024, 026, 074
　　——制度　254
公認会計士法　026, 073
子会社による親会社株式取得禁止　140
国内債〔内債〕　223
国立銀行　029, 032, 047, 053
　　——券　054
個人株主　229, 230, 232
固定資産　159
　　——一部評価益　114
　　——ノ減価償却及時価評価損認否取扱方ノ件　109
固定資産簿価　118
　　——の切り下げ　107, 111, 125
　　——の再評価　145

さ　行

債権者　212
財　閥　061, 155
　　——転向　149, 157
再保険　076
財務諸表　015, 023
　　——監査　197
債務整理　186
債務超過　193
産業化〔工業化〕　029
産業特別資金　201
算術，幾何，比および比例全書〔スムマ〕　012, 064
残存価額　020
三電競争　097
時　価　113

＿＿評価　039, 122
資金供給　032, 034
資金支出先　234
資金収支状況　234
資金需要　032
資金調達　032, 044, 056, 133, 170,
　187, 202, 223, 233
　＿＿市場改革　228
　＿＿手段　234, 253
資　産　016
　＿＿再評価　145
　＿＿査定　192
　＿＿評価基準　039
資産家ネットワーク　062
自然人　048
十基紡　056
実際報告　067
私鉄企業　003
指導・助言機能　169
シナジー効果　219
老舗料　193
支払利息　159, 163, 170, 207
資本コスト　133
資本市場　249
資本逃避防止法　223
社　員　048
社会公共事業　050
社　債　033, 134, 202
　＿＿償還の原資〔資金源〕　034,
　176
　＿＿発行　234, 236
社債市場　199, 202, 203, 249
社債浄化運動　204
社債引受金融機関〔引受会社〕　165,
　176, 203, 227
社団性　048
シャンド・システム　252
収　益　016
重化学工業　030
収支尻　233

出金伝票　019, 066
出資者　048
取得原価　020, 121
主要簿　017, 066
純資産　016
商家必用　065
償還年数の長期化　226
蒸気機関　057
償却基金法　→複利償却法
償却限度額　040
償却固定資産　106
償却前利益　041
証券管理　230
証券市場　024
証券保有会社　035
上場企業　023, 038
商　社　182
商　法　038, 080, 101, 140, 250
情報の非対称性　025, 228
情報優位　025
情報劣位　025
昭和恐慌　032, 034, 170, 186, 199,
　201, 202, 220
昭和金融恐慌〔金融恐慌〕　031, 185
職業会計人　→会計プロフェッション
殖産興業政策　056
諸減損償却金　109
諸減損償却積立金　100
諸減損補填元金　099, 101
　＿＿制度　103
　＿＿の取り崩し　107
諸減損補填金　101
諸減損予定準備金　101
仕　訳　016
仕訳帳　017
震災関係費用　113
震災復旧費勘定　114
信託大会　204
人　脈　199
推定利回り　221, 228

水利権 097
水力発電（所） 030, 031, 096, 132, 135
ストックボート 185
スムマ →算術，幾何，比および比例全書
税制 039, 109
西洋式（複式）簿記 →複式簿記
整理委員 186
世界大恐慌 032, 201
責任準備金 075
節税（効果） 040, 041
設備投資 005, 009, 133, 234, 253
繊維産業 030
総括原価方式 144
総勘定元帳〔元帳〕 017, 063, 067, 191
総資産償却率 207
造船業 031
増補日記帳 067
損益計算書 015, 018, 019, 191, 233, 250
　——項目 016
損害保険（業） 073, 182
損金 040, 109
　——経理 040

た　行

大企業 031
貸借一致 068
貸借対照表 015, 018, 019, 191, 233, 250
　——項目 016
大福帳 063
耐用年数 020
多角化 004, 061, 218
高橋財政 032, 226
単体決算 140
担保受託会社 165, 224
担保付社債 202, 204, 223, 226

地縁 199, 209
中央銀行 029, 055
帳合之法 065
帳合法 063
直接法 109
追加融資 173
積立金 099
　——の取り崩し 100
　——比率 060
定額法 021, 044, 111, 139, 146, 154, 240, 250
定期監査 082, 083
停年制 158
定率法 021, 044, 139, 146, 251
低利率 225
鉄鋼業 031
鉄道会社 029
鉄道経営 218
鉄道ブーム 030
デフォルト 203
　——・リスク 226
電化〔工場電化〕 031, 149
転記 017
電気供給システム 129, 137
電気事業再編成 130, 137
電気事業ブーム 096
電気事業法 137, 144
電気料金 137, 144, 253
　——値上げ 145
電源構成 132
電鉄会社 150
電鉄業 031
伝票 019
伝票（会計）制度 019, 252
電力外債 153, 154
　——発行 166
　——問題 214, 222
電力会社 085, 150
電力業 030, 031, 116, 130-132, 253
電力国家管理 136

電力戦　092, 133, 134, 136, 137, 152,
　　153, 236
電力統制　136
　——私見　130, 137
同郷者ネットワーク　248
投　資　052
　——意思決定　165
投資家　050
東電証券会社勘定　231
道徳経済合一説　050
得意先元帳　063
独占業務　026, 081
都市化　031, 132, 149
土地再評価差額金　113
取替法　240

な　行

内　債　→国内債
内部昇進役員　232
内部留保　034, 142, 176, 187, 227
ナショナル・バンク制度　052
二千錘紡績　056
日記帳　066
日商簿記検定　253
日　表　067
日本銀行券　055
日本経営史　010
入金伝票　019, 066
任意監査制度　081
任意積立金　022
年度別計算方式　075
のれん　121, 193, 194
　負の——　122

は　行

買　収　120
配　当　042, 159, 239
　——金　235
　——情報　197
　——の実施条件　039

配当収入　→インカムゲイン
配当性向　035, 058, 093, 104, 105,
　　142
配当政策　009, 035, 114, 124, 126,
　　142
　高——　138
配当抑制（効果）　022, 142
配当率　035, 036, 043, 060, 092, 093,
　　104, 111, 118, 126, 143, 151, 163,
　　164, 174, 207, 209, 228, 232, 235,
　　240
パチョーリ簿記論　064
発券銀行　055
発行額の大型化　226
東日本大震災　092
非現金支出費用　022
ビジネスリーダー　004
　——のネットワーク　245
批判機能　169
費　用　016, 040, 041, 099-101, 109
　——化　020
評価益　113, 117, 118
評価損　162
費用収益対応の原則　021
平生案　193
平生イズム　187
平生釟三郎日記　180, 195
複式簿記〔西洋式（複式）簿記〕
　　011, 014, 015, 050, 063-065, 068,
　　069, 250, 252
複利償却法〔減債基金法，償却基金法〕
　　139, 143
富国強兵政策　055
負　債　016, 170
負債市場　249
普通銀行　055
不定期・臨時監査　083
振替伝票　019, 066, 067
不良資産　125
プリンシパル・エージェント関係

275

事
項
索
引

プロ経営者　219
分割払込制度　049
粉飾決算　024
閉鎖的所有　061
法人性　048
法人税　040, 041
紡績ブーム　030
簿　価　122
簿記一巡の手続　019
簿記論　065
保険引受リスク　076

ま　行

松永案　137
未決算勘定　116
見舞金　078
無担保社債　202, 223, 226
綿紡績会社　029
綿紡績業　055
持株会社　035
元　帳　→総勘定元帳
モラル・ハザード　176

や　行

役員兼任　062, 184

役員構成　232
役員派遣　199, 205, 207, 227
遊休資産　099
有形固定資産　020
　——の簿価切り下げ　100
融資条件　084

ら・わ　行

利益計算方法　039
利益償却率　207, 235
利益処分　100, 101
　——項目　041
罹災契約高　078
リスクヘッジ　219
リトルトン会計発達史　014
立会略則　061
連結決算　140
連結修正仕訳　141
連盟融資　171, 173, 227
労務管理　188
ロンドン・カバー　076
和議申請　186

組織名索引

アルファベット

ASBJ　→企業会計基準委員会
EY新日本有限責任監査法人　083
GHQ　→連合国軍最高司令官総司令部
Harold Bell, Taylor, Bird & Co.　166, 169
Haskins & Sells　166, 167
ICAEW　→英国勅許会計士協会
Maurice Jenks, Percival & Isitt　166

NYSE　→ニューヨーク証券取引所
Price Waterhouse & Co.　166, 167

あ　行

愛国生命保険　203
浅野セメント　173
足尾銅山　054
イギリス東インド会社　065
伊勢電気鉄道〔伊勢〕　205, 206, 208, 210

五日会　203
伊藤忠商事　189
伊那電気鉄道〔伊那〕　205, 206, 211
猪苗代水力電気　097
磐城セメント　109
岩手軽便鉄道　207
仁川海関　181
ウィリス・フェーバー商会　076
宇治川電気〔宇治電〕　133, 165
英国勅許会計士協会〔ICAEW〕　027,
　073
栄養食配給所　188
遠州紡績　056
塩水港製糖　173
王子製紙　003, 158
大蔵省　048, 050, 052-054, 061, 065-
　067, 109
大阪商船　184
大阪帝国会計士協会　084
大阪府立商品陳列所　074
大阪紡績　006, 030, 047, 055-062
大元方　064
沖縄製糖〔沖縄〕　205, 206, 208, 210
忍野水力電気　097, 123
小田急　003
小野組　053, 054, 071
オランダ東インド会社　065
オリエンタル銀行　053

か 行

改正掛　052
火災保険協会　077
桂川電力　097, 123
樺太汽船〔汽船〕　205, 206, 208, 210
樺太工業〔樺工〕　173, 205, 206, 211
川崎汽船　193
川崎重工業　006
川崎造船所　006, 031, 180, 184-188,
　192, 193, 245, 249, 252
川崎東山学校　188

川崎病院　188
癌研究所　158
関西電力　129, 138
企業会計基準委員会〔ASBJ〕　024
汽　船　→樺太汽船
北九州鉄道〔北九州〕　205, 211
北浜銀行　216-218
ギャランティ　153, 162, 163, 165,
　166, 169
九州電気　131
九州電力　138
京都会計士会　084
京都府立商業学校　074
キングス・カレッジ　057
近　鉄　003
熊川電気　097
呉羽紡績　180, 189-191
慶應義塾　131, 150, 151, 215, 248
京阪電気鉄道〔京阪, 京阪電鉄〕
　150, 170-173, 246, 252
京浜電力　098
血盟団　157
興　銀　→日本興業銀行
高等商業学校　074, 081, 181, 248
甲南学園　179, 189
甲南病院　179, 188
神戸有馬電気鉄道〔神戸〕　205, 206,
　208
神戸高等商業学校　081, 084
神戸地方裁判所　186
駒橋発電所　096, 132

さ 行

埼玉西武ライオンズ　004
相模鉄道〔相模〕　205, 206, 208, 210
産業調査協会　173, 227
四国電力　138
時事新報　151
静岡電気鉄道〔静岡〕　205, 206, 208,
　210

十五銀行　185-187

商法会所　052

上毛モスリン　117

白木屋　218

信越電力　166

新京阪鉄道〔新京阪〕　170-172

住友銀行　031, 171, 173, 210

住友財閥　032

西武鉄道〔西武〕　003, 004, 205, 206

生保団　158

た　行

第一会計士協会　084

第一銀行　031, 055, 067, 171, 173

第一国立銀行　006, 047, 050, 051,
　053-055, 060, 062, 063, 065, 067,
　069, 247, 250, 252

第十国立銀行　095

大正海上火災保険　182, 183, 184

大同電力〔大同〕　132, 133, 165, 166,
　173, 205, 206, 210

第二高等学校　200

第二東信電気　097

大日本人造肥料　173

大日本連合火災保険協会　077-079

高崎水力電気　097

宝塚歌劇団　004

宝塚少女歌劇　217

宝塚新温泉　217

中央会計士会　084

中国電力　138

中部電力　006, 138

帝国電灯　098, 109, 125

帝国ホテル　003

逓信省　136

電気事業再編成審議会　137

電気の史料館　222

電力連盟　137, 203

東　急　003

東京会計士協会　084

東京外国語学校　181

東京海上火災保険　006, 077, 079,
　082-086, 179, 184, 245, 248

東京海上日動火災保険　006

東京海上保険　030, 073-077, 081,
　179, 181, 183, 248

東京瓦斯〔東京ガス〕　003, 173

東京毛織　118

東京サルベージ　082

東京市電気局　097

東京商科大学　088

東京商業学校　074, 181

東京帝国大学　200, 248

東京電灯　006, 030, 031, 035-038,
　062, 070, 091-093, 095-101, 103,
　108-114, 116, 117, 119-124, 130,
　132-135, 149-156, 159, 162-166,
　169-172, 214, 219-224, 226-239,
　246, 247, 249, 251

東京電力（戦前）　135, 152, 154, 155,
　236, 247

東京電力（戦後）　092, 129, 136, 138,
　144, 222, 235

東京電力ホールディングス　006

東京乗合自動車　173

東京馬車鉄道　095

東京発電〔東発〕　230

東電証券　035, 162, 230, 231

東電有志株主会〔東電会〕　163, 164,
　214, 232, 247

東　武　003

東　宝　004

東邦蓄積　130, 139-143, 229, 247,
　249

東邦電力　006, 129, 130, 132-136,
　138-143, 152, 153, 165, 166, 223,
　229, 236, 247, 249, 251

東北電力　138

東明火災　082

東洋火災　082, 083

東洋高圧工業　158
東洋製麻　118
東洋紡績〔東洋紡〕　003, 006, 057, 061
東洋レーヨン　158
利根発電　097, 119, 120, 123, 124
富山紡績　189, 191

な 行

中井家　063
名古屋電灯　132
日本会計学会　083
日本会計士会　084
日本勧業銀行　173
日本銀行〔日銀〕　029, 055, 173, 186, 187, 200, 221, 247, 248
日本経営史研究所　076
日本計理士会　254
日本興業銀行〔興銀〕　006, 033, 199-201, 203, 205-207, 209, 210, 227, 251
日本公認会計士協会　254
日本車両　193
日本商工会議所　253
日本水力電気　097
日本製鉄　180
日本生命　085
日本窒素　173
日本鉄道　030, 095
日本電灯　097, 123
日本電力〔日電〕　133, 165, 166
日本発送電〔日発〕　136, 138
日本郵船　044, 250
ニューヨーク証券取引所〔NYSE〕　026, 167

は 行

箱崎倉庫　216
パースバンク　066
ハーバード大学　150

阪鶴鉄道　217
阪急食堂　218
阪急電鉄〔阪急，阪神急行鉄道〕　003, 004, 006, 153, 213, 218, 219, 247
阪急百貨店　218
阪急マーケット　218
阪　神　003
東（奭五郎）会計人事務所　082-084
東（奭五郎）・渡部（義雄）会計事務所　084, 192
兵庫県立神戸商業学校　181
兵庫造船所　184
平生育英会　188
フィリップス　005
福博電気軌道　131
富士水電　098, 125
プリンスホテル　004
法政大学イノベーション・マネジメント研究センター　010
北陸電力　138
北海道炭鉱汽船　158
北海道電力　138
本田技研工業　005

ま 行

松下電器産業　005
丸　紅　189
三池窒素工業　158
三河鉄道〔三河〕　205, 208, 210
みずほフィナンシャルグループ　003, 006
三井銀行　006-008, 027, 031, 033, 128, 149-152, 154-159, 162, 164, 169-171, 173, 203, 214-216, 219, 224, 227, 238, 239, 247, 248, 251
三井組　053, 054
三井家　063, 064
三井鉱山　155, 158
三井合名　149, 155-158

279

組織名索引

三井財閥　032, 061, 091, 149, 155–158

三井信託　173, 210

三井住友フィナンシャルグループ　006

三井生命　158

三井物産　155, 158, 181–184, 216

三井報恩会　157

三菱銀行　031, 171, 173

三菱財閥　007, 032, 061, 074, 091, 184

三菱信託　173

箕面有馬電気軌道　213, 217, 218, 229

箕面動物園　217

民部省　052

明治火災　082, 083

明治製革〔明治〕　205, 208, 210

明治製糖　173

盛岡銀行　207

盛岡電気　207

盛岡電灯〔盛岡〕　205, 207–211

や　行

安田銀行　031, 227

安田財閥　007, 032, 200

安田保善社　200

八幡製鉄所　030

横浜正金銀行　200

横浜電気　097, 124

ら　行

立憲政友会　078, 220

立憲民政党　220

連合国軍最高司令官総司令部〔GHQ〕　136–138

人　名　索　引

アルファベット

Montgomery, R. H.　169

あ　行

雨宮敬次郎　091

飯田義一　216

池田成彬　006, 008, 044, 128, 149, 180, 203, 214, 216, 219, 228, 236–239, 245–249, 251

石井清　187

磯田道史　011

伊藤邦雄　022

伊藤忠兵衛（2代目）　189

伊藤博文　052

犬養毅　220

井上馨　053

井上準之助　156, 157, 171, 189, 200, 201, 248

岩崎久弥　143

岩崎弥太郎　007, 074

岩下清周　215–218

ウォーカー, バーネット　162

大川平三郎　092, 163

太田哲三　083, 088

小倉榮一郎　063

小栗崇資　011

尾高惇忠　051

尾高長七郎　051

小田柿捨次郎　183

小野金六　091

小野十郎　082

小野武美　041

か　行

各務鎌吉　006, 008, 073, 162, 179,

181, 183, 184, 192, 245, 248, 249, 252, 254
鹿島房次郎　186, 187
粕谷誠　010, 011
加勢清雄　209, 248
片岡泰彦　064
加藤健太　097, 098, 120, 126
加藤斌　065
亀井茲明　057
川崎正蔵　184, 185
川崎芳熊　188
神戸挙一　006, 008, 091, 214, 246, 248, 249, 251
岸信介　213
岸田文雄　144
北浦貴士〔Kitaura, T.〕　041, 042, 080, 159
橘川武郎　126, 133, 135, 137
木村昌人　048
清浦奎吾　079
金田一勝定　207
金田一京助　207
金田一国士　207
グリーソン-ホワイト, ジェーン　011
黒澤清　252
ゲーテ, ヨハン・ヴォルフガング・フォン　014, 015
小池国三　091
郷誠之助　153, 162, 172, 214, 219
近衛文麿　213
小林一三　004, 006-009, 150, 153-155, 170, 213, 246-249

さ　行

齋藤康彦　091
佐々木勇之助　067
佐竹作太郎　092, 095
幣原喜重郎　213
柴孝夫　186

渋沢栄一　003, 006, 008, 009, 013, 047, 074, 247-250, 252, 253
志村嘉一　034
シャンド, アラン　050, 063, 065-069, 247, 249, 252
シュンペーター, ヨーゼフ　010
白坂亨　067
鈴木嶋吉　201
ステヴィン, シモン　065
ソール, ジェイコブ　011

た　行

ダ・ヴィンチ, レオナルド　012
高寺貞男　041
高橋是清　032, 066, 200, 220, 226, 247
高村直助　055
武田晴人　253
田中靖浩　011
団琢磨　157
千代田邦夫　026, 167
津村怜花　066
徳川昭武　051
徳川〔一橋〕慶喜　051, 052

な　行

永松利熊　210
中上川彦次郎　008
中村恒彦　011
西川登　064
西村康稔　144
根津嘉一郎　091

は　行

長谷川直哉　075
パチョーリ, ルカ　012, 064
浜口雄幸　156, 189, 200, 220
東嶺五郎　081-084, 168, 173, 192, 245, 246, 249, 252
土方久徴　171

菱沼五郎　157

一橋慶喜　→徳川慶喜

平生忠辰　181

平生釟三郎　006, 008, 077, 079, 082,
　179, 245, 248, 249, 252

平岡円四郎　051

広田弘毅　180

福沢桃介　092, 131, 132, 163, 248

福沢諭吉　065, 131, 150

福地源一郎　061

古河市兵衛　054

古屋徳兵衛　091

堀内良平　091

本田宗一郎　005

ま 行

益田克徳　182

益田孝　182

増田次郎　210

松方幸次郎　185, 186

松方正義　185

松下幸之助　005

松永安左エ門　006, 008, 009, 129,
　152, 154, 155, 172, 223, 229, 246–

249, 251

三島康雄　183, 184

水島銕也　081, 084

宮本又郎　067

や 行

矢嶋作郎　062

安川雄之助　158

安田善次郎（初代）　007, 200

矢野二郎　074, 181

山辺丈夫　057

山本権兵衛　078, 079

山本博文　011

結城豊太郎　006, 008, 044, 199, 247,
　248, 249

わ 行

若尾逸平　091, 094, 095

若尾璋八　099, 128, 153, 155, 162–
　164, 172, 214, 229, 237, 246–248

若尾民造　095

若槻礼次郎　220

渡部義雄　084, 193, 245, 246, 249,
　252, 254

著者紹介 北浦 貴士（きたうら・たかし）

明治学院大学経済学部教授，博士（経済学）（東京大学），公認
会計士

2001 年，東京大学経済学部卒業。監査法人勤務を経て，2012
年，東京大学大学院経済学研究科博士課程修了。同年より明
治学院大学経済学部専任講師，2015 年より同准教授，2021
年より現職。

専攻 経営史，経済史，会計史

主要著作 『企業統治と会計行動——電力会社における利害調整
メカニズムの歴史的展開』（東京大学出版会，2014 年。企業家
研究フォーラム賞，政治経済学・経済史学会賞，日本会計史学
会賞受賞），"The growth of the Japanese electric power in-
dustry and the World Bank's request to increase deprecia-
tion costs between 1951 and 1973"（*Essays in Economic &
Business History*, vol. 36, 2018 年），『会計のヒストリー 80』
（共編，中央経済社，2020 年），「1930 年代前半における日本
興業銀行の役員派遣先企業の減価償却」（『会計プログレス』
第 23 号，2022 年）ほか。

ビジネスリーダーの会計史——戦前日本の会計イノベーション
A History of Accounting Innovations Developed by Business Leaders in Pre-war Japan

2024 年 12 月 25 日 初版第 1 刷発行

著 者 北浦貴士

発行者 江草貞治

発行所 株式会社有斐閣

〒101-0051 東京都千代田区神田神保町 2-17

https://www.yuhikaku.co.jp/

印 刷 株式会社精興社

製 本 牧製本印刷株式会社

装丁印刷 株式会社亨有堂印刷所

落丁・乱丁本はお取替えいたします。定価はカバーに表示してあります。
©2024, Takashi Kitaura.
Printed in Japan. ISBN 978-4-641-16641-7

本書のコピー，スキャン，デジタル化等の無断複製は著作権法上での例外を除き禁じられています。本書を代行
業者等の第三者に依頼してスキャンやデジタル化することは，たとえ個人や家庭内の利用でも著作権法違反です。

|JCOPY| 本書の無断複写（コピー）は，著作権法上での例外を除き，禁じられています。複写される場合は，そのつど事前に，（一社）出版者
著作権管理機構（電話 03-5244-5088, FAX 03-5244-5089, e-mail:info@jcopy.or.jp）の許諾を得てください。